비트코인 없는 미래는 없다

비트코인 없는 미래는 없다

The Philosophy of Bitcoin as Money

세계 최초 화폐철학과의 비밀노트

오태민, 손혜민, 김유정 지음

거인의 정원

서문

많은 이들이 비트코인을 '디지털 화폐' 혹은 '블록체인 기술의 응용'으로 간단히 정의하려 한다. 그러나 그것은 정의가 아니라 회피다. 비트코인은 단지 새로운 결제 수단이나 기술적 장치가 아니다. 국가와 개인, 제도와 시스템, 협력과 권위에 관한 인간 문명의 본질을 다시 묻는 하나의 문명사적 사건이다.

이 책은 하나의 질문에서 시작된다.

"비트코인은 새로운 국제 질서의 기준이 될 수 있는가?"

왜 단지 하나의 대안적 화폐를 이해하기 위해, 우리는 이런 궁극적인 질문을 던져야 할까? 답은 단순하다. 비트코인이 던지는 질문이 단순하지 않기 때문이다.

비트코인은 국가 바깥에서 자발적 질서가 형성될 수 있음을 증명했고, 그로부터 확장된 달러 스테이블코인은 지난 80년간 세계를 지탱해 온 국가 간 협약의 토대를 조용하지만 확실하게 무력화하고 있다. 이

두 가지는 묻는다.

"당신은 지금 어떤 구조를 믿고 살아가고 있는가?"

"그 믿음은 누구에 의해, 언제, 어떤 방식으로 주어졌는가?"

이 질문은 금융을 넘어 인간 문명의 심층을 향한다.

"우리는 어떻게 서로를 믿고 살아갈 수 있는가?"

"그 신뢰는 어디에서 비롯되어, 어떤 구조를 통해 재생산되는가?"

결국 우리는 질문을 따라가며 문명의 본질에 도달하게 된다.

"인간은 왜 국가를 만들었는가?"

"어떻게 종교를 믿고, 법을 따르며, 낯선 이와 무역하고, 미래의 일을 두고 계약할 수 있었는가?"

그 어떤 동물도 하지 못한 이 일을 인간은 해냈다. 인간은 '상상의 질서'를 창조하고, 그것을 집단적으로 믿으며 제도로 정착시킨 유일한 존재다. 침팬지는 사고할 수 있지만 국가를 만들지 못하고, 개미는 협력할 수 있지만 제도를 형성하지 못한다.

화폐는 종이에 불과하지만, 그것을 '돈'이라 믿는 순간 제국이 움직인다. 법은 문자일 뿐이지만, '정의'라 믿는 순간 사회를 떠받치는 폭력으로 작동한다. 국가는 실체가 아니지만, 수억 명이 국기를 향해 경외를 표할 때 살인을 명령할 수 있는 전쟁머신으로 변신한다. 인간 문명의 작동 원리는 바로 이 '신뢰'라는 보이지 않는 질서에 있다.

이때 신뢰란 단지 감정이 아니다. 그것은 문명의 구조를 떠받치는 전제 조건이다. 신뢰가 없다면 우리는 시장에서 거래하지 못하고, 타인과 약속하지 못하며, 미래를 설계하지도 못한다.

바로 이 지점에서 비트코인과 스테이블코인은 문명의 기반을 근본적으로 뒤흔든다.

"신뢰는 반드시 제도와 권위 위에서만 성립하는가? 아니면 코드와 알고리즘, 분산된 합의를 통해 새롭게 설계될 수 있는가?"

이 질문은 기술적 논쟁이 아니라 철학적 도전이다. 비트코인은 단지 "돈이란 무엇인가"를 묻지 않는다. "신뢰란 무엇인가", "인간이란 무엇인가", "우리가 만든 문명이란 무엇인가"를 되묻는다.

역사적으로 인간은 타인을 직접적으로 신뢰하기보다, 신뢰를 보증해줄 제3자를 먼저 발명해왔다. 왕은 신의 대리인으로, 종교는 계시의 수호자로, 국가는 제도적 중립성의 상징으로, 법은 복수를 정의로 전환하는 장치로 작동해왔다. 중앙은행은 국가의 신용을 담보로 화폐를 발행했고, 우리는 '그 구조'를 믿음으로써 타인을 믿을 수 있었다.

이처럼 '위임된 신뢰'는 인간 협력의 기반이었다. 그러나 지금 이 구조는 흔들리고 있다. 국가는 더 이상 중립적이지 않고, 법은 불평등을 재생산하며, 금융 시스템은 신뢰를 창출하기보다 위험을 은폐하고 증폭시킨다. 2008년 글로벌 금융위기는 이 불신을 집약적으로 드러낸 계기였다.

그 균열 사이로 등장한 것이 비트코인이다. 그것은 새로운 권위를 주장하지 않는다. 오히려 권위가 사라진 공간에서도 질서가 작동할 수 있다는 가능성을 보여준다.

"왜 누군가를 믿어야만 거래할 수 있는가?"
"왜 화폐는 중앙의 보증을 전제로 해야 하는가?"
"왜 계약은 인간 해석과 법원의 개입을 필요로 하는가?"
사토시 나카모토는 단호하게 대답한다.
"그럴 필요 없다. 시스템 자체가 신뢰가 되면 된다."

비트코인은 단 한 번도 사라지지 않았고, 동일한 규칙하에 수천만 번 실행되어 왔다. 법도 없고 중앙도 없지만, 수많은 이들이 그것을 신뢰한다. 이는 곧 '신뢰의 재설계'다.

2025년 1학기, 한양대학교 인문과학대학은 세계 최초로 '비트코인 화폐철학과'라는 이름의 학과를 개설했다. 교과서도, 정답도 없었다. 오직 질문과 열정 그리고 인간과 문명을 이해하려는 탐색만이 있었다. 학생들은 백서와 철학 논문을 읽고 발표했으며, 토론을 거듭하고 AI와 협업하며 새로운 사유의 지형을 열어갔다.

이 책은 그 실험의 산물이다. 학생과 강사 그리고 AI가 공동 창작자로 참여했다. AI는 단지 도구가 아니라, 지식의 동반자이자 사유의 촉매로 기능했다.

이 책은 단지 화폐에 대한 논의가 아니다. 신뢰에 대한 철학적 탐구이며, 질서의 조건에 대한 성찰이고, 무엇보다 인간이라는 존재에 대한 해석이다.

　본문에서는 다루지 않았지만, 서문을 통해 꼭 덧붙이고 싶은 것이 있다. 이 책은 미국과 중국 중심으로 전개되는 질서 재편의 과정을 분석한다. 그것은 어쩔 수 없는 일이다. 오늘날 세계 질서의 중심축은 서구 문명이고, 그 계승자는 미국이며, 중국은 그에 맞서는 가장 유력한 대항자이기 때문이다. 그러나 새로운 질문을 던지고, 그 가능성을 탐색하는 이들이 반드시 서구에서 나올 필요는 없다.

　우리는 중요한 사실을 자주 잊는다. 한국은 이미 1990년대부터 디지털 문명권에서 실험적 화폐를 만들어낸 나라다. 리니지의 '아데나Adena'와 '진명황의 집행검', 싸이월드의 '도토리', SK의 'OK캐쉬백' 같은 가상 자산들은 모두 대안적 화폐로 기능했으며, 이는 오늘날 디지털 자산 실험의 전조였다. 단순한 흥밋거리나 우연이 아니다. 한국은 '입양된 이물질'로서 서구 문명의 중심부로 급속히 진입했고, 그 안에서 낯섦과 익숙함이 결합된 특이하고도 풍성한 문화를 생산해나가고 있다. K팝, K드라마, K푸드가 모두 성공적인 입양아들이 가풍을 잇되, 기발한 상상력으로 가풍의 경계를 뛰어넘으며 거둔 성공의 자취들이다.

　문제는 외부가 아니라 우리의 내부 인식이다. 우리는 여전히 비트코인을 인문학적으로 해석하는 '정답'이 스탠퍼드에서 먼저 나와야 한다고 믿는다. 한국의 지식사회는 여전히 문명 중심주의에 대한 열등감에서 자유롭지 못하다. 하지만 정작 비트코인의 혁신은 중심과 주변, 주류와 비주류, 학문과 비학문, 대학과 기업 사이의 장벽을 허무는 데서 출발했다. 이제 우리는 그 장벽의 잔해 속에서 새로운 현실을 직시하고, 파편을 짚어가며 지적 탐구를 시작할 용기를 가져야 한다.

비트코인이 중심과 주변의 경계를 무너뜨리는 운동이라면, 한양대학교 비트코인화폐철학과 자체가 하나의 실천적 운동이다. 한국에서 이루어진 디지털 화폐 실험이 비트코인의 형태로 재탄생해 문명의 핵심을 강타했듯, 한양대학교 인문과학대학이 새로운 문명적 현상을 해석하고 사유하는 흐름을 주도할 수 있다고 우리는 믿는다.

차례

서문   4

Chapter 1.

비트코인이라는 새로운 규범

정의(Definition): 비트코인이라는 철학적 사건   20
정의의 한계와 오리너구리 | 비트코인, 정의를 무력화하는 존재

실체(Substance): 화폐의 본질은 무엇인가?   25
실물 없는 실재 | 희소성과 신뢰, 화폐현상의 역사적 교훈

가치(Value): 누구에게 어떤 조건에서 생겨나는가   34
노동 시간과 생산성의 응축물로서의 금 | 비트코인과 한계비용: 에너지로 구현된 노동 가치 | 가치는 누구에게, 어떤 맥락에서 작동하는가?

규범(Norm): 국가를 초월한 규범   44
자생적 규범으로서의 비트코인 | 비트코인은 높이다

| 한 걸음 더 1 | 국가를 초월하는 법체계들 54
| 한 걸음 더 2 | 이중주권 57
| 한 걸음 더 3 | 카노사의 굴욕(The Humiliation at Canossa, 1077) 60
| 한 걸음 더 4 | 이중주권의 실험실: 미국 유타주와 모르몬 공동체의 자치 질서 61
| 한 걸음 더 5 | 주식과 비트코인: 자산버블과 정보의 비대칭 63

Chapter 2.

달러

달러 패권   70
브레턴우즈 체제 | 페트로달러 | 유로달러 시장의 부상과 글로벌 자본 흐름의 재편

달러 위기의 세계화   79
대인플레이션과 볼커 쇼크 | 남미의 '잃어버린 10년' | 플라자 합의와 일본의 버블 경제 | '달러 문제의 외부화' 구조와 그 지속성

달러 체제의 지정학적 해법   90
중국과의 데탕트와 골디락스 | '금융의 민주화'라는 신화

2008년 금융위기   96
시스템이 만들어낸 착각, 리먼의 붕괴 | 달러 패권의 역설과 비대칭적 금융 질서의 심화

중국의 자의식 팽창과 질서 도전   101
해결사 중국의 부상과 국가주의로의 전환 | 일대일로와 금융 주권 실험 | 문명적 대안의 붕괴와 신냉전의 서막

| 한 걸음 더 1 | 역사는 반복되는가? 스페인제국의 디폴트와 미국의 미래   109
| 한 걸음 더 2 | 수학의 실패와 인간의 본성: 금융공학의 맹신과 파생상품 시대의 그림자   112
| 한 걸음 더 3 | 선택압과 인간 집단의 진화   117
| 한 걸음 더 4 | 중국의 트릴레마   119
| 한 걸음 더 5 | 중국의 디지털 통화 전략   123

Chapter 3.

세계를 떠받치는 미국 국채

신뢰의 피라미드와 국채의 탄생   134
현대 금융의 신뢰 피라미드 | 담보의 전환과 통화의 진화

무위험 자산이라는 신화와 유동성의 기술   141
현대 금융 시스템의 구조 | 만기에 따른 국채의 종류 | 담보 거래와 유동성의 기술: 레포 | 금융 기준의 전환: LIBOR에서 SOFR로 | 신뢰의 역설: 위기 속에서 더 강해지는 약속

구조적 균열과 새로운 담보 실험   157
레포 거래의 양면성: 레버리지와 유동성 위기 | 국채에 대한 구조적 신뢰 약화 | 새로운 담보 실험: 비트코인과 탈중앙 신뢰의 가능성

| 한 걸음 더 1 | 한국에서 자동차를 할부로 살 때도 레포를 이용한다   170
| 한 걸음 더 2 | 전략적 비축 자산으로서의 비트코인: 미국의 새로운 부채 관리 시나리오   173

Chapter 4.

탈달러 흐름과 미국의 역습

달러의 무기화와 금융 제재 시스템 — 182
달러의 권력화와 금융 제재 | SWIFT, 중립적 인프라에서 지정학적 무기로

역설적 반작용과 탈달러화 실천 — 188
달러 리스크 인식의 확산 | 제재에 대한 반작용: 탈달러 질서의 부상

디지털 달러 패권의 반격 — 193
스테이블코인의 기술적 진화와 글로벌 확산 | 디지털 달러화 전략과 스테이블코인의 제도화

| 한 걸음 더 1 | SWIFT 메시지 보안과 이종간 통화 메시지 예시 — 201
| 한 걸음 더 2 | SWIFT 망과 안전한 메시지로서의 화폐 — 204
| 한 걸음 더 3 | 테더사의 수난과 영광의 서사 — 206
| 한 걸음 더 4 | 크립토와 자금세탁: 디지털 가명성과 규제 권력의 충돌 — 210
| 한 걸음 더 5 | 양적완화와 인플레이션 그리고 스테이블코인 — 214

Chapter 5.

세계체제라는 패치워크

단일 질서의 환상과 세계 질서의 실상 — 228
힘의 균형이라는 세계 질서 | 빈 체제: 패권 없는 질서의 실험

균형의 철학과 미국 질서의 기원　　　　　　　　　　　234
미국의 재설계: 1945년 질서의 제도화 | 제도화된 패권: 경제와 안보의 이중 설계 | 안정의 조건: 핵 억지와 상호의존성

관대한 제국의 피로　　　　　　　　　　　　　　　243
미국에 'No'라고 말할 수 있는 유럽의 대두 | 유럽 무임승차에 대한 불만과 트럼프의 등장 | 제국 없는 세계의 도래?

| 한 걸음 더 1 | 유로화 실험의 교훈과 달러라이제이션　　　　　254

Chapter 6.

중립적 화폐

기축통화의 역설과 제도화의 실패　　　　　　　　　265
트리핀 딜레마와 달러 패권의 구조적 모순 | SDR의 탄생 | 기획된 중립 통화의 한계

자생적 질서와 탈영토 통화의 진화　　　　　　　　274
유로달러의 기원과 규제 회피의 금융 질서 | 그림자 통화와 '지배 없는 지배'

비트코인과 스테이블코인, 기술이 만들어낸 중립성　　281
유로달러 이후의 전환점: 비트코인의 기술적 상상력 | 디지털 유로달러의 부상: 스테이블코인의 구조와 계보 | 지정학적 전략 자산으로서의 스테이블코인 | 비트코인 시대, 새로운 힘의 균형

| 한 걸음 더 1 | 기축통화국의 숙명: 수식으로 풀어보는 트리핀 딜레마　292
| 한 걸음 더 2 | 중상주의와 경제적 합리성의 대립　　　　　　　　295

Chapter 7.

프로그래머블 머니

비트코인 장부혁명: 기술이 질서가 될 수 있는가? 303
장부의 혁명과 신뢰 구조의 전환 | 기술로 구현된 규범, 신뢰 없는 신뢰

계약의 자동화와 제도의 재편 310
이더리움과 스마트 콘트랙트의 탄생 | 제도로서의 이더리움 생태계 | 속도 중심 블록체인 3.0의 도전

신뢰의 구조를 다시 쓰는 금융 실험 320
자동화된 계약, 보험을 다시 설계하다 | 오라클과 신뢰의 인프라

멀티체인과 토큰화된 세계 327
비트코인 맥시멀리즘 vs. 멀티체인 | 아토믹 스와프: 멀티체인 생태계의 핵심 연결고리 | 모든 자산의 토큰화: 래리 핑크의 비전 | 에르난도 데 소토의 통찰과 개발도상국의 '죽은 자본'을 살리는 토큰화 | 달러 스테이블코인의 아토믹 스와프: 새로운 금융 질서의 촉매제

비트코인의 철학, 질서를 재편하다 341
기술로 재구성된 담보의 탄생 | 비트코인은 비트코인을 넘어서는 생태계다

| 한 걸음 더 1 | 블록체인 트릴레마와 각 블록체인의 선택   347
| 한 걸음 더 2 | 단순성과 안정성의 철학: 왜 비트코인은 '허술함' 속에서 견고한가?   350

참고문헌 352

The
Philosophy
of
Bitcoin
as Money

Chapter 1

비트코인이라는 새로운 규범

─────── 이 책의 공동 저자 중 한 사람인 오태민은 지난 11년간 사람들에게 비트코인 연구의 필요성을 설득해왔다. 이는 곧 다양한 사람들이 각자의 이유로 비트코인을 '자신과는 무관한 문제'라고 여기는 모습을 꾸준히 관찰해온 과정이기도 하다. 특히 지식인들은 여러 논리적 근거를 들어 비트코인을 반박하려는 경향을 보인다.

이 장은 오태민이 모델 출신의 유명 방송인 홍진경 씨의 유튜브 프로그램에 출연해 비트코인 회의론자와 토론한 영상이 공개된 이후, 이를 시청한 대학원생들의 소감을 듣고 나눈 강의에서 비롯되었다.

비트코인에 회의적인 이들은 주로 그 '쓸모'에 주목한다. "쓸모도 없는 것이 가격만 치솟는다면, 그것은 거품일 수밖에 없고 결국 한순간에 사라질 것이다." 이 주장은 논리적이라기보다는 상식적이다. 그렇기에 이 주장을 넘어서서 비트코인 현상을 마주하는 일은 결코 녹록지 않다.

이 논리대로라면, 비트코인은 신기루이며, 사람들은 비이성적이고, 자연의 법칙에 따라 결국 이 현상은 비극으로 귀결될 수밖에 없다. 하지만 과연 그것이 전부일까? 이 장은 그러한 통념을 메타적으로 관조해보자는 제안에서 출발한다.

'쓸모'란 과연 무엇인가? 쓸모의 기준은 개인이 정하는가, 사회가 정하는가, 아니면 국가가 정하는가? 오태민은 이 질문들을 출발점으로 삼아 비트코인을 개별적인 사물의 유용성 차원에서 평가하기보다는 하나의 제도로 바라보아야 한다고 주장한다.

대학원 수업 중, 오태민은 "비트코인은 놂norm이다"라는 문장을 칠판에 적었다. 여기서 말하는 '놂'은 단순한 규범이 아니라 법과 도덕, 관습을 아우르는 규범의 총체를 의미한다. 그것은 가치와 행위 그리고 제도를 지탱하는 메타규범이다. 오태민은 이어서 질문한다. 왜 한국의 지식인들은 국가의 법보다 상위에 있는 규범, 곧 메타규범에 대해 무지한가?

이러한 질문을 따라가다 보면, 우리는 결국 비트코인을 탄생시킨 서구 문명의 특수성에 주목하게 된다. 이 장이 궁극적으로 제기하는 바는, 비트코인의 특별함을 파악하기 위해서는 오히려 한국 지식사회의 독특한 인식틀을 서구적 사유와 비교해볼 필요가 있다는 것이다. 비트코인을 이해하는 일은 곧, 우리가 어떤 규범 세계에 익숙해져 있는지를 성찰하는 일과 맞닿아 있다.

정의(Definition)
비트코인이라는 철학적 사건

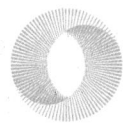

정의의 한계와 오리너구리

정의는 우리가 세상을 이해하는 데 사용하는 유용한 인식 도구다. 우리는 어떤 대상을 정의함으로써 그것을 명확한 틀 안에 배치하고자 하며, 이를 통해 복잡한 세계를 구조화하려 한다. 그러나 이 같은 정의 행위는 때로 사고의 폭을 제한하고, 사유의 경계를 고정시키는 족쇄가 되기도 한다. 정의는 단순히 설명의 수단이 아니라, 세계를 특정한 방식으로 바라보게 만드는 인식적 장치이기 때문이다.

예컨대 전기차를 '전기로 움직이는 차'라고 정의하면 직관적으로 이해하기는 쉽다. 하지만 이러한 정의는 전기차가 함축하는 더 넓은 차원을 간과하게 만든다. 전기차는 단순히 내연기관을 대체하는 기술적 대안이 아니라 에너지 소비 방식의 전환, 도시 인프라의 재설계, 환경 윤리의 재구성, 그리고 삶의 방식의 변화까지 모두 포함하는 복합적 현상이다. 정의는 이러한 복합성을 단순한 의미로 환원시키며, 실재의 층위를 지워버리는 역할을 수행한다.

정의는 종종 집합론적 사고방식과 연결된다. 어떤 대상을 특정한 집합 안에 포함시키는 것은, 그 경계를 분명히 설정하고, 내부와 외부를 나누는 논리적 시도이다. 그러나 현실의 많은 사물과 개념은 명확한 경계로 나뉘지 않는다. 세계는 유동적이며 다층적이기 때문에 우리가 그것을 분류하는 행위에는 철학적 겸손이 요구된다.

이러한 인식의 한계는 18세기 유럽 과학자들이 처음 오리너구리를 마주했을 때 극명하게 드러났다. 호주에서 유럽으로 가져온 이 낯선 생물은 오리의 부리와 비버의 꼬리를 지녔고, 알을 낳지만 젖을 먹여 새끼를 기른다.[1] 물속에서 능숙하게 헤엄치지만 육지에서도 활동하며, 체온은 평균 32°C로 유지된다. 포유류인가, 조류인가, 파충류인가? 오리너구리는 기존의 분류 체계 어디에도 들어맞지 않았고, 하나의 개념으로 정의될 수 없는 존재였다. 오리너구리의 존재는 생물학자들이 의

[그림 1] 오리너구리 Platypus

오리의 부리와 비버의 꼬리를 가졌고, 알을 낳지만 젖을 먹여 새끼를 기르는 이 생물은 기존의 분류 체계를 뒤흔들었다.
(출처: Stefan Kraft, CC-BY-SA 3.0)

지하던 분류학적 세계관을 무력화시켰고, 많은 동물학자들은 오리너구리를 이해하기도 전에 당혹감과 혼란을 먼저 겪었다. 오리너구리는 단지 이상한 동물이 아니라, 정의의 실패가 어떻게 인식 자체를 전복시킬 수 있는지 보여주는 하나의 철학적 사건이었다.

비트코인, 정의를 무력화하는 존재

비트코인은 현대 사회에 또 다른 '오리너구리 충격'을 일으킨 존재다. 비트코인은 다양한 방식으로 정의되고 있지만, 그 어떤 것도 그것을 온전히 설명하지 못한다. 어떤 이는 비트코인을 화폐라 부르고, 어떤 이는 디지털 골드라 부르며, 또 어떤 이는 투기 자산, 분산형 장부, 오픈소스 소프트웨어라 부른다. 심지어 하나의 정치 운동이라고 말하는 이들도 있다. 이 모든 정의는 비트코인의 일면을 포착하지만, 그 전체를 아우르지는 못한다. 비트코인은 이 모든 범주에 어느 정도 부합하면서도, 그 어떤 단일 항목에도 완전히 귀속되지 않는다.

비트코인은 중앙은행이 발행한 통화는 아니지만 세계 곳곳에서 교환 수단으로 사용되고, 배당도 이자도 없지만 장기 보유 자산으로 기능한다. 물리적 실체는 없지만 컴퓨팅 자원의 작업을 통해 '채굴'되고, 특정 국가의 규제를 받지 않으면서도 글로벌한 신뢰를 구축해 나간다. 비트코인은 디지털 자산이자 기술 인프라이며, 하나의 통화 실험이자 커뮤니티이고, 이념적 운동이자 법적 논쟁의 대상이기도 하다. 기술적으로는 블록체인이라는 분산형 네트워크 위에서 작동하고, 경제적으로는 공급이 제한된 가운데, 전 세계적으로 확대되는 수요에 따라 가치가 형성되는 디지털 자산으로 거래된다. 법적으로는 어떤 국가에서는 화폐로 인정되는 반면, 또 어떤 국가에서는 불법적 거래 수단으로 간주된다. 정치적으로는 중앙집중적 통화 질서에 대한 반발로 등장했지만, 오늘날에는 국가 권력이 제도적으로 통합을 시도하는 대상이 되기도 한다. 이처럼 상반된 속성들이 결합된 비트코인을 기존 개념으로 정의하려는 시도는 필연적으로 실패할 수밖에 없다.

비트코인은 단지 정의하기 어려운 대상이 아니라, 애초에 기존 분류 체계로는 정의될 수 없는 존재다. 그것은 기술, 경제, 정치, 윤리의 경계를 가로지르며, 각각의 영역에서 정립된 개념들을 교란시킨다. 우리가 익숙하게 사용해온 개념의 도구들—화폐, 자산, 시스템, 네트워크, 법적 주체—은 비트코인을 정확히 담아내지 못한다. 이러한 분류 불가능성은 비트코인을 단지 독특한 대상이 아니라 개념 체계 자체의 균열을 드러내는 존재로 만든다.

즉, 비트코인의 다층적 정체성은 그것을 단순히 '정의하기 어려운 대상'으로 만드는 데 그치지 않고, '정의라는 행위 자체에 도전하는 현상'으로 변모시킨다. 이러한 점에서 비트코인은 단순히 새로운 기술이 아니라 하나의 철학적 사건이다. 그것은 "화폐란 무엇인가?", "신뢰는 누가 어떻게 만들어내는가?", "경제 질서는 반드시 국가에 의해 유지되어야 하는가?"와 같은 근본적인 질문을 촉발한다. 비트코인은 기존 질서를 구성해온 언어와 분류, 제도와 법이라는 전제들을 되돌아보게 만들며, 우리가 개념을 통해 세계를 이해하고 통제해왔던 방식을 근본적으로 반성하게 만든다. 오리너구리가 생물학적 상상력을 전복시켰듯, 비트코인은 경제적 상식과 법적 상상력, 기술적 패러다임을 뒤흔들었다. 이제 우리가 던져야 할 질문은 단지 "비트코인은 무엇인가?"가 아니라

"왜 우리는 비트코인을 기존 개념으로 포착할 수 없었는가?"가 되어야 할 것이다.

실체(Substance)
화폐의 본질은 무엇인가?

실물 없는 실재

우리는 흔히 화폐를 물리적 실체로 오해한다. 금속으로 주조된 주화, 중앙은행의 보증이 새겨진 지폐는 화폐가 구체적인 대상, 즉 실물로 존재해야 한다는 통념을 형성해왔다. 오늘날 금융 거래 대부분이 디지털상에서 이루어지고 있음에도 불구하고, 사람들은 여전히 감각적 실체성을 화폐의 본질로 간주한다. 그러나 이 오랜 통념은 비트코인의 등장을 통해 근본적으로 흔들리기 시작했다.

비트코인은 실물이 없다. 발행 주체도 없고, 물리적 보관소도 없으며, 국가나 중앙은행이 이를 보증하지 않는다. 그럼에도 불구하고 사람들은 비트코인을 거래하고, 저장하고, 신뢰한다. 실물이 없지만 실재하는 것, 바로 이 점에서 우리는 화폐에 대한 새로운 사유를 요청받는다.

비트코인을 '실체가 없기 때문에 허상'이라고 주장하는 이들은 자산이 제도와 기술, 신뢰 속에서 어떻게 작용하는지를 제대로 이해하지 못한 경우가 많다. 오늘날 대부분의 금융 자산, 예컨대 주식, 채권, 파생상품, 심지어 법정화폐조차도 물리적 형태가 아니라 디지털 기록으로 존재하며, 실물은 사라졌지만 그 기능은 여전히 유지되고 있다. 이러한 자산들은 제도, 기술, 신뢰라는 비물질적 기반 위에서 작동하는 추상적 실재들이다.

화폐는 본질적으로 실물이 아니라, 기록되고 보증되며 교환 가능한 상태로 유지되는 신뢰의 정보, 즉 '장부'다. 사회가 그것을 교환 수단으로 인정하는 한, 조개껍데기든 지폐든 디지털 정보든 화폐로 기능할 수 있다. 이처럼 화폐는 고정된 실체가 아니라 사회적 신뢰에 기반한 '기호적 실재'다. 비트코인은 이 구조를 가장 극단적으로 구현한 사례다. 그것은 금처럼 물리적 담보도 없고, 국가의 강제력에도 의존하지 않지만, 분산된 기술 구조와 합의 메커니즘을 통해 신뢰를 획득하고 교환 수단으로 작동한다. 특히 비트코인은 에너지 집약적 연산을 통해 거래 정보의 기록과 검증을 보증하며, 실물이 아닌 에너지 투입의 기록이라는 점에서 독자적인 실재성을 획득한다.

희소성과 신뢰, 화폐현상의 역사적 교훈

화폐의 실체성을 이해하는 데 도움이 되는 역사적 사례들이 있나. 17세기 네덜란드의 소위 '튤립 버블'과 18세기 프랑스·영국의 금융 실험을 살펴보면, 화폐의 본질을 이해하는 데 중요한 통찰을 얻을 수 있다. 튤립 버블은 흔히 대중의 광기와 집단 착각의 대표적인 사례로 알려져 있지만, 당대의 정교한 경제 구조와 거래 메커니즘에 주목한 최근 연구들은 이 사건을 보다 복합적이고 구조적인 금융 현상으로 재해석한다.[2] 당시 네덜란드는 동인도회사의 성공과 해상 무역의 확장으로 세계 금융의 중심지로 부상했고, 비귀족 계층인 상인, 은행가, 기술자들은 급속도로 부를 축적하기 시작했다. 이들은 희귀 사치재로서의 튤립에 열광했다. 특히 바이러스에 감염되어 독특한 무늬를 지닌 '브로큰 튤립Broken Tulip'은 심미성과 자산 가치를 동시에 지닌 투자 대상으로 간주되었다.

튤립 거래의 핵심은 실물 구근 자체가 아니라, 구근을 미래에 인도받을 권리를 사고파는 '선도계약Forward'이었다. 이 계약은 종종 구두로 체결되었고, 시장에서 재유통되며 일종의 파생상품처럼 기능했다. 그러나 거래가 과열된 1636~1637년에도 실물 경제는 비교적 안정적이었다는 점은 주목할 만하다. 대중적으로 알려진 것과 달리, 당시의 파산자 목록에는 튤립 거래자의 이름이 거의 등장하지 않는다. 실제 거래 참여자는 귀족과 상류 상인층이 중심이었으며, 대중은 소극적으로 관여했거나 아예 관여하지 않았다. 또한 네덜란드의 무역, 농업, 금융 등 기초 경제 시스템은 튤립 버블 붕괴의 영향을 거의 받지 않았고, 국가 차원의 경제 위기로 이어지지도 않았다. 요컨대, 오늘날 우리가 알고 있는 '사회 전체가 망했다'는 튤립 버블의 이미지는 후대에 만들어진 과장되고 극화된 서사에서 비롯된 것이다.

그럼에도 불구하고 튤립 사건은 실물의 존재 여부보다 자산을 둘러싼 신뢰와 희소성의 구조가 가격 형성에 얼마나 결정적인 역할을 하는지 보여주는 중요한 사례다. 17세기 전반, 튤립은 그 미적 희소성과 귀족적 취향을 반영한 지위재Position Goods로서의 가치 덕분에 일시적으로

[그림 2] 1640년경, 벨기에 출신 화가 얀 브뤼헐 2세(Jan Brueghel the Younger)의 〈튤립 마니아에 대한 풍자(Satire on Tulip Mania)〉

이 그림은 인간의 탐욕과 어리석음을 교훈적으로 풍자하고 있다. 원숭이를 의인화한 등장인물들은 튤립 구근을 사고팔며 계약을 맺고, 법정 싸움을 벌이고, 심지어 파산까지 겪는다. 그러나 이러한 우화적 해석과 달리, 실제 1636~1637년 튤립 투기 사건은 상류층과 일부 상인 계층에 국한된 투기였으며, 네덜란드 경제 전반에는 큰 영향을 미치지 않았다.

자산적 성격을 획득했지만, 결국 일반 상품의 경로로 회귀하게 된다. 그 핵심 요인은 바로 '공급의 유연성'이었다. 튤립은 시간이 지나며 재배 기술이 발전했고, 시장 가격이 오르자 더 많은 자원이 튤립 재배에 투입되면서 생산량이 증가했다. 이는 가격을 일정 수준 이상으로 유지하기 어렵게 만들었고, 결과적으로 튤립은 '희소한 자산'이 아닌 '재생산 가능한 상품'으로 자리매김하게 되었다. 이처럼 유용성이 높은 상품은 가격이 오를 경우 생산을 자극해 희소성을 약화시키므로, 자산으로 기능하기 어렵다. 본질적으로 좋은 자산으로 기능하기 위해서는 가치가 쉽게 훼손되지 않아야 한다. 그러려면 가격 상승이 곧바로 공급 확대로 이어지지 않는 것이 중요하다.

이 점에서 비트코인은 튤립과 전혀 다른 경로를 따른다. 비트코인의 공급은 기술적으로 엄격히 제한되어 있다. 아무리 가격이 오르더라도 그 총량은 2,100만 개로 고정되어 있으며, 채굴량도 일정 주기에 따라 감소하도록 설계되어 있다. 가격 상승은 채굴 난도의 상승을 불러오지만, 실질적인 공급 증가로는 이어지지 않는다. 결과적으로 비트코인은 가격이 오를수록 오히려 희소성이 상대적으로 강화되는 구조를 지니며, 이로 인해 비트코인은 기존 자산과는 차별화된 독보적인 위상을 갖게 된다.

18세기 프랑스에서 벌어진 미시시피 회사Mississippi Company 버블 사건은 또 다른 차원에서 화폐의 본질을 되묻는다. 이 사건은 단지 하나의 기업 실패나 주가 급등락의 문제가 아니라, 국가 부채, 금융 혁신, 통화 발행권이라는 핵심 이슈들이 뒤얽힌 복합적 구조 속에서 발생한 일종의 '화폐 실험'이었다. 그 중심에는 스코틀랜드 출신 경제학자이자 금융가 존 로John Law가 있었다.

루이 14세 사망 후 프랑스는 전쟁과 궁정의 사치로 누적된 막대한 부채에 시달리고 있었다. 귀금속 화폐는 공급이 제한된 데다 정부의 화폐 가치 조작에 대한 불신이 퍼지자, 부유한 시민들은 금화와 은화를 숨기거나 해외로 빼돌렸다. 이러한 유동성 부족 속에서 존 로는 새로운 제안을 내놓았다. 당시 프랑스가 직면한 막대한 국가 부채를 해소하기 위해, 금과 은 같은 귀금속 대신 지폐를 통해 경제를 운용하자는 급진적인 제안을 내놓은 것이다.[3] 그의 구상은 단순한 화폐 대체가 아니라, 신용과 신뢰를 기반으로 한 새로운 화폐 체제였다.

1716년 프랑스 국왕의 승인 아래 존 로는 '방크 제네랄 프리베Banque Générale Privée'를 설립하고 지폐(은행권)를 발행했다. 이 지폐는 세금 납부 수단으로도 인정되었고, 국가 채무 상환 수단으로도 활용되었다. 이어서 1717년에는 미시시피 회사를 설립하여 프랑스령 루이지애나 지역의 독점 개발권을 확보하고, 회사의 주식을 국채와 맞바꾸는 방식으로 국가 부채를 정리하려 했다. 은행권으로 주식을 매입할 수 있었고, 주식을 담보로 다시 대출을 받을 수도 있었다. 이렇게 '국채-주식-지폐'가 맞물린 금융 생태계가 형성되었다. 오늘날 중앙은행, 국채 시장, 민간 금융기관이 상호작용하는 구조의 원형이 이미 이 실험 안에 존재했던 것이다.

처음에는 모든 것이 성공하는 것처럼 보였다. 국채는 정리되었고, 시장에는 유동성이 넘쳐났으며, 사람들은 루이지애나의 금광과 자원 개발에 대한 기대 속에서 미시시피 회사의 주식을 쓸어 담았다. 그 결과 미시시피 회사의 주가는 단기간에 폭등했다. 1719년 500리브르였던 주식은 불과 1년 사이에 20배 이상 치솟았다. 그러나 그 상승은 실제 사업 성과가 아닌 미래에 대한 희망과 신용 팽창에 기반한 것이었다. 미시시피 회사의 금광 사업에 대한 의구심과 주식에 대한 환금 요구가 확산되자, 1720년 5월부터 신뢰는 빠르게 무너졌다. 지폐와 주식 간의 교환 가능성에 균열이 생기고 지폐를 금화로 바꾸려는 시도가 늘어나자, 은행은 지급 불능 상태에 빠졌고 미시시피 회사의 주가는 폭락했다. 게다가 막대한 지폐 발행량 때문에 식량 가격은 6배, 의복류는 3배 상승하는 등 막대한 인플레이션을 겪었다.[4] 미시시피 버블의 붕괴는 단순한 투자 실패를 넘어, 국가의 금융 시스템 전체를 뒤흔드는 위기로 발전했다. 그리고 이 위기는 1789년 프랑스 대혁명의 불씨가 되었다.

비록 미시시피 회사의 붕괴는 역사상 최악의 금융 버블 중 하나로 기록되었지만, 존 로의 실험은 단순한 실패로만 볼 수 없는 중요한 유산을 남겼다. 존 로에게 화폐란, 반드시 금속이나 실물로 구현되지 않더라도, 사람들이 그 가치를 믿고 교환 수단으로 받아들인다면 얼마든지 유통될 수 있는 사회적 신뢰의 산물이었다. 그는 이러한 신뢰를 제도와 은행 시스템, 국가의 보증을 통해 설계하려 했고, 실제로 그것은 한때 효과적으로 작동하기도 했다. 그는 "화폐는 공쯮이다"라는 급진적인 통찰에 도달하며, 화폐의 가치를 실물이나 귀금속이 아닌 '신뢰의 순환 구조' 위에 세울 수 있다고 보았다. 이는 신뢰가 유지된다면 실물 담보 없이도 화폐가 기능할 수 있다는 개념의 단초였다. 오늘날의 중앙은행제, 법정불태환화폐 그리고 통화정책을 통한 경기 조절의 원리는 바로 이 실험의 연장선에 있다.

하지만 존 로의 실험은 여전히 실물 담보(주식)에 의존했다는 한계를 가졌다. 그는 실물 없는 화폐를 꿈꾸었지만, 그것을 지탱할 수 있는 완전한 신뢰 구조를 구축하지는 못했던 것이다. 그 결과 화폐 가치가 자산 가격의 등락에 연동되면서 시스템이 붕괴되고 말았다.

이와 비교할 때 비트코인은 더 급진적이면서도 독창적인 경지를 보여준다. 그것은 어떠한 실물도 참조하지 않으며, 국가의 권위도, 기업의 실적도 기반으로 삼지 않는다. 오직 코드와 에너지, 수학적 합의 메커니즘 위에서 작동하는 비트코인은 실물에 대한 의존을 철저히 제거한 추상적인 실재다. 튤립은 실물이 있었고, 존 로의 은행권은 프랑스 왕실이라는 국가 권위에 의존했으며 주식이라는 자산과 연결되어 있었다. 그러나 사토시 나카모토는 실물도 권위도 없이 신뢰를 구조화했다.

그럼에도 불구하고, 사람들은 여전히 비트코인의 '실체'를 묻는다. "무엇으로 담보되는가?", "실질은 무엇인가?"라는 질문은 추상에 익숙하지 않은 인간의 인식 방식을 반영한다. 우리는 사랑이라는 감정을 심장으로 상징화하듯, 화폐라는 추상에도 구체적 대상을 연결하려 한

[그림 3] 1720년 『광기의 거울』The Great Mirror of Folly에 수록된 풍자 판화 〈어릿광대 주식중개인Arlequin Actionist〉

이 작품은 프랑스를 뒤흔든 미시시피 버블 사태를 조롱한다. 그림 속 어릿광대와 바보가 커튼을 걷자 파리 캥캉푸아 거리(Rue Quincampoix)의 노천 주식시장에서 미시시피 주식을 두고 광란의 거래가 벌어진다. 무대 위의 어릿광대는 주식 판매를 선동하는 투기 중개인을 풍자하며, 혼란에 빠진 군중과 도박하는 원숭이는 이성 잃은 투기 열풍을 형상화한다.

다. 그렇기에 '화폐는 신뢰다', '화폐는 공空이다'라는 말을 반복해온 경제학자들조차, 실제로 비트코인이라는 진짜 '공'이 등장하자 당혹감을 감추지 못했던 것이다.

경제학자들은 화폐의 실체성과 신뢰의 실체성을 구별하지 못하는 실수를 범하고 말았다. 사실 화폐의 실체성이 본질적으로 중요하지 않다는 것은 존 로 이후 경제철학자들에게는 공인된 통찰이었다. 그러나 비트코인이 등장하자, 경제학자들은 다시금 화폐의 실체성을 되짚는 방식으로 과거의 논점으로 회귀하는 모습을 보였다.

비트코인을 둘러싼 진정한 쟁점은 실체가 아니라 신뢰다. 화폐를 논할 때 무엇보다 중요한 것은, "어떤 메커니즘이 신뢰를 만들어내고 그것을 유지하게 하는가"라는 질문이다. 바로 그 지점에서 달러나 원화 같은 법정 화폐와 대비되는 비트코인의 특징이 드러난다. 국가가 신뢰의 원천인 법정 화폐와는 달리 비트코인의 신뢰의 원천은 컴퓨터 프로그램이다. 신뢰의 기반이 전통적인 제도와 권위에서 기술적 구조로 전환된 것이다. 결국 비트코인에 대한 진정 의미 있는 질문은 "그것이 무엇에 의해 담보되는가?"가 아니라, "에너지 투입과 합의 알고리즘이 신뢰를 대체할 수 있는가?"이다.

화폐는 실물이 아니다. 화폐는 신뢰의 형식이자, 추상적인 상호작용의 수단이며, 무엇보다도 에너지와 시간이라는 자원의 투입이 기록된 결과물이다. 바로 이 점에서 비트코인은 화폐의 본질을 극단적으로 구현한 존재다. 실체 없는 추상, 그러나 에너지의 흔적이자 신뢰의 구조물로서, 비트코인은 새로운 방식으로 화폐의 본질을 드러내는 존재다.

가치(Value)
누구에게 어떤 조건에서 생겨나는가

노동 시간과 생산성의 응축물로서의 금

비트코인을 논할 때 자주 제기되는 질문 중 하나는 이것이다. "비트코인은 도대체 어떤 가치를 지니는가?" 회의론자들은 비트코인을 '쓸모 없는 투기 자산'으로 규정하며, 그것이 사회 전체에 실질적인 유익을 주지 못한다고 주장한다. 이들에게 비트코인은 에너지를 낭비하면서도 아무런 실체적 효용을 제공하지 못하는, 탈규범적이고 병리적인 산물에 불과하다. 하지만 그러한 회의론자들에게 이렇게 되묻고 싶다. "가치는 어디에서 오는가?" 그리고 "누구에게, 어떤 맥락에서 유익해야 '가치 있는 것'으로 간주되는가?"

우리는 일상에서 석유나 쌀 같은 재화를 소비하면서, 마치 그것 자체에 대가를 지불하는 것처럼 느낀다. 그러나 실제로 우리가 지불하는 것은 그것들의 생산과 유통에 관여한 사람들의 노동에 대한 보상이다.

재화의 가치는 본질적으로 그것을 만들고 옮기는 데 투입된 시간과 노력, 기술이 응축된 결과다. 다시 말해, 가치는 노동 시간에서 비롯되며, 그 노동이 지닌 상대적 생산성에 따라 달라진다.

이러한 생각은 고전 경제학의 핵심 원리였고, 특히 애덤 스미스Adam Smith와 데이비드 리카도David Ricardo는 '노동 가치 이론Labor Theory of Value, LTV'을 통해 이 점을 강조했다. 그들에게 금은 단순한 귀금속이 아니었다. 그것은 노동 시간과 희소성이 압축된 상징적 자산이었다. 금을 채굴하고 정제하는 데 필요한 평균적인 노동 시간은 곧 금의 가치 기준이었다.

만약 누구나 자유롭게 접근할 수 있는 금광이 존재하고, 특별한 기술이 없는 미숙련 노동자가 그곳에서 금 1온스를 채굴하는 데 약 1,000시간이 소요된다고 가정해보자.* 그렇다면 금 1온스는 곧 1,000시간의 노동과 동일한 가치를 지닌다고 볼 수 있다.

이제 동일한 노동자가 패스트푸드 매장에서 일한다고 가정해보자.

---

* 실제 금광은 본 가정과 상이하다. 대부분 국유화되거나 과점 형태로 소유되어 있어 일반인의 자유로운 접근 및 노동 투입에 따른 생산물 취득이 불가능하다. 또한, 금은 지리적으로 편중되어 있어 미숙련 노동자의 단순 시간 투입만으로 생산량을 예측하기 어렵다.

그럼에도 불구하고 경제학 모델에서는 종종 이처럼 비현실적인 '가정'을 설정한다. 이는 복잡한 현실 속에서 핵심 변수와 우발적 요소를 구분하는 데 유용하기 때문이다.

금은 이러한 모델 구축에 적합한 특성을 지닌다. 우선 모든 금은 품질이 동일하다는 가정이 크게 비현실적이지 않으며, '일물일가(一物一價)'의 법칙에 따라 모든 지역에서 가격이 수렴하는 경향을 보인다. 또한, 금 매장량이 풍부한 지역의 주변 계곡에서 채취하는 사금(砂金)의 경우, 미숙련 노동자도 비교적 쉽게 접근할 수 있다. 즉, 금이 지구상에 고르게 분포하고 채굴 진입 장벽이 높지 않다면, 금은 '노동 투입량'이 '가치'로 전환되는 과정을 분석하는 데 중요한 기준이 될 수 있다.

바로 이 추상적이며 이상적인 '금 채굴광'의 개념에 가장 부합하는 것이 비트코인 채굴이다. 비트코인 채굴은 특정 자격증을 요구하지 않으며, 인터넷 연결이 가능한 지구상 어디에서든 참여할 수 있다.

물론 비트코인 채굴은 단순한 육체적 노동이 아닌 전기 에너지를 활용한다. 그러나 만약 '단순 노동 투입량'과 '전기 에너지' 간에 일정한 교환 비율이 성립한다고 가정할 수 있다면, 비트코인 채굴에 소요되는 에너지와 그에 상응하는 비트코인의 시장 가격은 경제학자들이 추구해온 '노동 투입량'의 가치 전환을 비교하는 중요한 시금석이 될 수 있을 것이다.

만약 이 노동자가 금 1온스를 구매하는 데 1,000시간의 노동이 필요하다면, 두 노동은 실질적으로 동일한 가치 수준에 있다고 할 수 있다. 여기서 흥미로운 현상이 발생한다. 만약 패스트푸드 매장의 시급이 올라서 금을 얻는 데 필요한 시간이 500시간으로 줄어든다면, 금광 노동자들은 더 유리한 조건을 찾아 패스트푸드 매장으로 이동하게 될 것이다. 반대로 금 채굴이 더 나은 조건을 제공한다면, 패스트푸드 매장 노동자들은 금광으로 이동할 것이다. 이러한 이동은 결국 시장 내에서 노동 가치가 '금 1온스를 얻는 데 필요한 노동 시간'에 수렴되도록 조정하는 역할을 하게 된다. 이러한 메커니즘 덕분에 금은 단순한 귀금속을 넘어, '미숙련 노동의 시간가치'를 가늠하는 시대를 초월한 표준이 될 수 있다. 다시 말해, 금은 그것을 얻기 위해 필요한 노동—즉 인간의 보편적인 노력—을 통해 가치를 환산할 수 있는 척도가 될 수 있다.

이러한 가치 개념은 19세기 금본위제를 통해 제도화되었다. 금본위제하에서 각국의 통화는 일정량의 금과 연결되어 있었다. 예컨대 미국 1달러는 금 몇 그램, 영국 1파운드는 또 다른 정해진 양의 금과 교환이 가능하다는 약속을 기반으로 발행되었다.

금본위제의 핵심은 금과 노동의 교환 비율에 있었다. 다시 말해, 금 1온스를 얻기 위해 평범한 노동자가 얼마나 많은 시간을 들여야 하는지가 핵심이었다. 이 노동 시간은 각국의 산업화 수준, 노동 생산성, 그리고 기회비용에 따라 달랐으며, 결국 국가 간 경제력과 효율성의 차이를 반영했다.

산업화가 덜 진행된 국가에서는 같은 양의 금을 얻기 위해 더 많은 노동이 필요하다. 도로와 각종 기반 시설이 부족한 환경에서는 말 그대로 곡괭이 하나에 의존해 금을 캐야 하기 때문이다. 반대로, 고도로 산업화된 국가에서는 미숙련 노동자라 할지라도 다양한 자본재를 활용할 수 있어 훨씬 효율적인 작업이 가능하다. 숙련이 전혀 되어 있지 않은 노동자라 하더라도, 어느 나라에서 노동을 하느냐에 따라서 금을 상대적으로 쉽게 획득할 수도 있고 그 반대일 수도 있다. 이처럼 두 국가가 금 1온스를 얻기 위해서 투입하는 미숙련 노동의 시간 차이가 바로 자본이 가진 생산성의 차이라고 간주할 수 있다. 이렇듯 금은 노동뿐만 아니라 자본의 상대적 가치를 가늠하는 척도로도 사용될 수 있다.

금본위제하에서 국제 무역은 금의 실물 이동 또는 금을 기준으로 한 환율 조정 방식을 통해 이뤄졌다. 놀라운 점은 이 체제가 국가 간 무역수지를 자동적으로 조절하는 기능을 내포하고 있었다는 사실이다. 예를 들어 한 국가가 무역 흑자를 기록하면, 그 대가로 금이 그 나라로 유입되었다. 이는 통화량 증가로 이어지고, 물가와 임금 상승을 초래했다. 상승한 임금과 물가는 결국 해당 국가의 수출품 가격을 끌어올려 경쟁력을 약화시켰다. 반대로 무역 적자를 기록한 국가는 금이 빠져나가면서 통화량이 줄었고, 그에 따라 임금과 물가가 하락하며 수출 경쟁력을 회복하게 되는 구조였다. 이러한 조절 메커니즘은 마치 시계추가 좌우로 흔들리며 균형을 잡듯, 금의 유입과 유출을 통해 경제의 불균형을 조절하는 역할을 수행하였다.

이러한 구조는 '시간당 얼마만큼의 가치를 생산할 수 있는가'라는 노동의 상대 가격이 국제 무역 질서를 조절하는 자연스러운 장치로 작용했음을 보여준다.

비록 오늘날 금본위제는 역사 속으로 사라졌지만, 그 철학은 여전히 금융과 경제의 근저에 남아 있다. 금은 더 이상 법정통화의 기준은 아니지만, 여전히 세계 금융 시스템에서 안전자산으로 기능하고 있다. 그

만큼 금은 아직도 글로벌 보편자산의 성격을 가지고 있다.

금 가격의 등락을 단순히 수요와 공급의 불균형으로만 설명하는 것은 충분하지 않다. 그 이면에는 '세계 경제의 생산성 변화', '자원의 재배분', 그리고 '국가 간 기회비용의 변화'와 같은 보다 깊은 구조적 요인이 작용하고 있다. 금은 더 이상 직접적인 화폐는 아니지만, '가치'라는 개념을 설명하는 데 있어 여전히 중심적인 상징으로 남아 있으며, 오늘날에도 전 세계 경제 전반에 깊은 영향을 미치고 있다.

이러한 관점에서 보면, 현대 일부 국가—특히 중국—의 전략은 노동 시간과 생산성의 자연스러운 균형을 인위적으로 조정함으로써, 금본위제적 질서를 우회하려는 시도로 볼 수 있다. 중국은 통화 가치를 낮게 유지하고 미숙련 노동자의 임금 상승을 억제함으로써 장기간 무역 흑자를 유지해왔다. 이는 금의 이동 대신 저임금 노동을 통해 무역수지를 조정한 셈이며, 그 과정에서 노동 착취가 고착화되고 경제적 불균형이 더욱 심화되었다. 과거 한국 역시 고도성장기 동안 여성과 미숙련 노동자의 저임금에 기반해 산업화를 달성했으며, 오늘날 많은 개발도상국이 이 경로를 반복하고 있다.

결국 금의 가격, 노동 시간, 무역 구조는 상호 분리된 요소가 아니라, 세계 질서 속에서 가치가 어떻게 정의되고 분배되는지를 보여주는 상호 연관된 지표들이다. 금본위제는 사라졌지만, 금은 여전히 가치의 정의를 둘러싼 철학적 질문을 던지고 있다. 그것은 단순한 금속이 아니라, 노동 시간과 생산성의 응축물이며, 미래의 통화 질서를 상상하기 위해 반드시 되돌아봐야 할 출발점이다.

비트코인과 한계비용: 에너지로 구현된 노동 가치

비트코인 경제는 고전적 통화 시스템과는 전혀 다른 방식으로 가치를 형성한다. 그 핵심에는 '한계비용 이론'이라는 경제 원리가 놓여 있다. 한계비용이란, 상품을 하나 더 생산하는 데 드는 추가 비용을 의미하는데, 완전경쟁 시장에서는 가격이 이 한계비용에 수렴하는 경향이 있다.

비트코인은 누구나 채굴에 참여할 수 있는 개방형 시스템이다. 채굴자들은 더 효율적인 장비와 저렴한 전기를 찾아 전 세계를 누비며 경쟁에 나선다. 비트코인을 얻기 위해서는 막대한 연산 작업이 필요하며, 이는 곧 전기료, 장비 투자, 냉각 설비 등 구체적인 비용 부담을 수반한다. 예컨대, 시장에서 비트코인의 가격이 1억 원이라면, 채굴자는 그보다 낮은 비용으로 비트코인을 채굴해야 수익을 낼 수 있다. 반대로 채굴 비용이 1억 원을 초과하면 손해가 발생하고, 채굴을 중단하는 사람들이 늘어나게 된다.

비트코인은 이러한 상황에 대응해 '난이도 조정'이라는 자동 메커니즘을 작동시킨다. 네트워크에 참여한 채굴자의 수가 줄어들면 채굴 난이도가 낮아지고, 이에 따라 채굴에 드는 비용도 줄어든다. 다시 수익성이 확보되면 채굴자들이 재유입되고, 경쟁이 치열해지면서 난이도가 다시 상승해 비용도 증가한다. 이 과정을 반복하면서, 비트코인의 시장 가격은 장기적으로 채굴자들이 실제로 부담하는 한계비용, 즉 추가로 1코인을 생산하는 데 드는 비용에 수렴하는 경향을 보인다.

이 구조는 중요한 함의를 지닌다. 비트코인의 가치는 단지 투기적 기대나 희소성에 기반한 것이 아니라, 그것을 얻기 위해 실질적으로 투입된 자원—에너지, 장비, 시간 등—에 의해 뒷받침된다는 것이다. 이런 의미에서 비트코인은 에너지가 응축되어 구현된 가치물이라 할 수 있다.

여기서 더욱 흥미로운 점은, 이 시스템이 전기의 '질'이 아니라 '양'과 '가격'에만 반응한다는 것이다. 비트코인을 채굴하는 데 쓰이는 전기는 수력 발전의 친환경 에너지일 수도 있고, 화력 발전같이 오염을 유발하며 생산된 전기일 수도 있으며, 버려질 뻔한 잉여 전기일 수도 있다. 그러나 시스템은 그 전기의 출처나 지속 가능성에 관심을 두지 않는다. 오직 '가장 싸고 안정적으로 공급되는 에너지'만이 중요한 기준이다.

이처럼 전기 소비량은 비트코인 시스템에서 일종의 객관적 가치 척도로 작동한다. 마치 과거 금 채굴에서 '노동의 질'이 아니라 '노동 시간'이 가치 산출의 기준이었듯이, 비트코인 채굴에서는 '전기의 질'이 아닌 '에너지 투입량'이 중심이 된다. 이는 비트코인이 에너지 집약적 노동 가치 체계를 디지털 코드 위에 구현하고 있음을 보여준다.

이 구조는 채굴자에게만 해당되지 않는다. 비트코인을 구매하는 이들 또한 채굴자들이 투입한 자원과 노력을 반영한 시장 가격에 따라 돈을 지불해야 한다. 비트코인 채굴자와 비트코인 구입자의 관계는 앞에서 설명한 금광 단순 노동자와 패스트푸드점 단순 아르바이트 근무자의 관계와 비슷하다. 각각이 처한 상황에서 가장 적은 노동 시간의 투입으로 일정량의 금을 얻는 방법을 선택해서 이를 교환하듯이 비트코인 채굴자와 비트코인 구입자도 각각이 처한 환경에서 가장 저렴한 방식으로 비트코인을 얻기 위해서 채굴을 하거나 교환을 한다. 따라서 금이 경제시스템 전반에 대해서 가치의 표준으로 역할을 하는 것과 같이 비트코인 채굴도 에너지 소비의 표준이 될 잠재력이 있다. 비트코인의 가치가 올라가면 올라갈수록 비트코인은 글로벌 수준에서 에너지 가치의 척도가 될 수 있다는 말이다. 어쨌든, 채굴을 하든 구매를 하든, 누구나 일정한 비용을 감수하지 않고는 비트코인을 얻을 수 없다. 이 점에서 비트코인은 '공짜 보상'을 배제하고, 모든 경제 주체에게 "기여하거나, 그에 상응하는 대가를 치르라"는 일관된 메시지를 전한다.

물론 비트코인의 가치는 절대적이지 않다. 국가가 발행한 법정통화에 대한 신뢰가 견고한 환경에서는 비트코인의 필요성이 크지 않다. 그러나 억압적인 정권, 통화 남발, 자산 약탈이 빈번한 국가에서는 이야기가 달라진다. 나이지리아, 베네수엘라, 레바논 같은 국가들에서는 비트코인이 자신이 만든 노동의 가치를 보존하는 수단, 불안정한 제도에 대한 방어 수단으로 기능하고 있다.

가치는 누구에게, 어떤 맥락에서 작동하는가?

우리가 일상적으로 사용하는 '가치'라는 개념은 생각보다 훨씬 복합적인 의미를 내포하고 있다. 흔히 가치는 공공의 이익, 사회 전체의 복리, 다수에게 유익한 어떤 것을 의미한다고 여겨지는데, 이러한 정의는 총합적 가치 기준에 의존한다. 즉, 공동체 전체의 총합적 행복이 증가하는지를 가치의 유무를 판단하는 핵심 기준으로 삼는다. 그러나 현실 세계는 그렇게 단순하지 않다. 사회가 곧 국가는 아니며, 다수의 이익은 종종 소수의 희생을 수반한다.

비트코인을 이러한 총합적 기준으로 평가한다면, 그것은 쉽게 해로운 기술로 간주될 수 있다. 예컨대 중국 정부는 비트코인이 자본 통제를 위협하고 금융 안정성을 해칠 수 있다고 보고 채굴과 거래를 전면 금지했다. 정부의 관점에서 비트코인은 통화 주권을 흔들고 국가가 설계한 디지털 위안화 체제에 장애가 되는 질서 파괴적 요소다. 중앙집중적 규율과 감독 체계가 전제된 국가 질서 안에서, 비트코인은 분명 이질적이고 거슬리는 존재다.

그러나 바로 그 중국에서조차 많은 시민들은 해외 송금과 검열 회피의 수단으로 비트코인을 활용해왔다. 정부로부터 배제되고 억압받는 개인들은 오히려 비트코인을 통해 새로운 자율성과 연결성을 획득하고 있다.

이처럼 비트코인은 '국가'에는 위협이 될 수 있지만, '개인'에게는 도구가 되고, 개인들이 자율적으로 연결된 공동체에는 생존과 연대의 기반이 될 수 있다. 예컨대 베네수엘라처럼 정부 화폐가 붕괴된 상황에서 시민들은 식량과 생필품을 확보하기 위해 비트코인을 결제 수단으로 사용했다. 또한 홍콩이나 우크라이나에서는 정부의 감시를 피해 시민들 간에 자금을 전송하거나, 해외 지지자들로부터 기부를 받는 데 비트코인이 활용되었다. 특히 언론과 금융 시스템에 대한 신뢰가 낮은 지역이나 세대에게 비트코인은 국가의 통제를 넘어서는 '탈중앙화된 생존 인프라'로 기능한다. 요약컨대, 비트코인은 국가의 통제력에는 도전하지만, 사회의 자율성과 회복력에는 기여하는 이중적 성격을 지닌다.

이러한 사실은 가치 판단의 지평을 확장할 것을 요구한다. 비트코인은 공공의 유익이라는 총합적 기준에서 보면 불완전하거나 위험한 도구일 수 있지만, 억압받는 개인들에게는 자유와 생존의 가능성을 열어주는 현실적 수단이 된다. 그것은 중앙 권력이 부여한 효용이 아니라, 주변부로 밀려난 이들이 스스로 발견한 실천적 가치다. 이 가치는 '합법적'인 것은 아닐지라도, 충분히 '정당한' 것일 수 있다.

이 지점에서 우리는 중요한 철학적 딜레마와 마주하게 된다. 우리가 가치를 판단할 때, 그 기준은 무엇인가? 그리고 그 기준은 어떤 시공간적 맥락에 놓여 있는가? 칼은 생명을 앗아갈 수도 있지만, 동시에 생명을 구하는 도구가 되기도 한다. 총기는 범죄에 악용되기도 하지만, 어떤 맥락에서는 개인의 생존권을 보장하는 수단이 되기도 한다. 칼처럼 단순한 사물들조차 총합적 관점에서 가치를 평가하는 건 간단한 일이 아니다. 하물며 인공지능이나 핵기술 같은 거대한 구조물들은 이념을 동원하지 않는 한 쉽게 가치의 유무를 단정할 수 없다. 가치란 특정한 사회적 조건과 맥락 속에서만 의미를 갖는 개념이다.

마찬가지로, 비트코인의 가치는 그것을 사용하는 개인의 맥락 속에서, 그리고 그것이 작동하는 사회의 조건 속에서 다시 해석되어야 한다. 비트코인은 우리가 익숙하게 사용해온 '가치 판단'의 기준, 특히 총합적 차원에서는 쉽게 포착되지 않는다. 그것은 우리가 '공공선'이라고 여겨온 개념의 실체를 다시 묻게 만든다. 비트코인은 다수의 이익이라는 이름 아래 간과하기 쉬운 주변부의 삶에 자율성을 제공하는 기술이다. 어떤 이에게는 무가치하게 보일 수 있지만, 다른 이에게는 그것이 생존을 이어갈 마지막 희망이 될 수도 있다.

규범(Norm)
국가를 초월한 규범

자생적 규범으로서의 비트코인

우리는 신뢰를 당연하게 여긴다. 사회가 작동하려면 사람들 사이에 일정 수준의 신뢰가 있어야 하고, 그 신뢰는 법과 제도, 국가라는 권위 있는 체계를 통해 보장된다고 믿는다. '신뢰는 국가로부터 온다'는 전제는 근대 사회의 철학적 기초이며, 주권론과 사회계약론, 법치주의라는 제도적 사유의 토대이다. 특히 화폐와 같은 질서의 핵심 기제들은 국가나 제도적 권위에 의해 통제되어 왔으며, 그 유효성은 권력의 승인에 의해 보장되었다. 말하자면, 우리는 신뢰를 개인이나 공동체 내부에서 생성되는 것이 아니라 국가와 제도 같은 외부 체계로부터 부여받는 것이라 여겨온 셈이다.

그러나 비트코인의 등장은 이 전제 자체에 근본적인 질문을 던진다. "신뢰는 반드시 외부 권위에 기반해야만 하는가?" 비트코인은 단지 디지털 자산이나 기술적 시스템이 아니다. 그것은 우리가 신뢰를 어떻게 형성하며, 규범을 어떻게 구성하고, 질서를 어디에서 시작할 수 있는지를 다시 묻게 만드는 철학적 실험이다.

비트코인은 법률도, 경찰도, 중앙은행도 없이 스스로 질서를 유지한다. 이 네트워크에는 통제하는 주체도, 판결을 내리는 기관도 없지만, 규칙은 정확하게 작동하며 신뢰는 자연스럽게 형성된다. 이처럼 외부의 강제 없이도 유지되는 구조는 우리가 질서와 규범을 바라보는 관점을 근본적으로 다시 생각하게 만든다.

비트코인은 일종의 '기술적 아나키Technological Anarchy'다. 여기서 '아나키'란 무질서를 뜻하는 것이 아니라, 오히려 중심 없이도 유지될 수 있는 질서의 가능성을 뜻한다. 비트코인에는 규칙을 독점적으로 해석하거나 집행하는 기관이 없다. 비트코인 시스템에 참여하는 모든 노드는 동일한 프로토콜에 따라 작동하며, 그 규칙을 따르지 않으면 네트워크는 해당 행위를 자동으로 무효화하거나 거부한다. 법적 제재도 없고 물리적 강제도 없지만, 코드와 합의 알고리즘이 곧 규범으로 작동한다.

이러한 구조는 오스트리아 출신 영국의 경제학자이자 정치철학자인 프리드리히 하이에크Friedrich Hayek가 『법, 입법 그리고 자유Law, Legislation and Liberty』에서 제시한 '자생적 질서Spontaneous Order' 개념과 밀접한 관련이 있다.[5] 하이에크는 사회적 질서가 반드시 설계와 계획에 의해 만들어지는 것은 아니며, 오히려 개인들의 자유로운 상호작용과 관습의 축적을 통해 자연스럽게 형성된다고 보았다. 그는 법, 언어, 시장, 도덕과 같은 제도들은 모두 수천 년에 걸친 경험의 누적 속에서 자연발생적으로 만들어졌으며, 이러한 질서야말로 인류 문명의 진정한 기반이라고 주장했다. 그에 따르면, 사회의 질서는 의도적으로 '설계된'

질서인 '택시스Taxis'와, 인간의 의도와 무관하게 자생적으로 '성장한' 질서인 '코스모스Kosmos'로 나눌 수 있다. 비트코인은 바로 이 '코스모스'의 특성을 극명하게 보여준다. 다시 말해, 비트코인은 자생적 질서를 디지털 프로토콜 위에서 구현한 대표적인 사례라 할 수 있다.

비트코인을 구성하는 핵심 규칙들, 예컨대 2,100만 개로 제한된 총 발행량, 약 10분 간격의 블록 생성 주기, 난이도 조정 알고리즘 등은 사토시 나카모토가 최초로 제시한 설계안에 기초하고 있다. 하지만 그 이후 비트코인 생태계의 진화는 수많은 익명의 사용자, 채굴자, 개발자, 노드 운영자들이 각자의 목적과 신념, 이익에 따라 자유롭게 참여하고 경쟁하고 협력하는 과정에서 이루어졌다. 네트워크는 어떤 중앙 권위의 감독 없이도, 개별 주체들의 자율적 참여와 반복된 실천을 통해 자연스럽게 안정성과 지속 가능성을 획득했다.

비트코인의 개선 과정을 공식화하기 위해 도입된 BIPBitcoin Improvement Proposal 시스템은 자생적 질서의 대표적인 사례다. BIP는 누구나 비트코인 소프트웨어에 대한 새로운 기능이나 실험적 아이디어를 공식 문서 형식으로 제안할 수 있도록 한 절차적 제도다. 비트코인에는 소수의 핵심 개발자가 존재한다. 하지만 이들은 비트코인 코드에 배타적으로 접근하는 문지기도 아니고 코드 변경 승인 권한을 독점적으로 휘두르는 권력자도 아니다. 이들은 마치 학술지 편집자처럼 제안된 BIP를 검토하여 번호를 부여한 후 공표하고 실행 여부를 검토하도록 공론화시키는 존재다. BIP를 통해 올라온 제안은 깃허브GitHub를 기반으로 공개적으로 토론되며, 그 유효성은 권위가 아니라 토론의 설득력과 네트워크 참여자들의 실제 수용 여부에 의해 결정된다. 비트코인의 핵심 개발자들은 이러한 BIP 제안들을 조직하고 정리하는 데 기여하지만, 최종 결정은 전체 생태계의 합의된 판단에 의해 이루어진다. 이처럼 비트코인은 특정 권한을 가진 위원회나 의사결정자 없이도 지속적으로 개선될 수 있는 개방적 구조를 갖추고 있다.

2017년 비트코인에 세그윗SegWit이라는 신기술을 도입하는 문제를 두고 격렬한 논쟁이 발생하였다. 이때 UASF User Activated Soft Fork라는 특별한 움직임이 나타났는데, 이 사건은 비트코인의 기술적 변화가 특정 주체의 지시가 아닌, 다수의 참여자 간 집단적 의사결정 및 합의를 통해 이루어짐을 명확히 보여주었다.

통상적으로 비트코인 프로그램 업데이트 시에는 채굴자들이 상당한 영향력을 행사해왔다. 채굴에 사용되는 컴퓨팅 능력, 즉 '해시 파워'가 높은 채굴자들이 새 규칙에 동의하여야만 변경이 가능하였다. 그러나 UASF는 이와 달랐다. 비트코인 네트워크를 실질적으로 운영하는 '노드 운영자Node Operator', 즉 비트코인 사용자 일반이 주도한 방식이었다.

이 노드 운영자들은 "특정 시점부터 새로운 세그윗 규칙을 따르지 않는 블록(비트코인 거래 기록 묶음)은 수용하지 않겠다"고 선언하였다. 이는 채굴자들의 승인을 기다리지 않은 조치였다. 이 행위는 그동안 채굴자들이 네트워크 방향을 주로 결정해왔던 방식에 대한 사용자들의 집단적인 저항이었다.

결론적으로, UASF는 소수의 채굴자가 비트코인 네트워크의 미래를 독점하는 것을 방지하고, 비트코인의 핵심 가치인 '탈중앙화'를 수호하기 위해 사용자들이 스스로 나선 주권적 선언이라 할 수 있다. 만약 채굴자들이 세그윗을 채택하지 않고 기존 방식대로 블록을 계속 생성한다면, 그 블록들은 UASF를 지지하는 수많은 노드들에 의해 무효로 간주되어 네트워크에서 받아들여지지 않게 되었다. 채굴자들은 엄청난 비용을 투입해서 해시값을 생성하고 있었기 때문에 막대한 손실을 감내하면서까지 '대의'에 저항할 의지가 없었다. 채굴자들은 결국 세그윗을 수용했다. 이 사건을 통해 비트코인 참여자들 사이에서 '비트코인 코드의 해석 및 실행 주체'를 둘러싼 권력 균형이 재조정되었다. UASF는 중앙 통제 없이도 소프트웨어 변경이 가능하다는 것을 입증한 역사적인 사례로 기록되었다.

이후 비트코인 커뮤니티에서는 무분별한 코드 변경으로 네트워크가 분열될(포크될) 위험보다는, 네트워크의 안정성을 유지하는 것이 더욱 중요하다는 암묵적인 규칙이 정착되었다.

비트코인 생태계에서 또 다른 중요한 자생적 구조는 채굴자와 채굴풀 Mining Pool 간의 역할 분화와 협상 구조이다. 초기에는 채굴자들이 각자 독립적으로 블록을 생성했지만, 시간이 지나 채굴 난이도가 상승하고 경쟁이 치열해지면서 채굴의 지속 가능성이 점점 낮아졌다. 보상이 아무리 커도 개별 채굴자들이 안정적인 수익을 유지하기는 어려웠고, 이에 따라 채굴 성공 빈도를 일정하게 유지하고 보상을 균등하게 분배하려는 필요가 커졌다. 이러한 요구로 자발적인 연합 형태인 '채굴 풀'이 등장했다. 이는 사토시의 백서에 명시되지 않은 변화였지만, 채굴 참여자들의 경제적 유인과 전략적 선택에 따라 자연스럽게 형성된 질서였다. 이로써 비트코인 네트워크는 채굴 활동의 사업성을 유지하면서도, 한곳으로 힘이 모이는 중앙화 위험을 피할 수 있었다.

채굴 풀은 일종의 집단 채굴 방식을 사용하지만, 개별 채굴자들은 언제든지 자신이 속한 풀을 떠나 다른 풀로 이동할 수 있다. 이는 채굴자에게 실질적인 선택권과 자율성을 부여하며, 풀의 정책이나 수수료 체계, 블록 검열 여부 등에 따라 풀 간 경쟁이 지속적으로 발생하도록 만든다. 채굴자가 풀을 변경하는 과정은 매우 간단하다. 채굴 소프트웨어의 설정값만 수정하면 된다. 중앙의 승인이나 등록 절차는 일체 필요하지 않다. 이는 채굴자가 단순히 연산력만 제공하는 수동적 존재가 아니라, 네트워크 내의 주체적 행위자로 기능함을 의미한다. 이렇게 형성된 풀과 채굴자 간의 자율적 계약 관계, 그리고 이를 둘러싼 유동적 경쟁 구조는 외부의 규제나 명령 없이도 생태계 내부에서 규범적 질서를 형성하는 대표적 사례다.

이러한 탈중앙적 조정 메커니즘은 바로 프리드리히 하이에크가 강조한 '지식의 분산'이라는 통찰과 깊이 연결된다. 하이에크는 사회를 구성하는 수많은 정보인 시간, 장소, 가격, 수요, 기술력 등을 단일한 주체가 모두 수집하고 분석하여 최적의 결정을 내릴 수 있다는 전제를 비판한다. 대신 그는 질서란 중앙의 설계가 아니라 개별 주체들의 부분적인 지식과 선택이 축적되는 과정에서 자생적으로 형성되는 것이라고 보았다. 비트코인 네트워크는 바로 이 원리에 따라 작동한다. 각 참여자는 자신이 가진 제한된 정보와 자원을 바탕으로 최적의 판단을 내리며, 그 집합적 결과가 전체 질서를 형성한다. 더욱이 이러한 질서는 특정 목적을 위해 설계된 구조가 아니라, 예측 불가능한 환경 변화와 다양한 이해관계에 따라 유기적으로 조정되고 진화한다는 점에서, 중앙의 인위적 계획보다 더 복잡하고 정교한 자생적 질서의 전형이라 할 수 있다.

비트코인은 놇이다

비트코인을 지적인 현상으로 탐구할 기회를 놓친 이들일수록, 그것을 단순히 '사물'로 이해하는 경향이 있다. 비트코인의 '쓸모'를 따지는 태도가 그 대표적인 예다. 비트코인은 시장에서 가격이 매겨지고 거래되기 때문에, 그 가격에 걸맞은 효용이나 가치를 묻는 사고방식은 일면 합리적으로 보일 수 있다. 그러나 법치주의를 단순히 범칙금 영수증을 출력하는 시스템쯤으로 여기는 시선이 그러하듯, 비트코인을 단지 투자 수단이나 사물로 간주하는 접근은 그 구조와 의미를 근본적으로 오해하는 것이다.

민주주의 교육을 받은 이들은 '법치'가 쓸모없다고 생각하지 않는다. 법치의 효용은 단지 즉각적인 사용 가치에 있지 않다. 그것은 질서와 신뢰를 위한 구조이자, 사회를 작동하게 만드는 보이지 않는 기반이다. 이와 마찬가지로 비트코인은 기능과 수단을 넘어 하나의 질서로 이해되어야 한다.

비트코인은 '놇Norm'이다. 여기서 놇은 단순한 규칙이 아니다. 규범을 만들고 규범을 판단하게 해주는 기준, 곧 메타규범을 의미한다. 놇은 관습이나 관행처럼 특정 사회나 문명권 내에서 오랫동안 다수에 의해 공유된 의식적·무의식적 사고와 행동의 규칙이며, 사람들이 일관된 방식으로 행동하고 판단할 수 있도록 해주는 사회적 기준이다. 자유주의 전통에서 놇은 '자생적 질서'라는 개념으로 이해되는데, 이는 앞서 설명했듯이 국가가 설계하거나 강제하지 않아도 사회 내부의 상호작용과 관습의 축적을 통해 자연스럽게 형성되는 규범 체계다. 이러한 맥락에서 놇은 국가가 제정한 법의 아래가 아니라, 오히려 그 위에 놓인 상위 개념으로 간주된다. 놈의 어원이 된 고대 그리스어 'gnomon'은 '직각자'를 의미하는데, 이는 다른 각도를 측정할 수 있게 해주는 기준 도구다. 직각이 자연 속에서 가장 신뢰할 수 있는 기준이었던 것처럼, 놈은 다양한 선택지를 가늠하고 판단할 수 있게 해주는 사회적 직각자다.

이런 의미에서 비트코인은 고대로부터 이어진 자연법Natural Law 전통과도 연결된다. 자연법은 국가의 법률보다 상위에 있는 규범 질서를 가정하며, 인간 이성과 보편적 도덕 감각에 뿌리를 둔다. 비트코인은 이러한 자연법적 직관을 디지털 공간에서 구현한다. 비트코인이 내포한 규칙들—총 발행량의 한계, 4년마다 찾아오는 반감기, 난이도 조정 알고리즘 등—은 비록 설계자의 의도에서 출발했으나 단순한 기술적 장치에 머물지 않는다. 그것들은 생태계 내부에서 수용되고 반복적으로 실천되며, 참여자들의 내면 속에서 규범으로 작동하는 기준이다. 모두가 그것을 따르며 자신의 선택을 조정한다. 놈이란 바로 그런 것이다. 외부에서 강제되지 않아도 지켜지는 규범, 권위의 명령이 아닌, 자율적 실천 속에서 작동하는 기준 말이다.

물론 국가의 법률이나 정부의 정책 또한 일정한 사회 규범을 형성한다. 그러나 그것들은 메타규범이라기보다는 인위적으로 조정 가능한 '구성적 규범'에 가깝다. 정권 교체나 정치적 필요에 따라 쉽게 바뀔 수 있는 법률은 메타규범이 될 수 없다. 메타규범이란 그런 조정의 기준이 되는 상위의 틀이기 때문이다. 만약 국가가 만든 규칙이나 법률을 메타규범으로 간주하게 되면, 결국 그 규칙을 판단할 기준이 다시금 그 국가에 의해 정해지게 된다. 이는 결국 '국가가 말하는 것이 곧 옳다'는 전체주의적 사고로 이어질 수 있다.

사회는 메타규범 없이는 지속 가능하지 않다. 인간 사회는 오랫동안 종교적 윤리, 도덕 감정, 역사적 관습과 같은 메타규범에 기대어 공동체를 유지해왔다. 이러한 규범들은 국가가 제정한 제도보다 오래되었고, 법률보다 더 깊은 수준에서 인간의 행동을 이끌어왔다. 그러나 화폐의 영역에서만큼은 오랫동안 메타규범이 부재했다. 현대를 살고 있는 이들 대다수가 살아온 기간 동안 통화의 발행과 신뢰는 늘 국가의 전유물이었고, 중앙은행이 '무엇이 화폐인가'를 결정해왔다. 그 결과, 화폐는 발행되고 관리되며 수정 가능한 '만들어진 규범'으로 여겨졌다. 법정화폐는 국가의 징세권과 강제통용력이라는 물리적 힘에 의해 화폐로 기능해왔다. 그 자체로는 무가치한 종잇조각이 법과 제도라는 위계 구조 속에서 가치를 부여받았던 것이다.

그러나 비트코인은 이 구조를 정면으로 거부한다. 그것은 누구에 의해서도 발행되지 않고, 누구도 그것을 수정하거나 폐기할 수 없다. 설계는 있었지만 통제는 없고, 규칙은 존재하지만 규칙을 독점하는 권력은 없다. 그 누구의 보증도 없이, 모두의 합의에 의해 질서를 유지한다. 블록체인은 과거의 모든 거래를 누구나 검증할 수 있도록 기록하고, 채굴자들은 네트워크 규칙을 내면화한 채 자발적으로 참여하며, 누구도 일방적으로 그 질서를 바꿀 수 없다. 외부의 강제가 아닌 내부의 합의만으로 작동하는 이 시스템은, 근대 이후 우리가 경험해온 국가 기반의 화폐 체계와는 전혀 다른, 진정한 자생적 질서의 구현이라 할 수 있다.

비트코인이 메타규범으로 받아들여지기 어려웠던 이유는 명확하다. 우리는 너무 오랫동안 국가가 발행한 화폐만을 진정한 화폐로 여겨왔기 때문이다. 이제 비트코인은 우리에게 전혀 다른 상상력을 요구한다. 법정화폐가 '발행자'를 중심으로 구조화된다면, 비트코인은 '검증자'를 중심으로 작동한다. 이 차이는 단지 기술 구조의 차이가 아니라, 우리가 무엇을 믿고, 어떤 규칙을 따르며, 어떤 세상을 살아갈 것인지를 다시 상상하도록 이끄는 전환의 계기다.

이 상상력은 서구 문명이 오랫동안 축적해온 '이중주권Dual Sovereignty'의 전통과도 맞닿아 있다. 중세 이후 교황과 황제 사이의 권력 분리는 정치권력과 윤리 권위의 분리를 제도화했고, 이는 시민의 자유, 종교적 양심, 상위 규범에 대한 인식을 가능케 했다. 이중주권은 하나의 권력이 모든 가치 판단을 독점할 수 없다는 문명적 선언이자, 윤리적 질서가 제도적 질서를 넘어설 수 있다는, 현실 권력을 초월하는 권위에 대한 상상의 산물이었다.

비트코인은 이러한 이중주권의 구조를 디지털 공간에서 기술적으로 계승한다. 그것은 기존 국가 통화 질서 안에서 작동하면서도, 그 밖에서 독립된 기준선을 제시한다. 다시 말해, 비트코인은 국가의 법을 따르되, 그 위에 놓인 또 하나의 질서를 실천하는 새로운 시민성의 형태를 상징한다. 마치 종교적 신념을 가진 이들이 국가의 법을 준수하면서도 더 높은 윤리적 기준을 내면화하듯, 비트코인은 국가와 병존하면서도 그 위에 서 있는 규범 구조로 자리잡는다. 그리고 바로 이 점에서, 비트코인은 단지 기술적 시스템이 아니라, 자율적 공동체가 형성할 수 있는 새로운 문명 질서의 전조가 된다.

한 걸음 더 1
국가를 초월하는 법체계들

우리는 '법'이라 하면 흔히 국가가 만든 제도적 장치를 떠올린다. 하지만 법이 늘 국가로부터 시작된 것은 아니며, 언제나 권력에 의해 보장되었던 것도 아니다. 오히려 공동체의 일상적 실천과 상호작용 속에서 자연스럽게 형성된 규범들이, 일정한 일관성과 예측 가능성을 획득하면서 법의 형태를 갖춘 사례들이 역사에는 존재해왔다. 그리고 바로 이러한 법질서들 속에서 우리는 비트코인을 이해할 수 있는 중요한 사상적 단초들을 발견하게 된다.

다음은 그러한 자생적 법질서의 대표적인 네 가지 사례다.

- Jus Gentium(만민법, 만국법): 고대 로마에서 로마 시민이 아닌 외국인과의 상호작용, 즉 무역·계약·분쟁을 다루기 위해 형성된 초기 국제적 관습법 체계다. 이 법은 로마 내에서 시민법이 적용되지 않는 이방인들 간의 거래를 조율하기 위한 실용적 필요에서 출발했으며, 점차 민족과 문화를 초월한 보편적 원칙으로 정교화되었다. 시간이 흐르며 Jus Gentium은 자연법과 접합되어, 인류 전체에 적용될 수 있는 보편 법칙의 모델로 발전했다. Jus Gentium은 인권법, 외교관계 등 근대 법체계의 형성에 근본적 토대를 제공했으며, 오늘날 국제법의 역사적 원형으로 평가된다.

- Lex Naturalis(자연법, natural law): 인간 사회의 경험적 관습이나 제정법 이전에 존재한다고 여겨지는 보편적이고 불변하는 도덕적·법적 원칙을 의미한다. 이는 인간의 이성과 자연 질서에 기반하여 모든 인간 공동체에 타당한 규범

으로 간주되며, 국가가 제정한 실정법보다 상위의 규범 질서로 인정된다. 자연법은 시대와 문화를 초월한 정의의 기준으로 여겨졌다. 토마스 아퀴나스Thomas Aquinas는 이를 신의 질서와 인간 이성의 조화를 통해 설명했고, 후고 그로티우스Hugo Grotius는 신 없이도 인간 이성만으로 자연법이 정당화된다고 주장했다. 이후 존 로크John Locke는 자연법을 개인의 생명·자유·재산을 보장하는 천부적 권리의 근거로 삼으며, 근대 자유주의와 인권 이론에 중대한 영향을 끼쳤다.

- Common Law(관습법, 영미 판례법): 성문법보다 판례와 관습을 중심으로 법적 기준이 형성되는 체계로, 영국을 기원으로 미국, 캐나다, 호주 등 영미권 국가들이 채택하고 있다. 법원은 과거 유사 사건에서 내려진 판결을 참조하거나 구속력 있는 선례로 삼아, 유사 사건에 일관된 판결을 내림으로써 법적 안정성과 예측 가능성을 확보한다. 이러한 구조는 공동체 내부의 반복된 분쟁 해결 과정을 통해 규범이 축적되고 제도화된다는 점에서, 국가 강제력이 아닌 자생적 신뢰와 실천을 바탕으로 형성된 법질서의 전형적 사례로 평가된다.

- Lex Mercatoria(상인법): 중세 유럽의 상인들이 서로 다른 도시와 국가를 넘나들며 무역을 수행하는 과정에서 자연스럽게 형성된 국제 상거래 관습법이다. 이 법 체계는 국가의 성문법이나 공식 법정이 아닌, 상인들 간의 공통된 관습과 자율적 재판 기구, 예컨대 상인 재판소Magistratura Mercatoria를 통해 운영되었다. 핵심 목적은 신속하고 실용적인 분쟁 해결이었으며, 복잡한 절차 없이 상호 신뢰를 기반으로 공정성과 효율성을 유지하려는 실천적 규범이었다. Lex Mercatoria는 국경을 초월한 상업 활동이 자발적 질서만으로도 유지될 수 있음을 보여주는 대표적 사례로, 근대 국제상사법과 국제중재 제도의 기초가 되었다.

이러한 자생적 법질서들은 한 가지 공통된 특징을 지닌다. 바로, 국가나 특정 권력의 강제 없이도 공동체 내부의 반복된 상호작용과 경험의 축적을 통해 법처럼 기능하는 질서를 스스로 형성해냈다는 점이다. 이는 법이 반드시 국가에 의해 창출되고 강제되어야만 유효하다는 통념에 의문을 제기하며, 신뢰와 관습에 기반한 공동 규범 역시 사회 질서를 안정적으로 유지할 수 있음을 보여준다.

한 걸음 더 2

이중주권

국가가 만든 공식 통화가 존재하는 상황에서, 국가가 관여하지도 않았고 오히려 금시하고 싶어하는 또 다른 통화가 동일한 국가 안에서 동시에 통용될 수 있다는 상상은 누구에게나 낯설게 느껴진다. 현대인들에게는 단일 주권치하가 익숙하기 때문이다. 예외가 있다면 기독교와 같은 종교인들이다. 기독교인들은 자신들이 이중의 정체성을 지니고 있다고 믿는다. '천국 시민'이라는 정체성과 국적이라는 현실에서의 정체성이나. 기녹교인들에게 있어서 이런 이중정체성은 전혀 어색하거나 이상하거나 모순적인 개념이 아니다.

이중정체성은 이중규범을 의미한다. 예를 들어서 기독교인들은 현실의 법에서는 규제하지 않지만 종교적 규율로서는 매우 엄격한 안식일 휴식이나 일정 금액의 헌금을 실천하고 있다. 정통 교단이라면 이런 종교적인 규범을 지키기 위해서 납세나 국방의 의무와 같은 국가의 강제 규범을 어기라고 가르치지 않는다. 즉, 준수한 기독교인들이라면 안식일 규례를 지키기 위해서 군대에서 일요일에 탈영하지 않으며, 십일조를 내기 위해서 노골적으로 탈세를 하려 하지 않는다. 존경받는 기독교인들은 국가의 법이나 사회적 규범, 그 이상으로 엄격한 규범을 내면화하고 이를 지키려고 노력한다.

비트코인은 서구에서 탄생했다. 비트코인의 사상적 배경이 바로 국가와 구별되거나 국가를 초월하는 규범을 전제하므로, 비트코인을 이해하기 위해서는 이중의 정체성에서 나오는 이중주권의 개념을 이해할 필요가 있다. 특히 서구 기독교 세계에서는 이중주권이 하나의 전통으로 자리잡아 왔다는 점에서, 그 역사적 맥락을 짚어볼 필요가 있다.

서구 문명의 결정적 전환점 중 하나는 11세기 중반, 교황 그레고리우스 7세를 중심으로 완성된 '그레고리 개혁'이다. 이 개혁은 부패한 성직 매매를 금지하고, 성직자의 결혼을 제한하며, 성직 임명권을 군주가 아닌 교황에게 귀속시키는 방식으로 전개되었다. 그러나 그 본질은 단순한 교회 개혁이 아니라, 정치권력과 윤리 권위의 분리를 문명 차원에서 제도화한 것이었다. 특히 황제와 교황 간의 서임권 투쟁은 정치권력이 윤리와 정의를 전적으로 독점할 수 없으며, 그 위에 독립된 도덕적 기준이 존재할 수 있다는 새로운 문명적 원리를 역사 속에 각인시켰다.

이러한 구조적 변화 속에서 서구 문명은 새로운 방향으로 나아가기 시작했다. 개인은 더 이상 하나의 권력에만 종속되는 존재가 아니라, 국가 권력과 종교적 윤리라는 두 권위 사이에서 선택하고 저항할 수 있는 주체로 자리매김하게 되었다. 이러한 이중권력 구조는 훗날 시민권, 표현의 자유, 양심의 자유, 법치주의 같은 제도적 기반으로 발전했으며, 정부가 인정하지 않는 도덕적 신념이라도 공개적으로 발언하고 실천할 수 있는 문화적 토대를 형성했다. 그리고 어떤 경우에는 그러한 신념이 국가 권력을 전복할 정도의 힘을 발휘하기도 했다.

이에 비해 동아시아 문명은 상이한 경로를 택했다. 조선의 임금은 조상에게 제사를 지낼 때 제사장 역할을 했으며, 중국의 황제는 하늘의 뜻을 대리하는 존재, 곧 '천자天子'로 간주되었다. 정치권력과 도덕 권위는 명확히 분리되지 않았고, 군주의 명령은 곧 법이자 윤리이며 도덕이었다. 결과적으로 동양에서는 권력 없는 규범, 즉 제도적 강제력을 벗어난 윤리 질서라는 상상 자체가 터 잡아 나가기 어려웠다.

반면, 서구권에서는 히틀러나 나폴레옹과 같은 독재자라고 해도, 자신을 신과 동일시하는 수준의 독재권력으로까지는 나아가지 못했다. 종교적 권위가 세속적 수권에 우선한다는 개념이 전통으로 자리잡은 덕이다. 그러나 같은 기독교라고 해도 그레고리 개혁 바깥에 있었던 동로마의 그리스 정교나 다른 문명권에서는 현실의 강력한 권력자가 도덕을 포함한 가치규범의 기준을 정할 수 있었으므로, 결과적으로 그들은 스스로를 신이나 신격에 준하는 절대자로 간주하기에 이르기도 했다.

이러한 문명적 차이는 오늘날 디지털 질서를 바라보는 태도에도 영향을 미친다. 중앙 권력의 승인 없이도 작동하는 시스템에 대한 직관적 거부감은 구성주의적 질서에 익숙한 사회일수록 더욱 강하게 나타난다. 비트코인이 받아들여지기 어려운 것은 단지 그것이 복잡한 기술이기 때문이 아니라, 권력과 질서를 바라보는 문명적 상상력이 제도적 사고에 갇혀 있기 때문이다.

한 걸음 더 3
카노사의 굴욕
(The Humiliation at Canossa, 1077)

한겨울, 눈 덮인 알프스 자락 아래. 독일 황제 하인리히 4세는 세 겹의 털옷을 껴입고도 추위에 떨며, 북이탈리아 카노사 성문 앞에서 무려 3일간 맨발로 서 있었다. 그는 당대 가장 강력한 권력자 중 하나였지만, 그 앞의 성안에는 자신보다 더 강력한 도덕적 권위가 있었다. 바로 교황 그레고리우스 7세였다.

하인리히는 스스로 임명한 주교들에 대한 권한을 놓고 교황과 정면충돌했고, 그 결과 교황은 황제를 파문Excommunication한다. 파문은 단지 종교적 제재가 아니라, 당시 유럽 질서에서 정치적 생명선이 끊기는 것을 의미했다. 봉건 귀족들은 파문당한 황제를 더 이상 복종의 대상으로 여기지 않았고, 그의 권력은 산산이 부서지기 시작했다.

그리하여 1077년 1월, 황제는 교황이 머무르고 있던 카노사의 성문 앞까지 찾아가 눈 속에서 사흘간 용서를 구하는 퍼포먼스를 벌인다. 결국 교황은 그를 사면하지만 이 사건은 중세 유럽 정치사에서 도덕 권위가 세속 권력을 무릎 꿇린 상징적인 순간으로 남게 된다.

"우리는 카노사로 가지 않겠다"라는 훗날 비스마르크Bismarck의 유명한 발언에서도 알 수 있듯, 이 사건은 이후 서구 문명에서 정치권력과 윤리 권위의 관계를 규정하는 상징적 기억으로 자리잡았다.

한 걸음 더 4

이중주권의 실험실:
미국 유타주와 모르몬 공동체의 자치 질서

19세기 중반, 미국 서부의 황량한 대지 위에 하나의 종교 공동체가 출현한다. 예수 그리스도 후기 성도 교회LDS Church, 흔히 말하는 모르몬교Mormonism다. 그들은 미국 동부에서 극심한 박해를 받았고, 결국 '시온Zion'을 건설하겠다며 자발적으로 국경 너머의 황무지로 이주했다. 이들이 정착한 곳이 오늘날 유타Utah다.

그들은 워싱턴의 승인 없이 그곳을 '데저렛Deseret 공화국'이라 칭하며 독자적인 헌법, 사법체계, 화폐, 민병대까지 운영했다. 교회가 곧 정부였고, 성서와 계시에 따라 정치를 운영했으며, 그 안에서는 세속 주권과 종교 규범이 동등한 권위를 지녔다.

그들은 엄연히 미국의 땅에 있었지만, '천국 시민'으로서의 정체성과 '미국 시민'으로서의 정체성을 동시에 지닌 대표적인 이중주권 시민이었다. 연방정부가 용인하지 않은 제도, 예컨대 일부다처제나 교회 주도의 토지 관리, 신정적 통치방식 등은 미국의 헌법 체계와 충돌했다. 하지만 모르몬 공동체는 연방과 교회, 두 질서 사이에서 스스로를 조정하고 정당화하는 독특한 자치 질서를 만들어냈다.

미국 연방정부는 유타에 지속적인 압력을 가했고, 모르몬교는 점진적인 제도 조정과 교리 수정을 거쳤다. 그 결과 1896년, 유타는 정식으로 연방 주로 편입되었다. 그러나 일방적인 편입은 아니었다. 이는 연방 질서에 절충적으로 편입되면서도 고유한 내부 규범을 상당 부분 유지한, 서구적 이중주권의 전형적인 사례였다.

오늘날 유타주는 여전히 미국 내에서 종교의 사회적 영향력이 가장 강한 지역 중 하나로 꼽힌다. 2025년 기준, 유타 주민의 약 61.5%가 모르몬교 신자로, 이는 미국 50개 주 가운데 단일 종교가 차지하는 비중으로는 가장 높은 수준이다.[6] 이러한 종교적 동질성은 여러 사회적 지표에서 전국 평균과 뚜렷이 구별되는 차이를 만들어낸다.

예컨대 결혼과 가족 구조에서 유타주는 독보적이다. 유타의 결혼율은 전국 평균보다 30% 이상 높고,[7] 평균 초혼 연령도 전국보다 3~4세 낮다.[8] 2020년 인구조사에 따르면 유타주의 가구당 평균 자녀 수는 2.32명으로, 전국 평균(1.93명)을 상회한다.[9] 이와 함께 유타는 미국 내 가장 낮은 이혼율과 싱글맘 비율을 유지하고 있다.

청소년 범죄율, 약물 중독률, 음주율 역시 전국 평균보다 눈에 띄게 낮다. 질병통제예방센터CDC의 자료에 따르면 유타주는 청소년 음주 경험률이 전국 평균의 절반 이하이며, 십대 임신율 또한 미국에서 가장 낮은 수준을 유지하고 있다.[10] 이는 모르몬교가 강조하는 금욕주의, 절제, 가족 중심 윤리와 직결된 결과로 해석된다.

한 걸음 더 5
주식과 비트코인: 자산버블과 정보의 비대칭

경제적 착취는 종종 정보의 비대칭성에서 비롯된다. 정보의 불균형은 시장 참여자들 사이에 불균형한 권력관계를 만들어내며, 소수가 특정 정보를 독점하고 이를 바탕으로 대중을 기만하거나 이익을 취할 수 있는 기반이 된다. 이러한 맥락에서 18세기 초의 미시시피 회사와 남해 회사 같은 역사적 금융 버블은 단순한 투기를 넘어, 정보 불균형에 기반한 착취 구조로 이해될 수 있다.

이들 수식회사는 정부의 특혜와 독점권 등을 등에 업고 불투명한 회계 처리와 고의적인 기만을 통해 주가를 부양했다. 투자자들은 기업의 실질적 가치에 대한 정보를 거의 알지 못했다. 주식은 본질적으로 기업 내부 정보에 민감하게 반응하며, 이 정보는 태생적으로 비대칭적일 수밖에 없다. '내부자 거래Insider Trading'는 바로 이러한 구조적 불균형에서 비롯되는 전형적인 착취 행위다.

이에 비해 비트코인은 근본적으로 다른 정보 구조를 지닌다. 비트코인은 공급량, 발행주기, 채굴 알고리즘 등 시스템 전반이 오픈소스로 공개되어 있으며, 네트워크 참여자들은 모두 동일한 코드와 동일한 규칙에 따라 작동하는 시스템에 접근한다. 프로토콜 수준에서의 정보는 완전히 투명하게 공유되며, 특정 내부자만이 접근 가능한 결정적인 비밀 정보는 존재하지 않는다. 이러한 특성은 비트코인이 금융 자산이면서도 전통적인 주식 시장과는 다른 방식으로 신뢰와 투명성을 구현하고 있음을 시사한다.

'튤립 버블' 사건 당시, 튤립 시장에는 오늘날과 같은 의미의 정보 비대칭 구조가 거의 존재하지 않았다. 튤립은 실물 상품이었고, 품종과 상태, 가격을 누구나 비교적 쉽게 확인할 수 있었다. 튤립 육종에 대한 지식이 매우 부족하여 생산에 제한이 많았지만, 오히려 이러한 '육종에 대한 무지' 역시 모든 시장 참여자에게 공평하게 적용되었다. 이 사건을 경제학적으로 연구한 브라운 대학교 피터 가버Peter M. Garber 교수는 가격 변동은 분명히 존재했지만, 공급과 수요의 법칙으로 충분히 설명할 수 있다고 주장했다.[11] 즉, 정보 독점이나 시장 통제를 기반으로 한 구조적 착취의 흔적은 아니었다는 것이다. 상대적으로 개방된 정보 환경 속에서 형성된 시장이라는 점에서, 튤립 버블 사건은 전형적인 착취형 버블과는 구분된다.

결국 중요한 것은 자산의 종류가 아니라, 그것을 둘러싼 정보의 구조다. 주식은 구조적으로 정보 비대칭성을 내포하는데, 이는 가격 조작이나 내부자 이익 실현의 기반이 될 수 있다. 반면 튤립과 비트코인은 비교적 대칭적인 정보 환경에서 작동하며, 설령 투기적 가격 변동이 발생하더라도 이것이 의도된 착취 구조로 발전할 가능성은 낮다.

그렇다면 부동산은 어떨까? 겉으로 보기에 부동산은 튤립이나 비트코인처럼 실물에 기반하거나 공개된 정보를 통해 접근하는 것처럼 보일 수 있다. 그러나 부동산은 국가나 지방자치단체의 개입이 일상화된 재화다. 즉, 개발 계획, 규제 변화, 인프라 확충 등 부동산 가치에 결정적인 영향을 미치는 정보는 정부나 관련 기관에 의해 창출된다. 따라서 이들 정보에 가까이 있는 집단일수록 양질의 정보를 더 일찍 접할 수 있다.

튤립이나 비트코인처럼 누구나 접근 가능한 자산이 비이성적으로 가격이 치솟는 경우와 주식이나 부동산 시장에서 발생하는 버블은 정보 비대칭에 의한 착취라는 맥락에서 전혀 다른 현상으로 보아야 한다. 전자는 정보의 공정성이 비교적 유지된 상태에서의 시장 과열이라면, 후자는 구조적인 정보 불균형이 착취의 기제로 작용할 수 있는 위험을 내포하고 있기 때문이다.

The
Philosophy
of
Bitcoin
as Money

Chapter 2

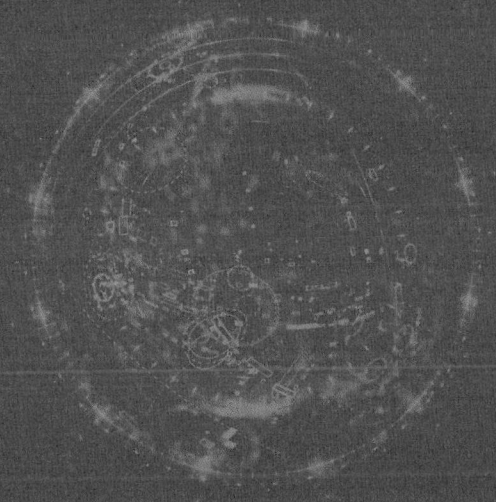

달러

─────── 오태민의 저서 『비트코인, 그리고 달러의 지정학(개정증보판: 트럼프 시대의 지정학과 비트코인)』에 대한 독자들의 촌평 중에는 "비트코인 책인 줄 알고 샀는데, 온통 달러와 지정학 이야기뿐이고 비트코인에 대한 내용은 거의 나오지 않는다"는 불평이 적지 않다.

비트코인은 달러가 통화 질서를 지배하는 시대의 한복판에서, 그 체제의 문제점을 날카롭게 인식한 일군의 이념 공동체에 의해 오랜 숙고 끝에 발명된 화폐다. 그들은 달러의 무제한 발행과 중앙집중적 통제 방식이 초래할 위험을 경고하며, 탈중앙화된 디지털 화폐의 필요성을 역설해왔다. 그러나 정작 비트코인이 세상에 등장한 이후에도, 달러의 위상은 좀처럼 꺾이지 않았다. 금융위기가 닥칠 때마다 사람들은 안전 자산을 찾아 달러로 몰려들었고, 그 결과 달러의 가치는 오히려 치솟는 현상이 반복되었다.

달러가 곧 붕괴할 것처럼 진단하고, 탈중앙화된 통화의 부상을 주장하는 비트코인 옹호 논리는, 좋게 봐야 인생의 위기마다 소년 시절 외워둔 보이스카우트 헌장을 되뇌는 것처럼 자기 암시에 가깝다. 현실의 복잡성과 변동성을 감안하지 않은 채, 비트코인의 이념적 성낭성만을 강조하는 주장은 불확실하고 거친 야영지를 탐험하는 데 길잡이가 되어줄 구체적인 지도가 아니라, 애초에 왜 캠핑을 시작했는지를 상기시켜주는 일종의 '운동 선언문'에 머물 가능성이 크다. 이런 담론에만 익숙한 이들은, 금융위기나 지정학적 충돌 이후 어김없이 반복되는 달러 강세 현상을 마주할 때마다, 비트코인이라는 '실험'이 실패한 것이 아닐까 하는 의구심과 두려움에 휩싸이게 된다. 달러 체제의 위기를 단지 표면적 현상이 아닌, 심층에서 일어나고 있는 구조적 문제로 이해하지 못한다면 비트코인에 대한 인식 역시 피상적인 수준에 머물 수밖에 없다.

달러에 대한 반감이 비트코인 탄생의 이념적 토대였다면, 역설적으로 달러 체제의 위기는 비트코인이 현실에서 분투하며 생존하고 성장하는 환경을 제공한다. 무엇보다 중요하게 인식해야 할 것은, 금융시장 내에서 나타나는 일시적 '달러 강세' 현상과 달러 체제의 근본적인 지속 가능성은 전혀 다른 차원의 문제라는 점이다. 그리고 비트코인은 단순히 달러 약세에 대비한 하나의 대체 자산이 아니라, 달러 체제의 구조적 균열이 만들어낸 새로운 글로벌 질서의 징후이다.

따라서 비트코인의 미래를 제대로 통찰하고자 한다면, 달러 체제의 기원과 작동 원리, 그리고 그것이 지금 직면하고 있는 균열의 징후들에 대한 깊은 이해가 선행되어야 한다. 『비트코인, 그리고 달러의 지정학』은 바로 그 통찰의 출발점을 제공하는 책이다.

달러 패권

브레턴우즈 체제

    1944년 여름, 제2차 세계대전이 아직 끝나지 않은 시점에, 세계는 이미 전후의 국제질서를 설계하고 있었다. 미국 뉴햄프셔주의 산악지대에 위치한 조용한 휴양지 브레턴우즈Bretton Woods에 모인 44개국 대표단은 새로운 국제통화체제를 수립하기 위한 회의를 열었다. 이 회의에서 채택된 시스템은 단순한 통화 협정을 넘어, 미국을 중심으로 한 금융 질서의 시작을 알리는 결정적 계기가 되었다.

    브레턴우즈 체제의 핵심은 두 가지 약속으로 요약된다. 첫째, 미국은 달러와 금의 교환을 보장한다. 즉, 미국 정부는 외국 중앙은행이 원할 경우 금 1온스를 35달러에 상환해준다는 국제적 약속을 체결했다. 둘째, 다른 모든 국가는 자국 통화를 달러에 고정한다. 세계는 금을 직접 보유하지 않아도, 달러를 통해 간접적인 금본위제를 유지할 수 있게

[그림 4] 브레턴우즈 회의(1944년) 전경

1944년 미국 뉴햄프셔주 브레턴우즈에서 열린 연합국 통화금융회의. 44개국 대표단이 참석해 전후 국제통화체제 수립을 논의했다. 이 회의에서 IMF와 세계은행의 설립이 결정되었고, 미국 달러를 중심으로 한 새로운 국제 금융 질서가 탄생했다.
(출처: Federalreservehistory.org)

되었고, 미국은 자연스럽게 국제 결제의 중심으로 부상했다. 사실상 금이라는 실물을 담보로 한 달러만이 전 세계 화폐의 기준이 되었다.

미국은 통화정책의 자율성을 누릴 수 있는 유일한 국가가 되었고, 다른 국가들은 달러를 축적하고 이에 의존해야 하는 체제로 전환되었다. 이후 미국이 자국 내 경제 부양, 한국전쟁과 베트남전쟁 수행, 복지 확대 등을 위해 막대한 재정 지출을 감행하면서 달러 발행량도 급증했다. 이러한 재정 지출의 부담은 결국 전 세계가 떠안게 되었고, 세계는 달러에 더욱 깊이 종속되었다.

이러한 미국 중심의 체제가 가능했던 이유는 미국이 단지 전쟁의 승자였기 때문만은 아니다. 유럽과 일본의 산업 기반이 전쟁으로 초토화된 가운데, 미국은 압도적인 경제력을 유지하며 전후 세계 질서를 주도할 수 있었다. 실제로 전쟁 직후 미국의 GDP는 전 세계 총생산의 40%를 넘어섰고, 1950년대에도 여전히 약 36%를 차지할 만큼 절대적인 위상을 보였다.[12] 당시 전 세계 금 보유량의 약 70%가 미국 뉴욕 연방 준비은행Federal Reserve Bank과 포트 녹스Fort Knox에 있었고,[13] 세계 산업 생산의 절반 이상을 미국이 차지하고 있었다. 달러는 그 어떤 통화보다 실물과 가까웠으며, 미국은 그 어떤 나라보다도 신뢰받을 만한 경제적·군사적 힘을 갖추고 있었다. 그리하여 전후 세계는 금이 아니라 달러를 중심으로 작동하기 시작했고, 국제 결제는 달러를 매개로 수행되었다. 그 결과, 이전까지 국제무역의 핵심 통화였던 영국의 파운드 스털링화Pound Sterling와 프랑스 프랑화French Franc는 조용히 퇴장했고, 파운드화를 기반으로 유지되던 식민지 결제 네트워크, 즉 스털링 블록Sterling Bloc은 역사 속으로 사라졌다.

그러나 브레턴우즈 체제는 출범부터 달러의 국제적 공급 확대와 금 태환 유지 사이의 긴장 관계라는 구조적 모순을 내포하고 있었다. 세계 경제가 성장하고 교역이 확대될수록 국제 유동성, 즉 달러에 대한 수요는 크게 증가했다. 미국은 이 수요를 충족하기 위해 지속적으로 달러를 공급해야 했지만, 그럴수록 미국의 금 보유고는 상대적으로 급감할 수밖에 없었다. 이 근본적인 모순이 바로 경제학자 로버트 트리핀Robert Triffin이 지적한 이른바 '트리핀 딜레마Triffin's Dilemma'이다. 미국은 전 세계에 유동성을 제공하기 위해 경상수지 적자를 유지해야 하는 동시에, 금태환 약속을 지키기 위해서는 흑자를 유지해야 하는 상충된 요구에 직면했던 것이다.

이 딜레마는 1960년대에 이르러 현실로 드러났다. 베트남 전쟁은 '보이지 않는 전선'이라 불릴 만큼 장기화되었고, 이는 천문학적인 군사비 지출로 이어졌다. 여기에 린든 B. 존슨Lyndon B. Johnson 대통령이 추진한 복지 확대 정책, 이른바 '위대한 사회Great Society' 프로그램 역시 막대한 재정을 요구했다.[14] 그 결과, 미국은 이전과는 비교할 수 없을 정도로 대규모의 달러를 세계로 쏟아냈다.

당시 유럽과 일본은 달러를 보유하며 이를 금으로 교환할 수 있는 법적 권리를 보유하고 있었다. 이러한 상황에서 프랑스의 샤를 드골 Charles de Gaulle 대통령은 달러 중심의 국제통화체제가 미국에 과도한 이익을 제공한다고 비판하며, 자국이 보유한 달러를 실제 금으로 교환하

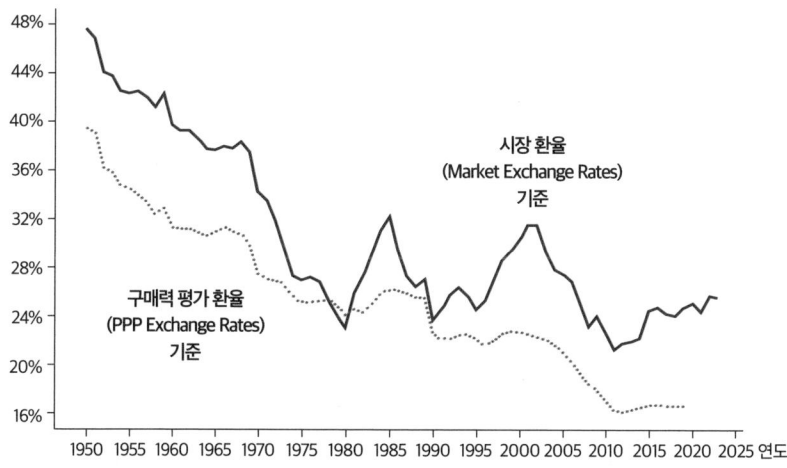

[그림 5] 미국의 전 세계 GDP 점유율

이 그래프는 미국 GDP가 세계 GDP에서 차지하는 비중의 장기적 변화를 보여준다. 실선은 시장 환율(Market Exchange Rates)을, 점선은 구매력 평가(Purchasing Power Parity, PPP) 환율을 기준으로 계산한 값이다. 그래프가 보여주듯, 제2차 세계대전 직후 미국은 세계 산업 생산과 금 보유량에서 압도적 우위를 점하며 세계 GDP의 약 45%에 달하는 비중을 기록했다. 이 시기는 브레턴우즈 체제의 출범과 맞물려, 미국 달러가 전후 국제통화 질서의 중심으로 자리잡게 된 결정적 계기였다. 그러나 이후 유럽과 일본의 복구와 성장, 그리고 신흥국의 부상에 따라 미국의 상대적 비중은 점차 감소해왔다. 특히 구매력 평가 환율을 기준으로 보면, 미국의 세계 경제 내 비중은 21세기 들어 20% 이하로 하락하며 중국을 비롯한 신흥국 경제의 부상을 반영하고 있다. 반면 시장 환율 기준에서는 1980년대 이후 일정한 변동을 겪으면서도 20~25% 수준에서 비교적 안정적인 비중을 유지하고 있다. 이와 같은 흐름은 미국이 여전히 금융·무역 시스템에서 중심적 역할을 수행하고 있음을 시사하는 한편, 글로벌 경제의 구조가 다극화되어가고 있음을 보여준다.
(출처: 『Our Dollar, Your Problem』 케네스 로고프(Kenneth Rogoff))

기 시작했다. 이는 미국의 금 보유고를 더욱 압박하는 요인으로 작용했다.

결국 1971년, 균열은 임계점에 도달했다. 리처드 닉슨Richard Nixon 대통령은 8월 15일, 전격적으로 달러의 금태환 중지를 선언했다. '닉슨 쇼크Nixon Shock'라 불린 이 사건으로 인해 세계는 다시 한번 통화 질서의 거대한 전환점을 맞이하게 되었다. 이는 브레턴우즈 체제의 종언이었다. 달러는 금과의 연결고리를 완전히 끊었고, 전 세계는 실물 없이 국가의 신용과 법률에 의해서만 뒷받침되는 법정화폐Fiat Money의 시대로 진입하게 되었다.

페트로달러

닉슨 쇼크 이후 미국은 금 없이도 달러의 국제적 위상을 어떻게 유지할 것인가라는 근본적인 과제에 직면했다. 이때 미국이 선택한 대안은 석유였다.

1973년 제4차 중동전쟁(욤 키푸르Yom Kippur 전쟁)과 그 여파로 촉발된 제1차 오일 쇼크는 세계 경제에 큰 충격을 주었다. 아랍 산유국들은 서방의 이스라엘 지지에 대한 보복으로 석유 수출을 중단하거나 대폭 축소했고, 국제 유가는 순식간에 수 배로 폭등했다. 이 사건은 에너지 안보가 단지 자원의 문제가 아니라 세계 금융 체제의 안정성과도 직결된 사안임을 미국에게 분명히 인식시켰다.

바로 이 시기, 미국은 세계 최대 산유국인 사우디아라비아와 전략적 협상을 추진했다. 협상은 헨리 키신저Henry Kissinger 당시 국무장관의 주도로 비공식적으로 진행되었고, 1975년 '석유-안보' 협약이라는 형태로 공식화되었다. 협약의 핵심은 세 가지였다. 첫째, 사우디는 석유를 오직 달러로만 판매한다. 둘째, 석유 수출로 벌어들인 달러는 미국 국채를 비롯한 미국 금융자산에 재투자한다. 셋째, 미국은 사우디의 안보를 보장하고, 필요시 군사적 지원을 제공한다. 최대 산유국인 사우디가 달러만으로 결제를 하자 이 흐름은 이후 OPEC 전역으로 확대되었고, 국제 석유 거래의 결제 통화는 자연스럽게 달러로 고정되었다.

그 결과, 세계는 석유를 수입하기 위해 반드시 달러를 보유해야 하는 구조에 놓이게 되었고, 금 대신 석유가 달러의 새로운 신뢰 기반으로 자리잡게 되었다. 이렇게 형성된 구조가 바로 '페트로달러Petrodollar 체제'다. 페트로달러는 금이 사라진 자리를 대신해 달러의 가치를 뒷받침하는 실물 기반 자산으로 기능하며, 새로운 통화 질서의 핵심 축이 되었다.

페트로달러 체제는 미국에 막대한 전략적 이점을 제공했다. 무엇보다 석유 수요가 세계적으로 고정되어 있는 한, 각국은 지속적으로 달러를 보유해야 했고, 이는 미국이 무역수지 적자를 지속하더라도 달러 수요가 유지되는 구조를 가능케 했다. 덕분에 미국은 대규모 재정 지출과 통화 팽창에도 불구하고 낮은 금리와 안정된 환율을 유지할 수 있었고, 세계 금융시장에서의 지위를 공고히 할 수 있었다.

또한 석유 판매로 유입된 달러는 다시 미국의 금융시장으로 환류되었다. 사우디와 다른 산유국들이 달러를 미국 국채와 금융 자산에 재투자하면서, 미국은 자국 통화를 통해 실물 자원(석유)을 수입하고 그 대가로 지불한 자금이 다시 자국 금융을 지탱하는 순환 구조를 갖추게 되었다. 이는 일종의 '달러 재활용 메커니즘'이자, 미국의 국제수지와 재정 적자를 동시에 떠받치는 새로운 금융 기반이 되었다.

요컨대, 페트로달러 체제는 금이 사라진 자리를 대신해 석유를 기반으로 달러의 기축통화 지위를 유지하게 만든 구조적 해결책이었다. 이 체제의 작동 원리는 간단하지만 강력했다. 석유는 달러로만 살 수 있고, 세계는 석유를 필요로 하며, 따라서 세계는 달러를 보유할 수밖에 없다. 미국은 '금 없는 달러'에서 '석유 기반 달러'로의 전환을 통해, 브레턴우즈 체제 이후에도 기축통화 발행국으로서의 지위를 공고히 유지할 수 있었다.

유로달러 시장의 부상과 글로벌 자본 흐름의 재편

페트로달러 체제는 단순히 석유 결제 통화를 달러로 고정한 데 그치지 않았다. 사우디아라비아를 비롯한 주요 산유국들이 석유 수출로 벌어들인 막대한 달러 자금, 이른바 '오일머니'는 미국 국채에 투자되는 동시에 유럽과 미국의 금융시장으로 흘러들어 갔다. 이때부터 달러는 더 이상 미국 영토 안에서만 유통되는 통화가 아니었다. 규제의 손이 닿지 않는 '역외Offshore' 금융 공간에서, 달러는 새로운 형태의 글로벌 유동성으로 변모하기 시작했다.

이러한 흐름의 핵심에는 '유로달러' 시장의 급성장이 있었다. 유로달러란 미국 외 지역, 특히 런던을 중심으로 한 유럽 역외 금융시장에서 보관·운용되는 달러를 의미한다. 이 시장은 미국 연방준비제도Fed의 직접적인 규제를 받지 않았기 때문에, 보다 유연하고 공격적인 금융 운용이 가능했다. 특히 1970년대 중반 이후, 오일 쇼크로 인해 산유국들이 축적한 오일머니가 유로달러 형태로 재배치되면서, 이 시장은 그 규모와 영향력을 급속히 키우게 되었다.

유로달러의 팽창은 글로벌 금융 구조의 성격을 근본적으로 바꾸었다. 이전까지는 국가 주권과 금융 규제가 일치하는 형태가 일반적이었다면, 이제는 '통화는 국경을 넘어 움직이고, 규제는 그것을 따라가지 못하는' 비대칭 구조가 나타나기 시작한 것이다. 이는 일종의 금융 외부화 Financial Externalization로, 미국 달러의 세계화가 가져온 가장 대표적인 구조적 변화였다. 달러는 점점 미국이라는 국가의 통제를 벗어나, 글로벌 금융기관과 국제 금융자본에 의해 자율적으로 움직이는 통화가 되어갔다.

특히 주목할 만한 점은, 이 역외 달러들이 고수익을 좇아 개발도상국으로 흘러들어갔다는 사실이다. 1970년대에서 1980년대 초까지, 세계 주요 은행들은 오일머니를 바탕으로 한 유로달러를 남미, 동남아, 아프리카 등지의 국가에 대규모로 대출하기 시작했다.* 개발도상국들은 저금리 외화를 바탕으로 경제 개발과 인프라 투자라는 명목 아래 외채를 급속히 확대했고, 국제 금융시장은 이를 적극적으로 뒷받침했다. 이러한 자본 흐름은 처음에는 '싼 돈의 축복'처럼 보였다. 그러나 이 구조는 근본적으로 달러라는 외화에 대한 의존을 심화시키는 동시에, 금리·환율·원자재 가격이라는 외부 변수에 취약한 위기 요인을 내포하고 있었다.

---

* 월터 리스턴(Walter Wriston) 당시 시티은행 총재는 "국가는 망하지 않는다"고 말할 정도로 국가의 부도 가능성을 낮게 평가했다. 이러한 관점은 국가가 기업과 달리 대차대조표를 갖지 않으며, 그 자산이 이론상 무한하다는 믿음에 근거한다.

그러나 이는 채무 불이행 국가의 국민, 토지, 지하자원을 모두 동결하거나 압류할 수 있는 '전능에 가까운 정치적 권력'이 존재할 때만 가능한 논리다. 한 국가의 현재 국민과 미래 세대의 노동력을 강제로 징발할 방법이 없는 이상, 국가 역시 기업처럼 부도에 직면할 수 있다.

이로써 유로달러 시장은 단순한 금융 상품의 공간을 넘어, 전 세계 경제의 새로운 동맥이자 리스크의 전파 경로로 자리잡게 되었다. 미국은 오일머니와 유로달러를 통해 글로벌 자본 흐름을 통제하는 '비가시적 금융 패권'을 유지했고, 세계는 점점 더 그 흐름에 종속되었다. 이제 달러는 단지 미국의 통화가 아니라, 세계 금융의 메커니즘 그 자체가 되었다. 그러나 이 메커니즘은 1980년대 초, 미국의 급격한 금리 인상이라는 단 한 가지 변화로 인해 걷잡을 수 없는 위기로 이어졌다. 바로 '잃어버린 10년'으로 불리는 남미 외채 위기의 서막이었다.

달러 위기의 세계화

대인플레이션과 볼커 쇼크

1960년대 후반부터 1980년대 초반까지 세계는 미국발 인플레이션의 거센 파도에 휘말렸다. 벤 버냉키Ben Bernanke 전 연방준비제도 의장이 "대인플레이션 시대Great Inflation"라 부른 이 시기는, 단순한 물가 상승을 넘어선 복합적인 위기의 시기였다.[15] 거시경제 정책의 실패, 국제 통화 질서의 붕괴, 지정학적 충격이 중첩되면서, 세계는 제2차 세계대전 이후 가장 심각한 인플레이션과 경기 침체를 동시에 겪게 되었다.

무엇보다 중요한 사실은 이 위기가 단지 경제적 변수의 결과가 아니라는 점이다. 대인플레이션은 미국의 국내 정치적 필요가 국제 질서의 안정성보다 우선되었기 때문에 발생했다. 미국은 달러라는 통화 권력을 통해 세계 경제를 설계했지만, 정작 그 통화 질서의 운영은 세계 전체의 안정성이 아니라 자국의 정치적 일정에 따라 결정되었다. 따라서 이 시기는 미국의 국내 정치가 어떻게 세계 경제 질서에 지대한 영향을 미치는지를 여실히 드러낸 국면이기도 하다.

대인플레이션의 단초는 린든 B. 존슨 행정부가 추진한 '위대한 사회' 프로그램과 베트남 전쟁 수행에서 비롯되었다. 사회복지 확대와 군사작전 강화라는 이중과제는 막대한 재정을 필요로 했고, 세계 금융의 메커니즘 그 자체가 되었다. 그러나 이 메커니즘은 1980년대 초, 미국의 급격한 금리 인상이라는 단 한 가지 변화로 인해 걷잡을 수 없는 위기로 이어졌다. 결과적으로 미국 경제는 과잉 유동성의 위험에 노출되었고, 인플레이션의 불씨는 조용히 퍼지기 시작했다. 닉슨 행정부는 일시적으로 임금과 가격을 동결해 물가 상승을 억제하려 했지만, 통제가 해제되자 누적된 물가 상승 압력이 한꺼번에 분출되었다.

이러한 국내 요인에 더해, 국제 통화 체제의 근간이었던 브레턴우즈 체제의 붕괴는 달러에 대한 신뢰를 근본적으로 흔들었다. 1971년 닉슨 대통령은 금태환 중지를 선언하며 달러를 금으로부터 분리시켰고, 세계는 법정화폐 기반의 변동환율제로 전환되었다. 이로 인해 달러의 실질 가치는 시장 수급에 따라 급격히 요동쳤고, 이는 다시 인플레이션을 부추기는 원인으로 작용했다. 1973년의 제1차 오일쇼크와 1979년 이란 혁명으로 촉발된 제2차 오일쇼크는 에너지 가격을 폭등시키며 미국을 포함한 세계 각국에 전례 없는 스태그플레이션Stagflation 충격을 안겼다.

결국 1970년대 후반, 미국 내 인플레이션은 제어 불가능한 수준에 이르렀다. 1974년 소비자물가지수CPI 상승률은 11.1%를 기록했고, 1980년에는 13.5%라는 충격적인 수치에 도달했다.[16] 인플레이션에 대한 기대 심리가 고착화되며, 노동자들은 실질임금 유지를 위해 임금 인상을 요구했고, 기업들은 인건비 상승분을 제품 가격에 전가했다. 그 결과 임금과 물가가 서로를 밀어올리는 악순환, 이른바 '임금-물가 나선Wage-Price Spiral'이 본격화되었다. 이는 물가 상승이 임금 인상을 불러오고, 다시 임금 인상이 물가를 자극하는 구조로, 인플레이션이 일시적 현상이 아니라 구조적 문제로 전환되는 결정적 전환점이었다. 기축통화국인 미국조차 자국 통화의 신뢰를 방어하지 못하는 이 상황은 달러 질서 전체에 심대한 타격을 가했다.

이러한 위기 속에서 1979년, 지미 카터 대통령은 폴 볼커Paul Volcker를 연방준비제도 의장에 임명하며 통화 정책의 대전환을 시도했다. 볼커는 당시 연준이 주로 사용하던 점진적 금리 조절 방식, 즉 은행 간 단기 대출 금리인 '연방기금금리Fed Funds Rate'를 조금씩 조정하는 방식으로는 인플레이션의 고삐를 잡기 어렵다고 판단했다. 그는 간접적 조절 방식 대신 훨씬 더 강력하고 직접적인 수단을 꺼내 들었다. 바로 본원통화

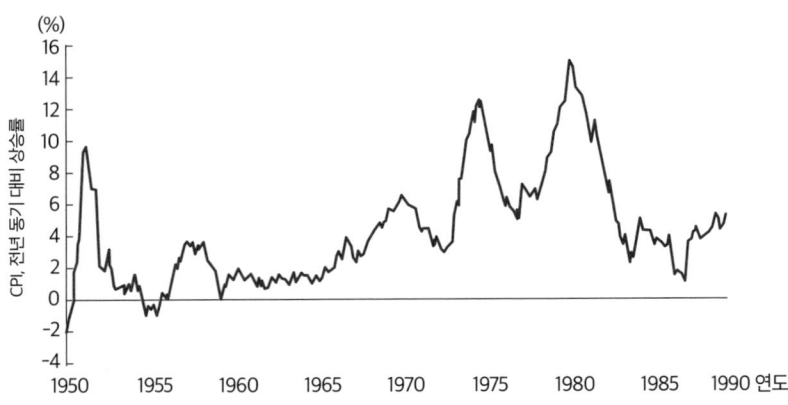

[그림 6] 1950년부터 1990년까지의 인플레이션 동향

1960년대 중반까지 비교적 낮은 수준을 유지하던 소비자물가 상승률은, 1960년대 후반부터 점차 가파른 오름세로 전환되었다. 특히 1970년대에는 두 차례의 급격한 인플레이션 파동이 나타났고, 1980년대에 이르러서야 통화 긴축 정책의 효과로 물가 상승세가 안정 국면에 접어들었다.
(출처: 미국 노동통계국(BLS), 세인트루이스 연방준비은행(FRED))

Monetary Base, 즉 중앙은행이 직접 공급하는 화폐량 자체를 통제하는 방식이었다.

본원통화는 시중에 유통되는 현금과, 시중은행이 중앙은행에 예치한 지급준비금을 합한 개념이다. 볼커는 이 가운데 특히 지급준비금 공급을 줄이면, 은행들이 대출할 수 있는 자금 자체가 줄어들고, 그로 인해 시장에 자금이 귀해지면 금리가 자연스럽게 상승할 것이라 계산했다. 그는 금리를 정책적으로 올린다고 선언하는 대신, 통화량을 조절함으로써 시장의 수요와 공급에 따라 금리가 자연스럽게 상승하도록 유도했다. 상업은행들에게 제공할 지급준비금을 축소하자 예상대로 시중금리가 치솟았다.

이 초고금리 정책의 목표는 명확했다. 시중의 과도한 유동성을 흡수하고, 인플레이션 기대 심리를 뿌리째 뽑아버리는 것이었다. 높은 금리는 차입 비용을 증가시켜 소비와 투자를 위축시켰고, 이는 총수요를 감소시켜 물가 상승 압력을 누그러뜨리는 방식으로 작동했다. 1981년 6월 연방기금금리는 사상 최고치인 20%에 도달했다.[17] 이른바 '볼커 쇼크'라 불리는 이 고금리 정책은 미국 내 인플레이션 심리를 급속히 진정시켰고, 1983년 CPI 상승률은 3%대로 하락하면서 안정 국면에 접어들었다.[18]

그러나 그 대가는 혹독했다. 1980년과 1982년 미국은 두 차례 역성장을 경험했고, 1982년 실업률은 대공황 이후 최고치인 10.8%에 달했다.[19] 중서부의 제조업 벨트와 농업 지역에서는 도산이 잇따랐고, 미국 사회는 경기 침체의 고통을 온몸으로 감내해야 했다.

볼커는 극심한 비판에도 불구하고 "인플레이션과의 전쟁에서 물러서지 않겠다"는 강경한 태도로 긴축 정책을 지속했다. 그의 결단은 미국 경제를 장기적 안정으로 이끄는 결정적 전환점이 되었고, 나아가 달러 체제의 회복과 금융 자본주의의 재편에 결정적 기여를 하게 된다. 그러나 이 정책의 충격파는 미국 내부를 넘어 전 세계, 특히 신흥국 경제에 치명적인 여파를 남기게 된다.

남미의 '잃어버린 10년'

볼커의 고금리 정책은 미국 내 인플레이션을 진정시키는 데 성공했지만, 그 충격파는 국경을 넘어 특히 개발도상국에 치명적인 파장을 남겼다. 미국이 인플레이션과의 전쟁에서 승리를 선언할 무렵, 글로벌 남반구의 상당수 국가는 채무불이행, 성장 정체, 대규모 실업, 외환 위기에 동시에 빠져들고 있었다.

그 중심에는 1970년대 오일쇼크로 인한 유동성 확대와 달러 기반 부채 구조가 있었다. 막대한 석유 수익은 '페트로달러'라는 이름으로 서방 은행들에 예치되었고, 이 자금은 산업화와 자원 개발을 추진하던 개발도상국들, 특히 남미 지역으로 흘러들어갔다. 브라질, 아르헨티나, 멕시코, 칠레 등은 성장을 가속화하기 위해 앞다투어 차입에 나섰고, 이는 '개발을 위한 부채'라는 미명 아래 정당화되었다.

그러나 대부분의 대출은 달러화 표시였고, 변동금리 조건이었다. 1970년대에는 미국의 실질 금리가 낮았기 때문에 자금 조달이 상대적으로 용이해 보였지만, 1980년대 초 볼커의 금리 인상은 이 구조를 단숨에 전복시켰다. 연방기금금리가 20%에 달하자, 남미 국가들의 이자 부담은 기하급수적으로 증가했고, 수출을 통해 외화를 벌어들이지 못한 국가는 상환 능력을 상실했다.

　미국의 금리 인상은 또 다른 충격을 동반했다. 고금리를 좇은 국제 자본이 미국으로 회귀하면서 남미 국가들에서는 대규모 자본 유출이 발생했다. 이는 통화 가치의 급락과 외환보유고의 급감으로 이어졌고, 실질 상환 부담은 더욱 폭증했다. 변동환율 체제 아래에서 달러 가치가 오를수록, 달러화 부채를 진 신흥국들의 경제는 더욱 옥죄어졌다.

　가장 먼저 무너진 국가는 멕시코였다. 1982년 8월 20일, 멕시코 정부는 국제 채권단에 외채 상환 불능을 공식 선언하며 사실상 국가 부도 상태에 돌입했다. 당시 멕시코의 총 외채는 약 800억 달러로,[20] 1970년대 초 60억 달러 수준에 불과했던 것과 비교하면 10여 년 만에 13배 이상 폭증한 셈이었다. 멕시코의 디폴트 선언은 단지 한 국가의 채무 불이행을 넘어, 전 세계 금융 시장을 뒤흔드는 충격파였고, '라틴 아메리카 부채 위기'의 서막을 알리는 신호탄이 되었다.

　멕시코의 위기는 전염병처럼 남미 전역으로 확산되었고, 충격파는 브라질, 아르헨티나, 칠레 등 주요 국가들을 연쇄적으로 강타했다. 이 국가들 또한 석유 수출, 자원 개발, 대규모 인프라 구축을 위해 서방 은행들로부터 달러화로 대규모 차입을 해온 상황이었기 때문이다. 남미 최대의 경제 대국인 브라질은 1982년 기준 853억 달러에 달하는 외채를 안고 있었다.[21] 브라질은 IMF의 지원을 받아 긴축 재정과 구조조정에 나섰고 간신히 디폴트를 피했지만, 1980년대 내내 경제 성장률은 정체되었고 물가는 급등해 사회 전반에 고통이 만연했다. 아르헨티나는 1982년 포클랜드 전쟁의 패배로 외환위기를 맞았고, 이듬해 외채는 450억 달러에 이르렀다.[22] IMF 구제금융에 의존한 구조조정이 뒤따랐지만, 실질 소득은 하락하고 실업률과 빈곤율은 상승했다. 칠레는

200억 달러에 달하는 외채를 지고 있었고, 군부 정권하에서 신자유주의적 개혁을 강행했음에도 불구하고 고금리와 자본 유출의 충격에서 벗어나지 못했다.*

이처럼 남미 국가들은 볼커 쇼크 이후 급등한 금리와 급감한 외화 유입이라는 이중충격 속에서 외채의 실질 상환 부담이 폭증했고, 국가 재정은 파탄에 이르렀다. 그 결과는 참혹했다. 1980년대 전반, 남미 전역은 '잃어버린 10년The Lost Decade'이라 불리는 장기 침체기에 진입했다. 이 시기 동안 대부분의 국가들은 실질 GDP가 정체되거나 감소했고, 빈곤율과 실업률은 폭등했으며, 사회적 불평등은 이전보다 훨씬 심화되었다. 개발을 위한 부채는 '부채를 위한 개발'로 전도되었고, 외채 의존은 남미 국가들의 경제 주권을 구조적으로 잠식하는 악순환의 뿌리가 되었다.

결국 미국의 금리 정책은 자국 인플레이션의 진압이라는 목표를 달성하는 동시에, 남미의 경제 주권과 사회 안정을 붕괴시키는 결과를 낳았다. 이는 달러 패권 구조가 미국 내부의 균형을 맞추기 위해 그 외부에 충격을 전가하는 방식으로 작동한다는 점을 단적으로 보여준다. 세계화된 금융 질서 속에서, 통화 위기의 진앙이 어디든 그 여파는 중심지 미국으로 향할 수밖에 없었고, 미국의 대응 방식에 따라서 증폭된 진동은 변방의 가장 약한 고리를 타격했다.

---

* 다만 칠레의 경우 이후의 시장 개혁과 민영화를 통해 점진적인 회복의 길을 걸었다는 점에서 다른 남미 국가들과는 다소 다른 양상을 보이기도 했다.

플라자 합의와 일본의 버블 경제

1980년대 중반, 미국은 또 한 번의 구조적 위기에 직면하고 있었다. 볼커의 초고금리 정책으로 인플레이션은 잡았지만, 그 부작용으로 달러 가치는 가파르게 상승했고, 미국의 수출 경쟁력은 심각하게 약화되었다. 강달러는 무역수지 악화를 가속화시켰고, 특히 첨단 기술과 고효율 생산 시스템을 바탕으로 미국 시장을 빠르게 잠식하던 일본과 서독은 막대한 무역 흑자를 기록하며 미국 산업계의 불만을 증폭시켰다. 이 시기 미국의 무역 적자는 GDP의 3%를 넘어섰고,[23] 정치적 압력은 다시 한번 통화정책의 조정으로 수렴되기 시작했다.

1985년 9월 22일, 미국은 뉴욕 플라자 호텔에서 G5 국가(미국, 일본, 서독, 프랑스, 영국)의 재무장관 및 중앙은행 총재들과 회동을 갖고, 달러 절하를 위한 공동 개입에 합의한다. 이른바 '플라자 합의Plaza Accord'다. 합의의 핵심은 미국이 강달러를 인위적으로 억제하는 대신, 일본과 서독은 자국 통화의 절상을 수용하고 필요시 외환시장에 적극 개입하겠다는 것이었다. 이는 환율을 시장 메커니즘에 맡기지 않고 주요국의 공동 개입을 통해 조정한다는 점에서 전례 없는 시도였다.

플라자 합의 이후 환율은 급격히 조정되었다. 달러당 240엔 수준이던 엔화는 불과 2년 만에 120엔대로 절상되었고,[24] 마르크화 역시 강세를 기록했다. 미국은 수출 경쟁력의 회복과 제조업의 부분적 반등을 경험했지만, 그 반사 이익의 대가는 일본이 감당해야 했다. 급격한 엔고円高는 일본의 수출 기업들의 수익성을 심각하게 악화시켰고, 경기는 빠르게 둔화되기 시작했다.

이에 대응해 일본 정부는 전방위적 부양책을 도입했다. 일본은행은 기준금리를 인하해 1986년 4.5%에서 1987년 2.5%까지 낮췄고,[25] 정부는 대규모 공공투자와 재정지출을 확대하며 내수 진작에 나섰다. 그 결과 시장에는 막대한 유동성이 공급되었고, 이 자금은 생산적 투자보다 부동산과 주식시장으로 몰리기 시작했다. 자산 가격은 폭등했고, 도쿄의 토지가격 총액이 미국 전역의 토지가격을 상회한다는 과장된 이야기까지 나돌았다. 금융기관들은 급등한 자산을 담보로 다시 대출을 확대했고, 개인과 기업은 신용을 기반으로 더욱 공격적인 투자를 감행했다. 그 결과 '거품 경제'의 전형이 형성되었다.

그러나 이 광란의 시장은 오래가지 못했다. 1989년 말, 일본은행은 과열 억제를 위해 기준금리 인상에 나섰고, 1990년까지 금리는 6% 수준까지 올라갔다.[26] 그 결과 주식시장과 부동산 시장은 순식간에 붕괴했고, 일본은 자산 디플레이션, 금융기관 부실, 가계 부채 악화라는 삼중의 위기에 직면하게 되었다. 이후 일본 경제는 긴 침체의 시대로 진입했는데, 이 시기는 '잃어버린 10년'을 넘어 '잃어버린 30년'으로 불릴 만큼 장기화되었다.

플라자 합의는 애초에 미국의 무역수지 불균형 해소라는 목적에서 출발했지만, 결과적으로는 일본의 내수경제를 왜곡시키고, 극심한 자산버블과 그 붕괴를 초래한 기폭제가 되었다. 통화정책의 국제적 조율이라는 명분 아래, 미국의 정책적 필요는 동맹국 경제의 구조까지 재편했고, 그 충격은 일본 사회 전체에 심대한 균열을 남겼다.

'달러 문제의 외부화' 구조와 그 지속성

플라자 합의는 단순히 하나의 환율 조정 사건이 아니었다. 이는 미국이 자국의 구조적 문제, 즉 과잉 유동성, 무역 적자, 자산 불균형 등을 통화 및 재정 정책을 통해 외부로 이전하는 전략, 이른바 '달러 문제의 외부화'가 어떻게 작동하는지를 명확히 보여주는 사례였다. 미국은 무역 적자와 달러 고평가 문제를 내적 조정이나 산업 경쟁력 회복이 아닌, 동맹국과의 외교적 합의와 글로벌 금융 질서의 재설계를 통해 해결하고자 했다. 이 과정에서 달러는 국제적인 지불 수단을 넘어, 세계 질서를 구성하고 조정하는 지정학적 권력 구조의 핵심 메커니즘으로 기능했다.

닉슨 쇼크와 볼커 쇼크 이후에도 달러는 국제 통화로서의 위상을 잃지 않았다. 금본위제의 해체는 오히려 미국에 더 큰 통화적 자율성을 부여했고, 달러는 실물 담보 없이 발행 가능한 금융 주권의 형태로 재편되었다. 이처럼 유연해진 달러는 무역 적자를 통해 전 세계로 퍼져 나갔고, 주요 흑자국들은 이를 외환보유고로 축적했다. 이 구조의 핵심은 '달러-국채 복합체'라 불리는 금융 순환 메커니즘에 있다. 미국은 무역을 통해 달러를 공급하고, 상대국은 이를 외환보유고로 확보한 뒤 안정적 자산인 미국 국채에 재투자한다. 그 결과 미국은 통화 발행과 부채 확대를 동시에 수행하면서도 외부의 신뢰를 기반으로 이를 정당화할 수 있었고, 세계는 미국 경제의 지속 가능성을 사실상 뒷받침하는 역할을 맡게 되었다. 이는 더 이상 금에 의존하지 않으면서도, 금본위제 못지않은 글로벌 신뢰 구조를 가능하게 한 새로운 패권 시스템이었다.

이 메커니즘은 위기 상황에서 더욱 분명하게 작동했다. 미국의 금리 정책 변화는 자본 흐름을 급격히 전환시켰고, 이는 신흥국의 외환 위기나 무역 흑자국의 내수 위축으로 이어졌다. 위기의 직접적인 진앙이 미국이 아니었더라도, 그 조정 권한과 복구의 열쇠는 늘 미국이 쥐고 있었다. 미국은 무역 불균형 시기에는 환율 개입을, 금융 불안정기에는 달러 공급 조절을 통해 글로벌 균형을 재조정했고, 이 과정에서 미국은 정책적 유연성과 세계적 영향력을 동시에 행사할 수 있었다.

결국 달러는 더 이상 실물에 의해 보증되지 않지만, 미국 국채라는 금융 자산을 통해 전 세계가 신뢰를 부여한 화폐가 되었다. 금이 사라진 자리에 미국의 부채가 들어섰고, 그 부채는 세계 각국의 외환보유고 전략에 편입되며 하나의 통화적 공공재로 기능하고 있다. 미국은 이 독보적인 위상을 바탕으로 국내적으로는 거의 무한에 가까운 통화 주권과 국외적으로는 압도적인 통화 패권을 동시에 유지할 수 있었고, 그 결과 달러 중심의 글로벌 질서는 오늘날까지도 지속되고 있다. 이 질서는 겉으로는 시장에 의해 작동하는 것처럼 보이지만, 실상은 미국이라는 단일 국가의 재정·통화 정책이 세계 경제의 균형을 결정짓는 비대칭적 구조 속에서 운영된다.

달러 체제의 지정학적 해법

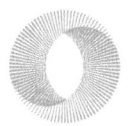

중국과의 데탕트와 골디락스

1970년대 초, 미국은 자신이 설계한 통화 질서를 스스로 위협하는 구조적 모순에 직면해 있었다. 브레턴우즈 체제는 닉슨 쇼크와 함께 붕괴되었고, 금본위의 퇴장은 달러를 떠받칠 실물 기반을 소멸시켰다. 이어진 대인플레이션과 통화 정책의 실패는 달러에 대한 국제적 신뢰를 근본적으로 흔들었다. 이에 미국은 금 없이도 지속 가능한 기축통화 체제를 유지하기 위한 새로운 전략을 시급히 필요로 했다.

이 시점에서 미국이 선택한 해법은 두 갈래였다. 첫째는 경제적 기반의 재구축이었다. 앞서 살펴본 대로 사우디아라비아와의 전략적 합의를 통해 석유를 달러에 고정시킨 페트로달러 체제를 구축한 것이다. 이는 금 대신 석유를 새로운 실물 담보로 삼아, 달러 수요를 전 지구적으로 고정시키는 구조적 장치였다. 그러나 경제적 기초만으로는 충분하지 않았다. 통화 질서의 안정성을 장기적으로 유지하려면 지정학적 기반의 재설계가 병행되어야 했다. 그 전략적 돌파구는 아이러니하게도 냉전의 반대편에 있던 중국이었다.

1971년 헨리 키신저의 극비 방중과 1972년 닉슨 대통령의 역사적 방중을 계기로 미국과 중국은 데탕트Détente를 향해 나아가기 시작했다. 당시 미국은 베트남 전쟁이라는 지정학적 수렁에서 빠져나올 출구 전략이 필요했고, 소련과의 이념 대립을 재구성하기 위한 삼가외교Triangular Diplomacy가 절실했다. 중국과의 데탕트는 이 전략의 핵심 축이었다. 그런데 이는 외교적 전환을 넘어, 달러 체제를 방어하고 연장하기 위한 지정학적 해법이기도 했다. 냉전 질서의 균열 속에서 미국은 통화 질서의 지속 가능성을 위한 지정학적 돌파구를 중국이라는 적국과의 화해를 통해 마련하고자 했다.

이후 궤적은 달러 체제와 세계화의 병행 질주로 이어졌다. 1990년대에 들어 중국은 점차 세계 경제에 통합되었고, 2001년 세계무역기구WTO 가입을 계기로 '세계의 공장'으로 자리매김했다. 저임금과 대규모 노동력을 바탕으로 한 중국의 제조업은 미국을 포함한 선진국 소비자들에게 값싼 제품을 대량으로 공급했고, 이는 선진국의 인플레이션 압력을 획기적으로 낮추는 데 기여했다. 과거처럼 금리를 빠르게 올리거나 유통 화폐를 급격히 줄이지 않아도, 미국은 외부에서 수입된 디플레이션 효과를 통해 물가 안정을 달성할 수 있게 되었다.

그 결과 세계는 낮은 인플레이션과 안정적 성장이 공존하는 이른바 '골디락스Goldilocks' 시대를 맞이한 듯 보였다.* 특히 1990년대 중반

---

* '골디락스'라는 용어는 영국 전래 동화 '골디락스와 곰 세 마리(Goldilocks and the Three Bears)'에서 유래했

[그림 7] 마오쩌둥 주석과 닉슨 대통령의 역사적 만남(1972년)

1972년 마오쩌둥 주석과 닉슨 대통령은 베이징에서 역사적인 회담을 가졌다. 이 만남은 냉전 질서 속에서 미국과 중국 간 데탕트의 서막을 알리는 결정적 전환점이었다.
(출처: 미국 국립문서기록관리청(archives.gov))

부터 2000년대 초까지 미국의 소비자물가지수는 대체로 2~3%대를 유지했고,[27] 통화정책의 유효성과 금융시장의 효율성에 대한 신뢰가 팽배했다. 지정학Geopolitics은 경제적 상호의존성이라는 이름의 지경학 Geoeconomics으로 대체되었고, 미국은 중국의 세계 경제 편입을 적극적으로 지지했다. 경제 개방이 정치적 자유로 이어질 것이라는 낙관은 이 시기 미국 엘리트들의 보편적 신념이기도 했다.

이처럼 미국은 거대한 소비 시장으로, 중국은 생산과 저축의 중심으로 자리잡으며 양국은 정반대의 역할을 수행했다. 이 구조는 달러-국채 복합체Dollar-Treasury Complex를 구성했다. 미국은 달러를 발행해 중국산

다. 동화 속 주인공 골디락스는 곰 세 마리의 집에 들어가 각각 너무 뜨겁거나 너무 차가운 수프, 너무 크거나 너무 작은 의자, 너무 딱딱하거나 너무 부드러운 침대를 경험하다가, 결국 자신에게 '딱 알맞은(just right)' 온도의 수프, 의자, 침대를 찾고 만족한다. 이처럼 경제가 과열되지도(인플레이션), 침체되지도(디플레이션) 않은 '적절한 균형상태'를 비유할 때 '골디락스'라는 표현이 사용된다.

제품을 수입했고, 중국은 그 대가로 벌어들인 달러를 다시 미국 국채에 투자함으로써 미국의 재정 적자와 소비를 떠받쳤다. 이는 미국의 과잉 소비가 중국의 과잉 저축을 정당화하고, 중국의 외환 보유는 다시 미국의 금융 인프라를 강화하는 식의 상호의존적 순환 구조를 낳았다. 그 결과 중국은 미국의 최대 채권국으로 군림하며, 미국의 소비를 지탱하는 기묘한 힘의 역학을 형성했다. 여기서 달러는 더 이상 실물 자산에 의해 담보되지 않았음에도 불구하고, 국제 정치와 무역 관계라는 외부적 장치를 통해 신뢰를 유지하는 독특한 체제로 진화했다. 즉, 통화의 가치는 실물이나 금에 의존하지 않고, 지정학적 이해관계와 비대칭적 경제 구조의 지속 가능성에 기대어 유지되는 새로운 유형의 통화 질서가 형성된 것이다.

결론적으로 중국과의 데탕트는 단순한 외교 관계 정상화가 아니라, 금 없는 달러를 유지하기 위한 지정학적 설계였다. 미국은 자신이 발행하는 통화에 대해 스스로 생산 기반을 제공하지 않으면서도, 중국의 생산 능력을 세계 시장에 끌어들여 통화 체제를 유지할 수 있었다. 소비는 미국의 몫이었고, 생산은 중국의 몫이었다. 그 사이에서 금융과 투자, 무역과 외환, 국채와 통화가 교차하며 새로운 글로벌 질서가 구축되었다. 이 관계는 비대칭적이고 불안정했지만, 달러 패권을 한 세대 더 연장시키는 데에는 결정적으로 기여했다. 달러는 금이 아니라, 지정학이라는 새로운 기반 위에서 다시 한번 생존을 이어갔던 것이다.

'금융의 민주화'라는 신화

중국의 과잉 저축과 미국의 과잉 소비가 만들어낸 불균형은 단순한 무역 격차나 외환 잔고의 문제가 아니었다. 그것은 통화 질서 내부의 규범과 윤리, 그리고 공동체 기반을 잠식하는 구조적 균열의 시작이었다. 미국은 값싼 중국산 제품을 들여오며 자국의 제조업 기반을 사실상 포기했다. 소비하는 미국은 겉보기에 풍요로웠지만, 그것은 외국의 노동을 수입해 얻은 '외주된 번영'이었다. 미국의 중산층은 값싼 제품 소비의 수혜자였지만, 동시에 생산 기반의 상실자이기도 했다.

중국과의 무역 불균형은 2000년대 들어 미국 제조업 일자리의 대규모 감소로 이어졌고, 한때 번성했던 산업 중심지들은 '러스트벨트Rust Belt'라는 이름의 쇠락한 지역으로 전락했다. 공장은 문을 닫았고, 숙련 노동자들은 저임금 서비스직으로 밀려났다. 전통적인 중산층의 삶의 기반이 해체된 그 자리에 새로운 경제적 이상이 등장했다. 그것이 바로 '금융의 민주화'라는 서사였다.

금융의 민주화는 표면적으로는 금융 접근성을 넓혀 모두가 자산을 소유할 수 있도록 하겠다는 약속이었다. 1990년대 후반 이후 미국 정부는 주택 소유를 국민적 이상으로 내세우며 이를 경제적 민주화의 상징으로 포장했다. 클린턴 행정부는 패니메이Fannie Mae와 프레디맥Freddie Mac의 공공 역할을 강화했고,** 조지 W. 부시 행정부는 "모든 미국인이

** 패니메이와 프레디맥은 미국에서 주택 시장을 지원하는 준정부 기관이다. 정식 명칭은 각각 연방국민저당협회(Federal National Mortgage Association, FNMA)와 연방주택대출저당공사(Federal Home Loan Mortgage Corporation, FHLMC)이다. 이들은 주택 담보 대출 채권을 매입하여 유동성을 공급함으로써 주택 시장을 활성화하고 주택 구입을 장려하는 역할을 한다. 즉, 은행들이 대출해준 주택 담보 대출을 이 기관들이 사들여 은행들이 다시 대출해줄 돈을 마련할 수 있도록 돕는 시스템이다.

주택을 소유할 수 있도록 하겠다"는 구호를 내걸며 금융 접근성 확대를 국정의 핵심 목표로 삼았다.[28] 이는 주택 소유율을 높여 중산층을 확대하고 경제적 안정을 도모하려는 명분이었지만, 실상은 부실 대출의 위험을 확대하는 결과로 이어졌다.

이 정책은 실물 기반이 아닌, 불안정한 신뢰 위에 세워진 신용 질서였다. 금융기관들은 '소유의 권리'를 강조하며 소득과 상환 능력이 부족한 계층에게도 대출을 대폭 확대했다. 이른바 '서브프라임 모기지 Subprime Mortgage'는 그 산물이었다. 이는 금융의 포용이 아니라, 사실상 위험의 구조화였다. 그 구조의 기초는 다름 아닌 미국 서민의 미래 소득이라는 불확실한 기대였다.

이렇게 형성된 금융의 민주화는 실상 민주화의 이름을 빌린 금융화에 불과했다. 주택 소유는 생산과 축적의 결과가 아니라, 정부가 보증하는 빚더미 그 자체였고, '포용적 금융 Financial Inclusion'이라는 구호는 리스크를 사회 전반으로 분산시키기 위한 도구로 기능했다. '열심히 일하면 내 집을 가질 수 있다'는 근로 윤리는 '빚을 내면 누구나 집을 가질 수 있다'는 금융적 환상으로 대체되었다. 결국, 생산 없이 창출된 자산, 소득 없이 지탱된 소비, 윤리 없이 설계된 신뢰는 하나의 구조화된 착각이었다. '금융의 민주화'라는 신화는 통화 질서 내부에 내재된 균열을 가리기 위한 서사였으며, 그 허상은 곧 2008년, 전 세계를 휩쓴 금융 위기를 통해 폭로되었다.

2008년 금융위기

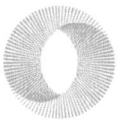

시스템이 만들어낸 착각, 리먼의 붕괴

2008년 9월 15일, 리먼 브라더스의 파산은 단지 하나의 대형 투자은행이 무너진 사건이 아니었다. 그것은 금융 시스템 전반이 만들어낸 착각의 정점이자, 세계 통화 질서가 구축해온 신용 창출 메커니즘의 붕괴를 상징하는 사건이었다. 위기의 중심에는 미국 주택시장의 거품이 자리하고 있었다. 2000년대 초반부터 유지되어온 저금리 기조와 느슨한 대출 기준은 '모든 미국인이 주택을 소유할 수 있다'는 국가적 서사를 부채로 현실화시켰고, 그 결과 신용 등급이 낮은 계층에게도 대거 주택담보대출이 발행되는 '서브프라임 모기지'의 확산으로 이어졌다.

처음에는 낮은 금리가 상환 가능성을 보장해주는 듯 보였지만, 금리가 상승하면서 부실은 빠르게 현실화되었다. 금융기관들은 이 부실 대출을 다시 하나의 상품으로 재구성해 MBS Mortgage-Backed Securities(주택저당증권)와 CDO Collateralized Debt Obligation(부채담보부증권)로 쪼개고 조합했다. 여기에 CDS Credit Default Swap(신용부도스와프)와 같은 파생상품이 결합되면서, 실제 담보 자산의 수십 배에 달하는 가상의 신용 구조가 형성되었다. 이른바 '증권화Securitization'와 '레버리지Leverage'는* 신용을 마치 자산처럼 포장했고, 시장은 그것이 진짜 자산인 것처럼 믿었다. 신용평가기관은 이러한 구조물에 AAA 등급을 부여했고, 투자자들은 수익률만을 계산한 채 위험이 통제되있다고 착각했다.

그 착각의 정점에 리먼 브라더스가 있었다. 2006년 기준, 리먼은 자산의 30배에 달하는 초과 레버리지 구조를 유지하고 있었고, 그 자산 대부분이 부동산 관련 증권에 집중되어 있었다.[29] 리먼은 자구 노력을 시도했지만, 자산 매각과 증자 모두 실패했고, 단기 유동성이 말라붙으면서 채무불이행 상태에 이르렀다. 리먼의 파산은 금융기관 간 상호 신뢰를 붕괴시켰고, 글로벌 신용경색이라는 도미노를 촉발시켰다. 미국은 물론 유럽과 아시아까지 확산된 충격은, 금융위기가 단지 한 국가의 시장 실패를 넘어 세계 통화 질서의 구조적 한계를 드러내는 사건임을 입증했다.

2008년의 금융위기는 단지 '부동산 버블의 붕괴'가 아니었다. 그것은 달러 기반 통화 체제가 신용 창출을 통해 확장해온 구조가 내포한 자기기만의 폭발이었다. 과잉 유동성, 복잡한 파생상품, 외부화된 리스

---

* 레버리지는 다른 말로 '지렛대 효과'라고 하며, 빌린 돈을 이용해 투자 자산을 늘리는 행위를 말한다. 예를 들어, 100만 원으로 투자를 하는데 900만 원을 빌려서 총 1,000만 원을 투자하면, 내 돈은 100만 원이지만 10배의 자산(1,000만 원)에 대한 효과를 누릴 수 있다. 만약 1,000만 원어치 자산 가치가 10% 오르면 100만 원을 벌게 되는데, 내 원금 100만 원 대비 수익률은 100%가 되는 식이다. 하지만 10% 하락하면 내 원금 100만 원은 물론이고 빚까지 떠안게 될 수 있다. 금융위기 당시에는 이러한 레버리지 방식이 실제 담보 자산 가치보다 훨씬 더 큰 규모의 가상 신용을 만들어냈고, 이 거대한 신용 구조가 무너지면서 피해가 눈덩이처럼 불어났다. CDS 같은 파생상품은 이 레버리지를 더욱 확대시키는 역할을 했다.

크, 통제받지 않는 그림자 금융. 이 모두가 하나의 메커니즘 속에 얽혀 있었다. 이는 트리핀 딜레마가 예고한 구조적 모순, 즉 기축통화국의 적자가 세계 유동성을 책임지는 조건에서 필연적으로 나타나는 왜곡이 실현된 순간이기도 했다. 미국은 전 세계에 달러를 공급하기 위해 재정적자와 부채를 감수했고, 그 달러는 부동산 시장과 금융상품으로 유입되어 거대한 신용 피라미드를 형성했다. 그 결과, 겉보기에 견고해 보이던 시스템은 단 한 번의 신뢰 붕괴로 인해 순식간에 무너졌다.

이 위기는 미국 내 금융시장에 국한되지 않았다. 글로벌 금융기관들은 달러 유동성을 매개로 한 계약 관계망으로 서로 얽혀 있었고, 미국의 신용 위기는 곧 전 지구적 유동성 위기로 전이되었다. 2008년은 '시장 실패'의 해가 아니라, 통화 질서 자체의 균열이 현실로 드러난 해였다.

달러 패권의 역설과 비대칭적 금융 질서의 심화

글로벌 금융기관들은 모두 달러에 기반한 차입 구조를 공유하고 있었다. 미국 외부의 은행들조차 달러 유동성 위기에 빠지자, 위기는 단숨에 미국 금융의 문제를 넘어, 달러 시스템 선제의 균열로 확산되었다. 이때 작동한 것이 바로 달러 스와프라인Swap Line이었다. 미국 연방준비제도는 주요국 중앙은행에 달러를 공급하며, 사실상의 '글로벌 최종 대부자' 역할을 수행했다.[30] IMF도, SDR도 아니었다. 위기의 해결은 미국 단일국가의 재량과 통화 주권에 의해 이루어졌다.

이 구조는 국제통화질서의 근본적 비대칭을 드러냈다. 연준의 스와프라인은 의회 승인 없이 정책적 판단에 의해 운용되었고, 기준과 대상도 미국이 결정했다.[31] 국제 유동성의 안전망은 다자주의가 아니라 미국의 통화 정책에 종속되어 있었던 것이다. "달러는 우리의 것, 문제는 당신들의 것Our Dollar, Your Problem"이라는 역설은 이처럼 위기 속에서 가장 명확하게 드러났다.

위기를 수습한 것은 다름 아닌, 그 위기를 낳은 달러 중심 금융 체제였다. 미국은 양적완화Quantitative Easing, QE라는 비전통적 통화정책을 도입해 국채와 MBS를 대서 매입하며 시장에 유동성을 공급했고, 이를 통해 글로벌 금융시장은 일시적인 안정을 되찾았다.

그러나 막대한 달러가 전 세계로 확산되면서 새로운 불균형이 형성되었다. 저금리 환경 속에서 투자자들은 더 높은 수익을 찾아 신흥국 자산시장으로 자본을 이동시켰고, 이 시기 브라질·인도네시아·터키 등은 풍부한 외자 유입으로 자산 가격이 급등했다. 하지만 2013년 이후 연준이 양적완화 축소(테이퍼링Tapering)와 금리 인상을 시사하자 달러는 다시 본국으로 회귀했고, 이른바 '프래질 파이브The Fragile Five'로 불린 국가들은 급격한 자본 유출과 환율 불안에 시달리게 되었다.

이러한 자본 흐름은 경기 부양의 부산물이 아니라, 불균형의 외부화 장치였다. 미국은 무역·재정 적자와 저축 부족이라는 삼중 불균형을 유지하면서도, 자국 통화를 통해 글로벌 금융질서를 관리했다. 반면 신흥국은 과잉 저축과 외환보유를 통해 스스로를 방어해야 했으며, 그 대가는 내수 억제와 자율성의 제약이었다. 금융위기의 충격은 이처럼 비대칭적인 통화 구조 속에서 전 세계로 전이되었다.

미국과 중국은 이 구조의 핵심 축이었다. 생산과 소비, 저축과 부채가 양국 간에 분할되며, 달러-국채 복합체는 양국의 비대칭적 상호의존 위에 구축되었다. 그러나 이 구조는 착각에 기반했다. 미국은 중국의 개방이 곧 민주화로 이어질 것이라 믿었고, 중국은 미국의 소비가 무한히 지속될 것이라 기대했다. 두 믿음은 모두 현실에 근거하지 않은 신화였다.

2008년 이후 세계는 위기를 교훈 삼아 균형을 찾는 중이다. 그러나 아직 뾰족한 해법을 도출하지는 못했다. 왜냐하면 글로벌 협치의 키를 쥐고 있는 두 강대국이 기존의 질서를 보완하고 강화하는 대신에 기존의 질서로부터 벗어나는 비교적 손쉬운 선택지를 탐색하기 시작했기 때문이다. 미국은 제조업 복원을 외치고, 중국은 위안화 국제화를 시도하고 있다. 양국은 더 이상 같은 질서에 안주하지 않기 시작한 것이다.

중국의 자의식 팽창과 질서 도전

해결사 중국의 부상과 국가주의로의 전환

2008년 글로벌 금융위기는 미국에서 촉발되었지만, 그에 대한 가장 즉각적이고 대담한 대응은 미국이 아닌 중국에서 나왔다. 중국 정부는 무려 4조 위안, 당시 약 5,860억 달러 규모의 경기부양책을 단행했다.[32] 이는 GDP 대비 비중으로 보면 미국의 구제금융 패키지Troubled Asset Relief Program, TARP를 훨씬 상회하는 규모였다. 위기를 일으킨 나라가 미국이었다면, 해답을 내놓은 나라는 중국이었다. 이 같은 장면은 세계인의 인식 속에 뚜렷한 대비를 만들어냈다. 미국은 과잉 소비와 금융 불균형의 상징으로, 중국은 성실한 생산과 실물 중심 성장의 상징으로 자리매김하기 시작한 것이다.

공교롭게도 2008년은 베이징 올림픽이 화려하게 개최된 해이기도 했다. 글로벌 금융 시스템이 흔들리는 와중에, 중국은 놀라운 도시 통제력과 조직 역량을 통해 '새로운 문명의 중심'이 될 수 있다는 자신감을 전 세계에 과시했다. 이 시기 중국 내에서는 "근면한 중국이 나태한 미국을 구원한다"는 서사가 확산되었고, 이와 결합된 국가주의적 자의식은 단순한 자존심의 고양을 넘어선 질서 교체의 상상력으로 확장되기 시작했다. '백년국치百年國恥'로 요약되는 피해의식과 역사적 서사, 그리고 서구 열강에 대한 복수심은 이제 자신감을 획득한 제국적 감정으로 전환되고 있었다.

덩샤오핑은 과거 개혁개방기 외교 노선을 '도광양회韜光養晦', 곧 '능력을 감추고 때를 기다리라'는 원칙으로 정리했었다. 그러나 2008년 이후 이 전략은 점차 유효성을 상실했다. 세계가 위기에 빠지고 미국의 권위가 흔들리는 동안 중국은 존재감을 증명했고, 이러한 흐름 속에서 시진핑이 조용히 그러나 확고히 권력의 중심으로 부상했다. 베이징 올림픽 당시 조직위원회를 이끌던 그는, 이후 국가주의적 열망과 역사적 서사의 핵심으로 자리매김했다. 그는 '중화민족의 위대한 부흥中華民族的偉大復興'이라는 구호를 내세우며, 중국이 국제사회의 일원에 머무르지 않고 문명적 중심으로서의 위상을 회복해야 한다고 역설했다.

이 자의식의 전환은 곧 외교적 태도의 변화로 이어졌다. 센카쿠 열도(중국명 댜오위다오) 분쟁에서는 희토류 수출 제한이라는 경제적 보복을 단행했고, 남중국해에서는 인공섬 건설과 군사 기지 배치를 통해 국제법에 정면으로 도전했다. 대만 해협에서는 군사 훈련을 통한 무력시위를 반복했고, 사드THAAD 배치에 반발해 한국에 대한 비공식적 경제 보복을 감행했다. 심지어 중국 인권운동가 류샤오보에게 노벨평화상을 수여했다는 이유만으로 노르웨이에 대한 전면적인 봉쇄 조치를 취하기도 했다.[33]

이러한 일련의 대응은 단지 개별 사건에 대한 반응이 아니었다. 그것은 미국이 설계한 국제 질서와 법치, 평등, 자율이라는 이름으로 작동해온 규범체계에 대한 노골적인 이의제기이자, 수정주의적 세계관의 실천적 발현이었다. 중국은 이제 질서를 수용하는 국가가 아니라, 그 질서를 새롭게 정의하려는 국가로 변모하고 있다.

일대일로와 금융 주권 실험

2008년 글로벌 금융 위기 이후, 중국은 더 이상 미국 주도의 국제질서에 순응하는 수용자에 머물지 않겠다는 의지를 분명히 드러내기 시작했다. 위기를 통해 드러난 미국 질서의 균열은, 중국이 그동안 내면화해왔던 '도광양회'의 외교 전략을 폐기하고, 대신 그 자리에 '문명적 상상력'에 기반한 새로운 전략을 모색하게끔 만들었다. 그 핵심이 바로 '서진西進', 즉 아시아를 넘어 중앙아시아와 중동, 유럽까지 포괄하는 지정학적 확장의 구상이며, 그 실체가 바로 일대일로一帶一路, Belt and Road Initiative 프로젝트다.

2013년 시진핑 주석이 공식적으로 제안한 일대일로는, 단순한 인프라 협력 구상을 넘어선 중국의 지정학적 재배치 계획이었다. 중국은 육상 실크로드 경제벨트와 해상 실크로드라는 두 개의 축을 통해, 자본과 노동, 기술과 정치적 영향력을 함께 수출하는 통합 전략을 추진했다. 이 프로젝트에는 60여 개국 이상이 참여했고, 철도·항만·도로·발전소 등 대규모 인프라가 집중적으로 건설되었다. 파키스탄의 과다르항, 스리랑카의 함반토타 항만, 아프리카의 철도망 등이 그 대표적 사례다. 중국은 이를 통해 잉여 생산 능력과 외환 보유고를 전략적 자산으로 전환했으며, 국영 건설사와 금융기관을 동원해 새로운 질서를 구축하려 했다.

하지만 이 구상은 단순한 경제협력의 틀을 넘어 신新 제국주의적 실험으로 해석되기에 충분했다. 중국은 개발도상국에 대규모 자금을 제공했지만, 이는 종종 채무국의 자산과 주권을 제한하는 방식으로 작동했다. 가장 상징적인 사례가 스리랑카의 함반토타 항만이다. 중국으로부터 거액의 차관을 받은 스리랑카는 결국 상환 불능 상태에 빠졌고, 항만 운영권을 99년간 중국에 넘기게 되었다.[34] 이 사건은 '부채 함정 외교Debt Trap Diplomacy'라는 용어를 전 세계에 각인시켰고, 중국이 내세운 개발협력의 명분 뒤에 전략적 통제가 숨어 있음을 보여주는 사례로 회자되었다.

더 근본적인 변화는 금융과 통화의 질서에서 감지되었다. 중국은 단지 인프라를 통해 물리적 기반만을 확장한 것이 아니라, 국제 금융 질서 그 자체를 재설계하려는 시도에 나섰다. 2015년 출범한 아시아인프라투자은행Asian Infrastructure Investment Bank, AIIB은 미국 주도의 세계은행이나 IMF에 대응하기 위한 대안적 금융기구로 설계되었는데, 중국은 여기에 최대 출자국으로 참여함으로써 새로운 다자주의의 중심이 되기를 원했다. AIIB는 중국이 '공급자'로서 자신을 정립하고자 하는 상징적 실험장이었다.*

---

* 아시아인프라투자은행 출범 당시, 미국은 AIIB가 중국 중심의 새로운 질서를 구축하려는 시도라고 보고 동맹국들에게 참여를 만류했다. 그러나 영국의 경우, 2015년 3월 주요 서방 국가 중 가장 먼저 AIIB 참여 의사를 밝히며 창립 회원국으로 합류했고, 한국 또한 같은 해 3월 AIIB 창립 회원국으로 참여를 결정했다. 한국은 지분율 기준 전체 회원국 중 5위를 차지했다. 아시아 역내 국가 중에서는 중국, 인도, 러시아에 이어 4위였다. 반면 일본은 미국의 입장을 따라 AIIB에 가입하지 않았다.

이와 병행해 중국은 미국의 달러 중심 결제 시스템에 대한 의존도를 줄이기 위해 다양한 방안을 모색했다. 국제은행간통신협회Society for Worldwide Interbank Financial Telecommunication, SWIFT 시스템에 대한 중국-러시아 공동 대체망 구축, 위안화 결제 비중 확대, 위안화 국제화 노력 등은 모두 달러 체제의 중심을 벗어나려는 시도였다. 특히 주목할 만한 것은 디지털 위안화e-CNY의 개발이다. 이는 단순한 중앙은행 발행 디지털 화폐CBDC 프로젝트가 아니라, 결제 시스템과 통화 주권, 정보 통제와 신뢰 메커니즘을 통합하려는 전략적 기획이었다.

디지털 위안화는 블록체인 기술이 강조하는 분산성과는 정반대의 방향에서 출발했다. 이는 오히려 국가 주도의 중앙집중적 통화 시스템을 통해 거래 흐름을 실시간으로 추적하고, 세금·복지·소비·사회질서 전반을 통합 관리하려는 시도였다. 그 배경에는 기술이 단순히 경제적 효율을 넘어 통치와 통제의 기반이 될 수 있다는 중국적 통화관이 자리하고 있다. 중국에게 통화 주권은 단순한 화폐 발행 권리가 아니라, 정보의 흐름을 파악하고 경제 행위를 관리할 수 있는 권력의 핵심이기 때문이다.

중국은 이 일련의 실험을 통해 단순한 도전자가 아닌, 세계 질서의 제안자가 되기를 원했다. 그러나 그 새로운 질서가 지향하는 가치는 민주주의나 법치, 시민사회가 아니라 국가주의와 효율성, 통제와 질서 유지에 있었다는 점에서, 본질적으로 서구 근대가 지탱해온 자유주의적 국제 질서와는 충돌할 수밖에 없었다.

문명적 대안의 붕괴와 신냉전의 서막

중국은 위기를 기회로 삼아 미국 중심 질서의 대안이 되기를 꿈꿨다. 일대일로를 통해 물리적 기반을 확장하고, AIIB와 디지털 위안화를 통해 금융 질서를 재설계하며, '중화민족의 위대한 부흥'을 내세워 문화적 우월성과 통치 능력을 함께 강조했다. 그러나 이 야심찬 실험은 2020년 전 세계를 강타한 코로나19 팬데믹을 계기로 근본적인 시험대에 오르게 된다.

바이러스의 기원지였던 중국은 초기 확산 단계에서 감염 정보를 은폐하고 내부 경고자를 탄압했다. 게다가 WHO에 보고하고 국제 협력에 임하는 과정에서도 폐쇄적이고 비협조적인 태도를 보였다. 감염 규모와 대응 실태에 대한 정보 통제, 이후 '마스크 외교'라 불리는 방역물품의 정치적 활용, 자국 모델의 우월성을 과도하게 홍보한 외교 전략은 '질서 대안국가'로서의 자격에 심각한 의문을 불러일으켰다.

중국은 이 시기 자신을 '모범국'으로 포장하려 했지만, 그 전략은 오히려 국제 사회의 반감을 키웠다. 전 세계가 공동의 재난에 직면한 상황에서 중국이 보여준 통제 중심의 방역 모델, 검열과 외교적 공세는 신뢰를 주지 못했다. 민주주의 국가들은 중국의 봉쇄 전략이 일시적 성과를 내더라도, 그것이 장기적 사회 신뢰나 제도적 투명성이라는 가치에서 치러야 할 대가를 무시하고 있다는 점을 간파했다. 팬데믹은 단순한 의료 위기가 아니라, 통치 방식과 정보 공개, 국제 협력 능력에 대한 문명적 시험대였던 셈이다.

이 시험에서 중국은 '국가주의와 통제'라는 전략으로 일관했다. 그 결과는 '평화로운 패권 이양'이라는 이상의 붕괴였다. 중국의 '전랑외교

Wolf Warrior Diplomacy'는 질서를 대체할 준비가 되어 있다는 신호라기보다, 신뢰 부족을 강경함으로 덮으려는 전략으로 인식되었다. 그리고 이는 위안화 중심의 새로운 질서가 세계적으로 수용되기 어려운 한계를 노출시켰다. 위안화의 국제화는 여전히 제한적이었고, AIIB는 IMF나 세계은행과 같은 기구를 대체하지 못했으며, 디지털 위안화도 달러의 지위를 실질적으로 위협하지는 못했다.

결국 중국은 질서의 수용자에서 도전자로, 그리고 다시 불완전한 경쟁자로 자신의 위상을 재조정할 수밖에 없었다. 미국이 주도한 세계 질서가 균열을 드러냈지만 그 자리를 대체할 수 있는 정당성과 신뢰를 갖춘 질서는 즉각적으로 출현하지 않았다. 세계는 하나의 중심으로 응집되던 냉전 이후의 질서를 넘어서, 다극적이고 충돌하는 질서들 사이에서 새로운 균형을 모색하기 시작했다.

이러한 과정은 역설적으로 미국의 전략적 낙관주의에서 비롯된 착각의 결과이기도 했다. 2008년 금융위기 이후, 미국은 중국의 경제적 부상을 글로벌 질서 내 통합을 위한 기회로 보았다. 중국이 자유무역 질서를 내면화하고, 중산층의 확장을 통해 민주주의로 이행할 것이라는 낙관은 오바마 행정부 시기까지 미국 외교의 기저에 자리잡고 있었다. 그러나 현실은 전혀 다른 방향으로 전개되었다.

중국은 미국의 기대와는 달리, 기존 질서를 수용하거나 내면화하기보다는 변형하고 재정의하려는 방향으로 움직였다. 경제적 부상은 오히려 국가주의적 정당성과 권위주의적 통치 방식의 강화로 이어졌고, 외교 전략은 점차 공세적으로 전환되었다. 그 결과 미국은 자신이 기획했던 포용의 전략이 더 강력한 도전자의 등장을 돕는 결과를 초래했음을 뒤늦게 인식하게 되었다. 이에 대한 반작용은 미국 내부의 산업 공동화와 중산층 붕괴, 정치적 양극화, 그리고 '트럼피즘'의 등장이라는 형태로 표출되었다.

　이제 미국은 중국을 경제 파트너가 아닌 체제 경쟁의 상대로 인식하고 있다. 기술 패권, 공급망 재편, 인권 문제, 통화 질서의 다극화 등 거의 모든 영역에서 미중 간의 갈등이 고착되고 있다. '신新냉전'으로 불리는 이 충돌은 과거의 이념 대립을 재현하는 것이 아니라, 서로 다른 문명적 질서를 놓고 벌어지는 주도권 경쟁이다.

　2020년대의 세계는 단일한 패권의 시대를 지나, 어느 한 세력도 압도하지 못하는 다극 체제로 접어들고 있다. 중국과 미국 사이의 갈등은 단순한 지정학적 긴장이 아니라, 질서를 구성하는 철학과 규범, 그리고 문명의 작동 방식에 대한 충돌이다. 그리고 이 충돌은, 이제 막 시작되었을 뿐이다.

한 걸음 더 1

역사는 반복되는가?
스페인제국의 디폴트와 미국의 미래

16세기 중엽, 아메리카 대륙에서 쏟아져 나온 은으로 스페인은 세계에서 가장 부유한 나라가 되었다. 인류 역사상 유례없는 실물 화폐 독점은 수도 마드리드를 '하늘에서 은이 내리는 나라'의 심장으로 만들었다. 그러나 바로 그 스페인이 1557년, 세계 최초의 근대적 국가 디폴트를 선언했다. 국왕 펠리페 2세Felipe II de Habsburgo가 삼위일체 대축일에 국채 이자 지급을 중단한 이 사건은 '트리니티 디폴트Trinity Default'로 기록되며 국제 신용 체계의 구조적 리스크를 드러냈다. 이후에도 스페인은 17세기까지 8차례 이상 채무불이행을 반복했다.

21세기 초 미국도 비슷한 상황에 직면해 있다. 미국은 신대륙의 은광 없이도, 달러를 찍어내는 권한만으로 세계 외환보유고의 절반 가까이를 차지하며 무한한 신뢰와 유동성을 누려왔다. 비트코인과 금값의 상승, 중국과 러시아의 탈달러화 모색에도 불구하고 달러는 여전히 '지구상의 마지막 기축통화'다. 그러나 지금, 우리는 스페인제국이 겪었던 궤적을 미국이 되풀이하고 있는지도 모른다는 불안을 안고 살아가고 있다.

스페인의 비극은 아이러니하게도 행운에서 비롯되었다. 신대륙의 은은 상상할 수 없는 부를 안겨주었지만, 이는 통제 불가능한 유동성 급증을 의미했다. 은은 국고에 닿기도 전에 전쟁과 외교, 궁정 유지비로 소진되었고, 수입보다 지출이 많아지자 차입으로 이를 메우는 구조가 고착화되었다. 제노바, 아우크스부르크의 상인·은행가들에게 발행된 국채는 새 국채로 옛 국채를 갚는 피라미드 구조를 만들었고, 결국 붕괴를 피할 수 없었다.

미국은 세계에서 유일하게 달러를 무제한 발행할 수 있다. 그러나 이 특권은 전쟁,

복지, 금융 시장 부양에 남용되었고, 2008년 금융위기 이후에는 제로금리와 양적완화라는 이름으로 제도화되었다. 그 결과 부동산, 주식, 채권 등 거의 모든 자산의 가격이 비정상적으로 상승했다. 이러한 현상은 16세기 스페인 제국 시절, 신대륙에서 유입된 막대한 은으로 인해 유럽 전역의 물가가 폭등했던 '가격 혁명Price Revolution'을 떠올리게 한다. 당시 은의 홍수가 화폐 가치를 떨어뜨렸듯, 오늘날 달러의 과잉 공급은 자산 가격을 끝없이 밀어올리며, 미국과 세계를 '자산 인플레이션'이라는 조용한 위기로 이끌고 있다.

은이 넘치던 스페인에서 사람들은 점차 노동을 기피했다. 땀 흘려 일하기보다 식민지 자원이나 귀족 지위에 의존하는 것이 더 나은 삶의 방식으로 인식되었다. 수입 제품이 시장을 채우고 국내 산업은 붕괴했으며, 경제는 '노동에 의한 부의 창출'이 아닌 '채굴과 착취를 통한 부의 이전'으로 작동했다. 오늘날 미국에서도 금융과 기술 부문을 제외하면 산업 현장의 생산성은 정체되어 있다. 많은 청년들이 '현실 세계'에서 노동하기보다 자산시장에 뛰어들고, 그 자산은 연준의 유동성 공급과 기대 심리 위에서 부풀어 있다. 결국 '노동의 가치'보다 '레버리지의 효율성'이 부를 결정하는 시대가 정착되고 있다.

스페인은 외형적 부유함 속에서 점차 수입에 의존하는 경제구조로 기울었다. 은은 넘쳤지만 생필품은 부족했고, 독자적인 산업 기반은 취약했다. 겉으로는 확장되는 듯 보였던 경제의 내실은 무너지고 있다. 미국 역시 제조업의 상당 부문을 해외에 이전한 상태에서 공급망 위기와 인플레이션을 겪고 있다. '달러만 있으면 뭐든 수입할 수 있다'는 신화는 팬데믹 당시 물류·식량·에너지 충격 앞에서 흔들렸다.

결국 스페인은 이자도 갚지 못하게 되었고, 금융시장의 신뢰는 붕괴됐다. 제노바 은행은 유동성 위기에 빠졌고, 프랑스 리옹과 북이탈리아의 금융 시스템은 동요했다. 이는 단순한 채무불이행이 아닌, '국가도 약속을 지키지 않을 수 있다'는 충격을 국제 금융에 안긴 사건이었다. 오늘날 미국도 마찬가지 위협에 직면해 있다. 무제한 달러 발행, 치솟는 국채 이자, 예측 불가능한 정치 리스크는 글로벌 남반구 국가들의 '탈달러화'를 점점 더 설득력 있는 선택으로 만들고 있다.

트리니티 디폴트는 '많을수록 좋다'는 통념이 항상 진리가 아니라는 점을 보여준다. 무상으로 주어지거나 헐값에 얻어진 특혜는 경제학의 기본 원칙인 합리적 선택의 '조건' 자체를 왜곡한다. 그 결과, 사회 구성원들은 노동의 결실보다 특혜에 더 의존하게 되고, 근로 윤리는 무너지기 쉽다. 정부 역시 재정 지출을 통제 없이 확대할 수 있는 빌미를 얻어 민주주의의 핵심인 견제와 책임을 약화시킨다. 자원이 많을수록 방만해지고, 겉이 번듯할수록 내실은 부패하기 쉽다는 역설이 드러나는 것이다.

미국의 달러 체제는 거대한 특권이다. 그러나 이 특권이 미국 사회 전반의 미덕을 훼손한다면, 과거 스페인 제국이 겪었던 전철을 되풀이할 가능성도 배제할 수 없다. 넘쳐흐르던 은으로 인해 무너진 스페인의 역사처럼, 달러 패권 역시 도덕적 해이와 구조적 붕괴를 예고하는 그림자가 드리우고 있는지도 모른다.

한 걸음 더 2
수학의 실패와 인간의 본성: 금융공학의 맹신과 파생상품 시대의 그림자

2008년 글로벌 금융위기는 단순히 탐욕이나 규제 부재로만 설명할 수 없는 복합적인 원인을 지니고 있었다. 그 심층부에는 금융공학 모델에 대한 맹신과 인간 이성에 대한 오만이 자리잡고 있었다. 20세기 후반, 금융시장의 고도화는 예측과 통제를 위한 정교한 도구를 요구했고, 이에 물리학·수학·컴퓨터 과학 분야의 엘리트들이 월스트리트로 유입되었다. 그들은 복잡한 수학 모델과 통계 기법을 바탕으로 새로운 금융상품 설계와 위험 분석에 기여했다.

1970년대 등장한 블랙-숄즈Black-Scholes 모형은 옵션 가격 결정 이론에 혁신을 가져왔고, 이는 파생상품 시장의 폭발적 성장을 이끌었다. 선물, 옵션, 스와프 등 다양한 파생상품은 처음에는 위험을 헤지Hedge하고 자본 배분의 효율성을 높이는 긍정적인 역할을 수행하는 듯 보였다. 수학자들과 금융인들은 자신들의 모델이 시장의 모든 위험을 정량화하고 통제할 수 있다고 믿었고, 그 과신은 맹목적 신뢰로 이어져 점점 더 복잡하고 불투명한 파생상품들이 대량 생산되는 결과를 낳았다.

문제는 이러한 수학적 모델들이 현실의 복잡성을 완전히 포착하지 못한다는 근본적 한계에 있었다. 특히 블랙-숄즈 모형과 그 파생 모델들은 자산 가격이 정규분포를 따르고 변동성이 일정하다는 등 지나치게 이상적인 가정을 기반으로 했다. 하지만 실제 금융시장은 평균에서 크게 벗어나는 급격한 변동이 훨씬 더 빈번하게 발생하는 '팻 테일Fat Tail' 특성을 보인다. 게다가 시장 참여자들의 비합리적 행동, 군집 심리, 패닉 등 인간의 감정적 요인은 수학 모델이 결코 완전히 설명할 수 없는 영역이다.

수학적 모델에 대한 맹신이 초래할 수 있는 위험은 2008년 금융위기보다 훨씬 앞서, 1998년 롱텀캐피털매니지먼트LTCM 사태를 통해 이미 경고된 바 있었다. 노벨경제학상 수상자를 비롯한 저명한 금융 수학자들이 주축이 된 LTCM은 정교한 수학적 모델을 통해 시장의 비효율성을 포착하고, '무위험 차익거래Arbitrage'로 막대한 수익을 올릴 수 있다고 믿었다. 그들은 실패 확률을 "우주선 사고 확률보다 낮다"고 단언할 만큼 자신만만했으며, 막대한 레버리지를 동원해 수익률을 극대화했다.

그러나 1998년 러시아의 국가 채무 불이행 선언은 전 세계 금융시장을 극심한 불안에 빠뜨렸다. 안전자산 선호 심리가 급격히 높아지면서 시장은 LTCM의 모델이 전혀 예측하지 못한 방향으로 움직였다. '극히 드물다'고 계산된 사건들이 동시다발적으로 발생하자 LTCM의 손실은 눈덩이처럼 불어났고, 불과 몇 주 만에 40억 달러가 넘는 손실을 기록하며 파산 직전까지 몰렸다. 그 여파로 전 세계 금융 시스템이 연쇄 도산의 위기에 직면했으나, 미국 연방준비제도의 긴급 개입으로 간신히 붕괴를 막을 수 있었다. 이 사태는 아무리 정교한 수학적 모델이라 해도, 시장 참여자들의 패닉·공포·군집 심리와 같은 인간의 비합리적 행동을 완전히 예측하거나 통제할 수 없음을 보여주었다. 즉, LTCM 사태는 극단적인 상황에서는 통계적 확률이 무력화되고, 예측 불가능한 '블랙 스완Black Swan'이 언제든 출현할 수 있음을 입증한 사건이었다.

그럼에도 불구하고 금융시장은 이 교훈을 제대로 받아들이지 못했다. 오히려 2000년대 들어 주택 시장의 호황과 맞물려, 주택저당증권MBS과 이를 다시 묶은 부채담보부증권CDO 등 복잡한 파생상품이 대거 개발되었고, 이는 2008년 금융위기의 핵심 진앙지가 되었다. 이러한 상품들의 본질적 위험성은 수학적 모델에 의해 교묘히 은폐되었다. 신용평가기관들은 금융공학자들이 제시한 모델을 그대로 신뢰하며, 고위험 서브프라임 모기지가 포함된 CDO에조차 최고 등급을 부여했다. 금융공학자들은 복잡한 확률 모델을 통해 개별 대출의 부도 확률을 계산하고, 이를 조합하면 전체 포트폴리오의 위험이 낮아진다고 주장했다. 그러나 그들의 모델은 주택 가격이 영구히 상승한다는 비현실적인 가정 위에 세워져 있었으며, 주택 시장의 동시다발적 붕괴 가능성은 거의 고려하지 않은 것이었다.

문제는 이러한 복잡한 파생상품들이 일반 투자자는 물론, 심지어 이 상품들을 발행하고 판매하는 금융기관 내부에서도 그 위험성을 제대로 이해하는 사람이 거의 없었다는 점이다. 수학 모델이 지나치게 복잡해지고 불투명해지면서 금융 시장에는 거대한 정보의 비대칭성이 발생했다. 소수의 금융공학자나 모델 개발자만이 그 위험을 어렴풋이 짐작할 수 있었을 뿐, 대부분의 투자자들은 자신들이 무엇을 사고파는지조차 정확히 알지 못했다. 이는 금융 시스템 전체를 뒤덮은 '숨겨진 위험Hidden Risk'의 확산으로 이어졌다. 예를 들어, 투자은행들은 수십만 개의 서브프라임 모기지를 묶어 MBS를 만들고, 다시 이를 여러 개의 CDO로 재구성했다. 각 CDO 트랜치Tranche는 서로 다른 신용 등급과 수익률을 가졌는데, 전 세계 연기금, 보험사, 은행 등은 AAA 등급이 매겨진 시니어 트랜치를 안전한 투자처로 삼았다.* 그러나 주택 시장이 붕괴하자 모든 트랜치에서 손실이 발생했고, 가장 안전하다던 AAA 등급의 상품마저 가치를 상실했다.

이 모든 과정에는 인간의 탐욕과 비합리적 낙관주의가 깊숙이 개입되어 있었다. 금융기관들은 파생상품 판매를 통해 막대한 수수료 수익을 올렸고, 개인들은 '집값은 절대 떨어지지 않는다'는 환상에 젖어 무리한 대출을 감행했다. 규제 당국은 금융 혁신이라는 명분 아래 새로운 금융 상품의 위험성을 제대로 평가하고 통제하지 못했다. 수학적 모델은 이러한 탐욕과 오만을 정당화하고, 복잡성이라는 베일 뒤에 위험을 숨기는 도구로 전락하고 말았다.

2008년 금융위기는 수학과 경제학이 전제해온 '합리적 인간'과 '효율적 시장'이라는 가정이, 인간 본성의 현실 앞에서 얼마나 취약한지를 여실히 드러냈다. 시장이 늘

---

* 트랜치는 프랑스어로 '조각' 또는 '부분'을 뜻하며, CDO에서 위험도와 상환 우선순위에 따라 나눈 계층 구조를 의미한다. 일반적으로 가장 안전한 시니어 트랜치(Senior Tranche)는 AAA 등급을 받아 수익률은 낮지만 먼저 상환받는 권리를 갖고, 메자닌 트랜치(Mezzanine Tranche)는 중간 수준의 위험과 수익을 지니며, 가장 위험한 에쿼티 트랜치(Equity Tranche)는 손실을 가장 먼저 감수하지만 수익률이 높다. 이 구조를 통해 다양한 위험 성향의 투자자들에게 맞춤형 상품을 제공할 수 있다.

효율적인 것은 아니었고, 인간 역시 언제나 자신의 이익을 극대화하는 합리적 선택을 하는 것은 아니었다. 오히려 탐욕Greed과 공포Fear라는 원초적인 감정이 시장을 지배했고, 이는 합리성을 마비시키는 결과를 낳았다. 저금리 환경에서 더 높은 수익을 추구하려는 금융기관과 투자자들의 탐욕은 위험한 서브프라임 대출과 복잡한 파생상품에 눈멀게 했고, 복잡한 수학 모델이 제시하는 '낮은 위험'이라는 숫자 뒤에 숨겨진 실제 위험을 애써 외면하게 만들었다. 그러나 위기가 현실화되자 시장은 순식간에 극심한 공포에 휩싸였다. 자신이 보유한 자산이 진정한 가치를 파악할 수 없게 된 투자자들은 앞다투어 모든 위험 자산을 매도하기 시작했다. 이는 유동성 위기를 촉발하며 시장 전체를 마비시켰다. 투자자들은 독립적으로 정보를 분석하고 판단하기보다는 다른 사람들이 하는 행동을 따라 하는 군집 행동Herding Behavior을 보였다. 거품 형성기에는 모두가 주택과 파생상품에 몰려들었고, 거품 붕괴기에는 모두가 서둘러 시장을 빠져나갔다. 이러한 비합리적인 행동은 시장의 변동성을 극대화하고 위기를 증폭시켰다.

　복잡한 금융공학 상품들은 소수만이 이해할 수 있는 영역이 되어 정보의 비대칭성을 심화시켰고, 이는 시장의 투명성을 심각하게 저해했다. 정보가 불투명하니 시장의 자정 능력은 작동하지 않았고, 위험은 통제 불능으로 확산될 수밖에 없었다. 2008년 위기는 결국 인간의 본성이 경제학 이론과 금융 수학의 가정을 압도했음을 보여준 사건이었다. 아무리 정교한 모델이라도 탐욕에 눈먼 인간의 비합리적인 행동과 공포에 휩싸인 시장의 패닉을 예측하고 통제하는 데는 한계가 있었다. 수학은 숫자의 세계를 통제할 수 있었지만, 인간의 심리가 만들어내는 예측 불가능한 변수를 담아내기에는 역부족이었다.

　결론적으로, 2008년 금융위기는 금융공학과 수학에 대한 맹신이 초래할 수 있는 파괴적인 결과를 여실히 보여주었다. 이는 수학의 실패라기보다는, 수학적 모델이 가진 한계를 망각하고 이를 전능한 도구로 오용하려 했던 인간의 오만과 탐욕의 실패였다. LTCM 사태와 같은 경고 신호를 외면한 채, 주택 시장의 호황에 기대어 무분별하게 확장된 파생상품 시장은 결국 거대한 거품을 형성했고, 그 붕괴는 전 세계를 금융 위기의 심연으로 몰아넣었다.

위기 이후 금융 시장은 보다 엄격한 규제와 감독을 받게 되었고, 금융공학자들 역시 자신들의 모델에 내재된 한계를 더욱 신중하게 인식하게 되었다. 하지만 인간 본성의 탐욕과 공포는 여전히 금융 시장을 움직이는 강력한 동력이며, 새로운 형태의 위험은 끊임없이 진화하고 있다. 2008년의 경험은 금융 시스템의 안정성을 위해서는 단순히 수학적 모델의 정교함을 넘어, 인간 본성에 대한 깊은 이해와 견고한 윤리 의식, 그리고 시장의 변화에 유연하게 대응하는 규제의 중요성을 다시금 일깨워 주었다. 결국 금융 시스템은 숫자와 모델뿐 아니라 인간의 합리성과 비합리성, 그리고 사회적 책임의 문제이기도 한 것이다.

한 걸음 더 3
선택압과 인간 집단의 진화

주류 경제학은 인간을 자신의 이익을 극대화하려는 합리적 행위자, 즉 경제적 인간Homo economicus으로 전제한다. 이러한 전제는 자유시장 안에서 개인의 선택과 효율적 자원 배분을 설명하는 데 핵심적인 모델로 기능해왔으며, 현대 경제 정책과 제도 설계에도 깊이 반영되어 있다. 그러나 현실 세계에서 마주하는 인간의 행동은 이 단순화된 모델을 자주 벗어난다. 대중이 특정 스타에 열광하거나, 불공정한 상황에 분노하여 집단적으로 응징에 나서거나, 전쟁과 같은 집단적 희생에 자발적으로 참여하는 행태는 '합리적 개인'이라는 가정으로는 설명되기 어렵다. 심지어 비트코인이나 트럼피즘과 같은 현상도, 기술적 우월성이나 정책적 공약의 설득력보다 '정서적 직관'과 집단적 분위기가 만들었다고 볼 수 있다.

이러한 현상 앞에서 단지 "이론과 다르다"며 외면하거나 '비합리적'이라 치부하는 것은 학문적 태도라기보다는 방어적 회피에 가깝다. 오히려 기존 이론이 설명하지 못하는 강력한 현실이 존재한다면, 우리는 그것을 있는 그대로 인식하고 새로운 분석의 패러다임을 모색해야 한다. 그중 하나의 유력한 관점은 인간을 독립적 개인의 집합체로 보기보다는, '선택압Selection Pressure'에 의해 진화적으로 구성된 사회적 종으로 해석하는 방식이다.

예를 들어, 꿀벌이나 개미 같은 사회적 곤충은 집단을 보호하기 위해 개별 개체가 자신을 희생하는 이타적 행동을 보인다. 이러한 행동은 개체 입장에서는 비합리적이지만, 오랜 진화 과정을 거치며 집단 전체의 생존 가능성을 높이는 전략으로 선택되어 왔다. 개별 개체가 자신의 생존 가능성을 희생하더라도, 그 행동이 집단 전체의 생존률을 높이는 데 기여한다면, 그러한 이타적 행동을 유발하는 유전적 특성은 집단 구성원 전체의 생존과 번식을 통해 간접적으로 다음 세대로 전달될 수 있다. 다시 말해, 개인의 희생은 자신과 유전적으로 밀접한 관계를 맺고 있는 집단의 생존을 돕기 때문에, 결국에는 자신의 유전자가 다음 세대에 더 많이 남겨질 수 있는 진화적 전략이 되는 것이다. 인간 역시 이러한 선택압에 따라 협력과 신뢰, 정의감, 도덕적 분노와 같은 사회적 감정과 행동양식을 유전적·문화적으로 내면화해온 존재일 가능성이 높다.

이러한 관점에서 보면, 자유주의 경제학이나 신고전파 모델이 다루지 못했던 집단적 신념의 형성, 연대의 감정, 탈중앙화된 협력 구조 등도 명확한 설명의 틀을 얻을 수 있다. 특히 비트코인 현상은 중앙 권력의 개입 없이도 스스로 작동하는 질서에 대한 '직관적 신뢰'와 '탈권위적 신념'이 디지털 공간에서 강력하게 작동하고 있는 것일지도 모른다는 사실을 보여준다. 사토시 나카모토의 설계가 단지 프로토콜의 정교함이 아니라, 공정성, 불변성, 공동 규범이라는 감정적 메타규칙을 건드렸기 때문에 일부 지역과 계층에서 열광적인 지지를 받았고 그 지지가 점점 퍼져나가고 있다는 것이다.

결국 인간은 경제적 계산만으로 움직이지 않는다. 인간 사회는 수백만 년에 걸친 진화의 과정 속에서 협력과 분업, 도덕적 응징, 공동의식과 같은 집단적 속성을 내면화해왔다. 시장에서의 선택 또한 그러한 진화적 감각의 일부이며, 그것은 때로는 비효율적으로 보이는 방식으로도 신뢰를 축적하고 사회를 작동하게 만든다. 집단적 선택, 정서적 판단, 사회적 진화는 이제 경제분석의 주류 바깥이 아니라 핵심 변수로 재조명되어야 한다.

한 걸음 더 4
중국의 트릴레마

중국을 단순히 하나의 국가로 이해하는 것은 그 역사적 스케일과 문명적 특수성을 간과하는 일이다. 오늘날의 중국은 근대적 국민국가Nation-State의 외형을 갖추고 있지만, 그 깊은 정체성에는 훨씬 더 오래된 문명국가Civilization State의 기억과 자의식이 자리하고 있다. 문명국가는 단일 민족, 언어, 제도 위에 세워진 국민국가와 달리, 수천 년간 다민족과 다문화를 포괄하며 문명이라는 이름으로 통합을 지속해온 공동체다. 중국은 이러한 문명국가의 대표적 사례로, '중화中華'라는 중심 질서를 통해 자신을 규정해왔다.

중화는 단순한 지정학적 중심이 아니라, 문화적·도덕적 우월성을 전제로 한 질서였다. 춘추전국시대의 '천하'는 공간 개념이 아닌 문명적 위계의 체계였고, 유교는 한대 이후 국가 이념으로 정립되어 중화 정체성의 기반이 되었다. 당·송 시대에는 유학이 철학적으로 정교화되었고, 명·청 시기에는 조공과 책봉을 통해 국제 질서의 중심으로 위상을 제도화했다. 이 질서 속에서 주변 민족은 문명화의 대상으로 간주되었고, 중화 질서로의 편입은 문화적 교화 과정으로 인식되었다.

이러한 문명 중심의 자의식은 19세기 중엽 아편전쟁을 계기로 근본적인 도전에 직면했다. 일련의 불평등 조약 체제는 중국의 문명 우월성을 무너뜨렸고, 청 왕조는 열강에 속수무책으로 무너졌다. 홍콩 할양, 배상금, 치외법권 부여 등은 단지 국권 상실이 아니라, 문명국가로서의 존재 근거가 외부에 의해 부정당한 사건이었다. 이후 여러 개혁과 저항이 이어졌지만 중국의 근본적 위기는 해소되지 않았고, 결국 군벌 혼란과 반半식민지적 침탈의 시대가 이어졌다.

이러한 격동을 지나 1949년, 중국공산당은 중화인민공화국 수립을 통해 국민국가의 형식과 문명국가로서의 기억을 결합한 새로운 실험을 시작했다. 공산당은 마르크스-레닌주의라는 외래 이념을 수용하면서도, 스스로를 중화 질서의 계승자이자 회복자로 규정했다. '백년국치'를 극복하고 중국을 강대국으로 재건하겠다는 서사는 이 시기부터 국가 이념의 핵심으로 자리잡았다.

이 기획은 덩샤오핑 이후 개혁·개방 노선을 통해 구체화되었다. 계획경제의 경직성을 완화하고 외자 유치 및 국가자본주의를 도입하면서 중국은 세계 최대의 제조기지로 부상했고, 도시화, 인프라 확장, 중산층 확대 등 전면적 근대화를 이룩했다. 21세기 들어 중국은 미국과 함께 세계 경제를 주도하는 G2로 떠올랐으며, '약한 중국'이 아닌 '강하고 자부심 있는 중국'으로 스스로를 서사화하기 시작했다. 이 자부심은 단순한 국력 과시를 넘어, 문명국가로서의 기억을 소환하는 정치적 기획이었다.

결론적으로 오늘날의 중국은 근대적 국민국가의 외형을 갖추고 있지만, 그 내면에는 문명국가로서의 자부심과 역사적 기억이 강하게 작동하고 있다. 중국의 전략적 사고와 대외 정책은 바로 이 문명적 자의식에서 비롯된다. 중국의 부상은 단순한 경제 성장의 결과가 아니라, 백년국치를 극복하고 문명 질서를 재건하려는 역사적 서사로 이해해야 한다. 이러한 문명 중심의 세계관을 간과한다면, 중국의 외교·경제·기술 전략은 물론, 권위주의적 통치 논리의 근원 또한 온전히 파악하기 어렵다.

시진핑 집권 이후, 중국의 문명국가 서사는 더욱 분명하고 공격적으로 부활했다. "중화민족의 위대한 부흥"이라는 슬로건은 국가의 존재 이유이자 정치적 정당성의 핵심 담론이 되었고, 중국은 정치·경제·기술·군사 등 모든 영역에서 자립 역량 강화를 추진하고 있다. 이는 외부 의존도를 줄이고 중국 중심의 세계 질서를 구축하려는 전략으로 해석된다.

'일대일로'는 이 서사를 구현하는 대표적 사례다. 단순한 인프라 프로젝트가 아니라, 서구 중심 글로벌 공급망을 우회하고 중국 중심 경제 네트워크를 창출하려는 시도다. 디지털 위안화와 CIPS Cross-Border Interbank Payment System도 마찬가지로 SWIFT

와 미국 달러 중심 시스템에 대한 대안을 목표로 하며, 제재를 우회하는 금융 자립의 수단이다. 표면적으로는 기술적 자립이지만, 그 이면에는 '문명국가로서 자율성 회복'이라는 역사적 의도가 깔려 있다.

그러나 중국은 내부와 외부 전략의 균형을 상실하고 있다는 비판에 직면해 있다. 과거 강조해온 조화와 공존의 가치가 대외정책에서 실종되고 있기 때문이다. 남중국해 무력 시위, 대만 해협의 긴장 고조, 인도 국경 충돌, 유럽·미국을 향한 강경한 수사 등은 포용적 중화질서와는 상반된다. '전랑외교戰狼外交', 미디어 검열, SNS 통제, 반서구 담론 등은 문명국가의 이상과 괴리된 현실을 드러낸다. 과거의 책봉과 조공 대신, 군사력과 경제 보복으로 주변국과의 관계를 조율하려는 모습은 오히려 국수주의 강대국의 전형에 가깝다.

중국의 권력 구조는 여전히 공산당 중심의 수직적 통제체제를 유지하고 있다. 민간 기업도 당의 지배 아래 있으며, 국유기업은 경제적 무기이자 통치 수단으로 기능한다. 특히 빅데이터, 얼굴 인식, 디지털 통화 등이 결합된 감시 체계는 세계에서 가장 정교한 수준의 사회 통제를 가능하게 했다. 하지만 이 '그립Grip 전략'은 딜레마를 수반한다. 통제를 강화할수록 단기적 안정은 유지되지만, 시민사회의 자율성과 경제 활력은 위축된다. 반대로 통제를 완화하면 체제 도전 가능성이 커진다. 공산당은 이 사이에서 균형을 조율해야 하며, 이로 인해 통치는 경직되고 유연성은 감소하는 경향을 보인다.

특히 중국은 지금 트릴레마Trilemma, 즉 '세 가지 목표 중 동시에 두 개밖에 달성할 수 없는 상황'에 직면해 있다. 중국의 트릴레마는 다음 세 가지 목표를 모두 만족시키기 어렵다는 데 있다.

1. 공산당의 정치적 정당성 유지
2. 내부 국민 통합과 결속

3. 국제사회와의 우호적 관계 유지

공산당은 민족주의를 자극하고 외부 위협을 강조해 내부 지지를 다지려 하지만, 이는 외교적 긴장을 유발해 국제적 신뢰를 훼손한다. 반대로 대외 유연성을 강화하면 내부 민족주의가 약화되어 공산당의 권위가 흔들릴 수 있다. 동시에 시장주의를 통한 성장 전략은 부의 불균형, 청년 실업, 지역 격차를 악화시켜 '공동부유'라는 구호와 충돌한다. 결국 중국은 공산당의 정당성과 내부 통합을 우선시하고, 우호적 대외관계는 사실상 희생하는 경로를 택했다.

중국의 지니계수는 세계 평균을 상회하며,[35] 청년층의 공식 실업률은 2024년 중반 기준 17%가 넘을 정도로 심각하다.[36] 부동산 시장 침체, 지방정부 부채 누적도 '사회주의적 조화'라는 국가 비전과 괴리된다. 중국은 정치적으로 권위주의 일당 체제를 고수하면서, 경제적으로는 시장 메커니즘을 수용하고, 사회적으로는 민족주의를 고양하는 삼중 전략을 구사해왔다. 그러나 이 균형은 점점 깨지고 있으며, 특히 외교에서는 국제사회의 신뢰를 상실하고 있다.

결국 지금 중국은 자국이 원하는 문명 중심 세계 질서와 실제 정책 실행 사이의 긴장 속에 있다. '중화의 부흥'이라는 서사는 여전히 강력하지만, 그 서사를 뒷받침할 수 있는 조화로운 리더십과 유연한 제도는 아직 확립되지 않았다. 중국의 미래는 문명국가로서의 유산을 현대 세계에 어떻게 재해석하고, 국제사회와 조화를 회복할 수 있느냐에 달려 있다.

한 걸음 더 5

중국의 디지털 통화 전략

중앙집중적 통제와 '투 트랙' 접근

중국은 글로벌 디지털 통화 질서의 재편에 있어 미국과는 확연히 다른, 훨씬 더 적극적이고 중앙집중적인 전략을 구사하고 있다. 중국 인민은행은 2014년부터 중앙은행 디지털 통화CBDC인 디지털 위안화e-CNY 개발을 선도해왔으며, 이후 수년에 걸쳐 선전, 쑤저우, 상하이, 베이징 등 주요 도시를 포함한 수십 개 지역에서 시범 프로그램을 확대해왔다. 2022년 기준으로 2억 6천만 개 이상의 디지털 지갑이 생성되었고, 2024년 9월까지 누적 거래액은 약 7조 위안(약 9,820억 달러)에 달한 것으로 보고되었다.[37] 중국은 알리페이Alipay, 위챗페이WeChat Pay 등 기존 민간 결제 인프라와 디지털 위안화를 연계하며 독자적인 디지털 금융 생태계를 구축하고 있다.[38] 이러한 전략은 미국 주도의 달러 스테이블코인 확산을 견제하는 동시에, 위안화의 역외 사용 확대를 통해 통화 국제화의 기반을 구축하려는 중장기 목표와 맞닿아 있다. 특히, 중국은 SWIFT 시스템의 우회를 가능케 하는 CIPS의 확장과 블록체인 기반의 국경 간 결제 실험을 병행하고 있으며, '일대일로' 참여국과의 디지털 통화 결제 협정을 추진하여 디지털 위안화를 지정학적 확장의 도구로 활용하고 있다.[39]

한편, 이러한 중앙집중적 전략과 병행하여 중국은 '투 트랙 전략'이라 불릴 수 있는 이중적 접근을 취하고 있다. 본토에서는 비트코인 채굴과 거래를 전면 금지하며 디지털 자산을 엄격히 통제하고 있지만, 홍콩에서는 글로벌 디지털 자산 시장과의 연결을 유지하고 있다. 2024년 1월 미국이 비트코인 현물 ETF를 승인하자마자, 홍콩은 이를 즉각 뒤따라 승인했으며, 이더리움 현물 ETF는 오히려 미국보다 앞서 허용했다.[40] 또한 2025년 5월, 홍콩 입법회는 스테이블코인 발행자에 대한 인허가 제도를 도입하는 스테이블코인 법안을 통과시켰다.[41] 이러한 행보는 글로벌 금융 주도권 경쟁에서 미국을 바짝 뒤쫓겠다는 의지를 반영한다. 중국 정부는 본토 내에서는 위안화 중심의 통화 질서를 엄격히 관리하면서도, 홍콩이라는 국제 금융 허브를 통해 디지털 자산에 대한 유연한 실험 공간을 확보함으로써 글로벌 자본 유입 통로를 열어두고 있다. 과거 위안화 비중이 전 세계 비트코인 거래의 99%에 달하던 시절 중국인들이 비트코인을 대거 보유했던 상황과 연결해 보면, 이는 비트코인의 탈중앙성과 국경 초월적 속성을 제도적으로 흡수하고 통제하려는 전략적 조율의 일환으로 해석할 수 있다.

중국의 비트코인 채굴 금지: 다층적 고려

2021년 중반, 중국 중앙정부는 비트코인 채굴 및 관련 활동을 전면 금지했다. 이는 세계 최대 해시레이트Hashrate 점유국이 돌연 산업에서 철수한 사건으로, 글로벌 암호화폐 생태계에 큰 충격을 안겼다. 이 조치의 배경에는 단순한 산업 규제를 넘어선 다음과 같은 구조적 고려가 존재했다.

첫째, 자본 유출 통제다. 비트코인은 탈중앙적이며 가명성을 바탕으로 한 자산으로, 국가의 외환 통제 체계를 우회하는 데 활용될 수 있다. 중국은 자본계정 개방을 지연시키고 외환 보유를 통제하는 것을 국가 주권의 핵심 요소로 간주해왔다. 이러한 정책 기조하에 고액 자산가들이 비트코인을 통해 해외로 자산을 이동하는 사례가 늘어나자 이를 통화 주권에 대한 위협으로 받아들였다.

둘째, 금융 안정성과 통화 정책의 유효성 보호다. 중국 인민은행PBoC은 CBDC인 디지털 위안화를 세계에서 가장 앞서 추진 중이다. 그런데 비트코인은 민간이 발행한 탈중앙 디지털 화폐로서, 사용자 간 직접 가치 전송이 가능하다는 점에서 CBDC와 경쟁하는 관계에 있다. 이는 국가의 통화정책 수행 능력을 저해할 수 있다는 우려로 이어졌다.

셋째, 에너지 소비와 환경 문제다. 당시 중국의 주요 채굴지는 내몽고·신장 등 석탄 기반 화력 발전 의존도가 높은 지역이었다. 2021년 당시 중국은 전력난에 직면해 있었고, '탄소중립 2060' 공약을 내건 상황이었다. 이러한 배경에서 막대한 전력을 요구하는 채굴 산업은 지속 가능성 및 탄소 감축 목표에 부합하지 않는 부담 요인이 된다고 여겨졌다.

넷째, 정치적·이데올로기적 차원이다. 중국 공산당 체제는 정보, 자본, 통화 흐름을 중앙집중적으로 통제함으로써 통치 안정성을 유지해왔다. 그러나 비트코인은 블록체인 기술 덕분에 검열에 저항하고 권력을 분산시키는 특징을 지닌다. 이는 비트코인이 국가의 통제에서 벗어난 가치 전송 수단으로 기능하게 하여, 정치적으로 용납되기 어려운 요인이 된다.

채굴 재개 가능성 논의와 중국의 전략적 선택

그럼에도 불구하고, 비트코인 채굴이 부분적·한정적으로 재허용될 수 있다는 전망은 꾸준히 제기되어 왔다. 예컨대 수력 발전을 기반으로 전력이 계절적으로 잉여 생산되는 쓰촨·윈난·구이저우 지역에서는, 잉여 전력을 활용한 채굴을 통해 지방 재정 확충과 고용 창출을 도모하려는 유인이 존재한다. 일부 국유 전력기업이나 데이터 센터가 비공식적으로 채굴 인프라에 관여하고 있다는 보도도 있으며,[42] 이는 중앙정부 차원의 공식 승인 없이 이루어지는 '비공식 방조'로 해석되기도 한다.

글로벌 해시레이트 경쟁 또한 주목할 만한 지정학적 변수로 작용하고 있다. 미국과 카자흐스탄 등지에서 채굴 산업이 급속히 성장하면서, 중국의 기술적 우위와 블록체인 생태계 내 주도권이 약화되고 있다. 이에 따라 중국 내부 일각에서는 '기술 주권' 회복을 명분으로 전략적 채굴 재개론이 간헐적으로 제기되고 있다. 여기에 2023년부터 홍콩이 웹3Web3 산업 진흥 정책을 시행하면서, 이를 중국 본토의 정책 전환 가능성으로 확대 해석하는 낙관적 전망도 등장했다.

특히 2025년 5월, 일부 언론은 중국 대법원이 비트코인의 법적 지위 재검토에 착수했으며, 비트코인을 국가 차원의 준비자산으로 보유하는 방안까지 논의 중이라는 보도를 전했다.[43] 이 보도는 일부 투자자와 분석가들 사이에서 '채굴 금지 해제 검토설'로 확산되었고, 중앙정부의 입장 변화 가능성에 대한 기대를 부추겼다.

그러나 현재까지 중앙정부 차원의 공식 입장 발표나 법제화 조치, 구체적인 허용 방침은 나오지 않았다. 중국은 여전히 자본 통제와 외환 규제를 핵심 전략으로 유지하고 있으며, 디지털 위안화를 통한 국가 통제형 통화 체제 구축에 집중하고 있다. 탈중앙적이고 무허가형인 비트코인 채굴을 다시 공인하는 것은 이 전략과 충돌하며, 공산당 체제 전략과의 정합성을 해칠 우려가 크다. 결론적으로, 중국은 비공식적으로 일부 지역에서 채굴을 암묵적으로 허용하거나 방조할 수는 있겠지만 공식적으로는 크립토 폐쇄적인 정책을 고수할 가능성이 높다.

The Philosophy of Bitcoin as Money

Chapter 3

세계를 떠받치는 미국 국채

1993년 초, 미국 빌 클린턴Bill Clinton 대통령은 선거 유세 기간 동안 강조해온 야심찬 경기 부양책을 추진하고자 했다. 그러나 채권시장에서 금리가 급등하자, 그는 결국 예산안을 대폭 축소할 수밖에 없었다. 당시 클린턴 대통령의 정치 고문이었던 제임스 카빌James Carville은 이 상황을 두고 다음과 같이 역설했다. "예전에는 환생이 있다면 대통령이나 교황, 혹은 타율 4할을 기록하는 야구선수로 태어나고 싶다고 생각했어요. 하지만 이제는 채권시장이 되고 싶습니다. 누구든 위협할 수 있으니까요."* 이 말은 채권시장이 지닌 막강한 영향력을 잘 드러낸다.

　　채권이 지닌 파괴력과 전략적 중요성에 대한 인식은 현대의 금융 시장에만 국한되지 않는다. 그 기원을 더듬어 올라가면, 프랑스의 계몽주의 사상가 볼테르Voltaire가 남긴 통찰에 도달하게 된다. 『강대국의 흥망The Rise and Fall of The Great Powers』의 작가 폴 케네디Paul Kennedy에 따르면, 영국과 프랑스가 캐나다를 놓고 전 세계 식민지 패권을 다투었던 7년 전쟁(1756~1763년) 이후 볼테르는 "영국은 군사력보다는 그들의 신용으로 전쟁을 이겼다The British conquered by means of their credit rather than their arms"라고 말했다. 영국의 성공이 군사력뿐만 아니라 뛰어난 금융 시스템과 신용 능력에 기반했다는 것을 강조하는 말이다.

---

* 1993년 2월, 빌 클린턴 대통령의 전직 정치 고문이었던 제임스 카빌은 『월스트리트 저널』과의 인터뷰에서 이렇게 말했다. "I used to think if there was reincarnation, I wanted to come back as the president or the pope or a .400 baseball hitter, but now I want to come back as the bond market. You can intimidate everybody." (출처: https://tisegroup.com/news/2025/the-power-of-the-bondmarket)

18세기 중반, 영국과 프랑스는 7년 전쟁을 통해 캐나다를 포함한 전 세계 식민지를 둘러싸고 치열하게 맞붙었다. 이 전쟁은 막대한 전비를 소모하는 장기전으로 전개되었고, 양국은 전례 없는 재정 압박에 직면했다.

　볼테르는 당시 영국이 의회제 정치와 상업 중심의 자본주의 질서를 통해 국가 재정을 효율적으로 운영하고 있다는 점에 주목했다. 특히 그는 영국이 발달된 금융 시스템을 활용해 국채, 그중에서도 영구채Consolidated Annuities, Consols를 발행함으로써 안정적으로 전쟁 자금을 조달한 사실을 높이 평가했다. 이러한 자금 조달 구조는 시장의 신뢰를 확보하며, 영국이 전쟁을 지속할 수 있는 강력한 재정 기반이 되었다.

　반면 프랑스는 상대적으로 후진적인 금융 구조와 취약한 조세 체계로 인해 전쟁 자금 마련에 큰 어려움을 겪었다. 누적된 재정난은 결국 1789년 삼부회 소집과 프랑스 대혁명으로 이어지는 구조적 위기의 씨앗이 되었다.[44] 비록 볼테르가 영국의 콘솔을 명시적으로 언급한 기록은 없지만, 전쟁의 승패를 단순한 군사력의 우열이 아닌 금융 시스템의 성숙도에서 찾은 그의 통찰은 당시로서는 매우 선구적이었다.**

** 영국이 발행한 콘솔(Consols)과 같은 영구 채권은 국가가 장기적으로 안정적인 자금을 조달할 수 있도록 한 혁신적인 금융 상품이었다. 이러한 전시 채권은 단순히 현재의 세금으로 전쟁 비용을 충당하는 데 그치지 않고, 미래 세대가 납부할 세금을 담보로 자금을 끌어 쓰는 방식이었다. 다시 말해, 이는 미래 세대의 생산력과 노동력을 현재의 전쟁에 '선동원'하는 것과 유사한 효과를 낳았다. 이러한 금융 시스템의 발전은 현대 국가가 국민 경제 전체를 전쟁에 동원하는 '총력전(Total War)' 체제로 나아가는 중요한 기반이 되었다. 국가가 방대한 규모의 전쟁 비용을 감당할 수 있게 되면서, 전쟁의 규모와 지속 가능성이 비약적으로 확대된 것이다. 경제사학자들은 이러한 재정 혁신이 근대 국가의 권력과 전쟁 수행 능력을 근본적으로 변화시켰다고 설명한다.

이처럼 국가의 재정 건전성과 이를 떠받치는 채권시장의 역량은 전쟁의 승패와 역사적 흐름을 좌우하는 핵심 요소였다. 그리고 오늘날, 이러한 금융 권력의 중심에는 미국 국채U.S. Treasury bonds가 자리하고 있다. 미국 국채는 '세계에서 가장 안전한 자산'으로 간주되며, 글로벌 금융 시장에서는 시장 금리의 기준점이자 자산 가치 평가의 벤치마크 역할을 수행한다. 이는 미국이 저렴한 비용으로 막대한 자금을 조달할 수 있게 해주며, 군사력 강화, 경제 성장, 외교 전략의 실행 등 제국적 기획을 가능케 한다. 다시 말해, 미국 국채는 현대 세계 질서에서 보이지 않는 중추이자, 금융 권력의 실체를 구성하는 핵심 메커니즘이다.

따라서 미국 국채의 작동 원리를 이해하는 것은 국제 질서의 역학을 분석하는 데 필수적인 출발점이 된다. 전 세계 중앙은행과 기관 투자자들이 막대한 규모로 미국 국채를 보유하고 있다는 사실은, 달러가 어떻게 기축통화로 기능하며 미국 국채가 어떤 방식으로 글로벌 유동성 공급의 중심축이 되는지를 이해하는 데 핵심적인 단서를 제공한다. 동시에 미국의 재정 적자 확대와 국채 발행 증가가 불러올 수 있는 인플레이션 압력, 금리 변동성의 심화, 그리고 궁극적으로는 전 세계 금융 시스템의 불안정성은 우리가 주목해야 할 구조적 위험이다. 미국 국채를 둘러싼 역학 관계를 면밀히 파악하는 일은 곧, 오늘날 금융 질서의 취약한 지점을 진단하고 다가올 위기의 가능성을 예측하는 데 있어 결정적인 열쇠가 된다.

나아가 채권시장에 대한 통찰은 비트코인과 같은 새로운 금융 기술의 출현을 이해하는 데도 결정적인 단서를 제공한다. 비트코인은 본질적으로 중앙은행의 무제한적 통화 발행과 정부의 국채 발행 메커니즘이 초래하는 인플레이션 및 부채 문제에 대한 반작용으로 탄생했다. 흥미롭게도, 오늘날의 디지털 금융 생태계에서 비트코인과 달러 스테이블코인의 관계는, 전통 금융에서 미국 국채와 달러가 구성하는 레포Repo 시장의 구조와 유사한 양상을 띤다. 전통적으로 미국 국채가 담보로 활용되어 달러 유동성을 창출하듯, 디지털 자산 영역에서는 비트코인이 담보로 활용되고, 달러 스테이블코인이 유동성 매개체로 기능하는 새로운 금융 메커니즘이 구축되고 있는 것이다.

이는 금융의 중심축이 국채 기반 시스템에서 비트코인 등 디지털 담보 기반 시스템으로 이동하고 있음을 시사한다. 채권시장의 작동 원리와 그 한계를 파악하지 않고서는, 비트코인이 추구하는 대안적 질서와 그 철학적 기획을 온전히 이해하기 어렵다. 다시 말해, 채권시장을 알아야 비트코인을 이해할 수 있다.

결론적으로 채권시장은 과거의 제국과 현대의 금융 제국, 그리고 미래의 디지털 질서를 잇는 보이지 않는 권력의 축이다. 이는 채권시장이라는 오래된 기술이 디지털 금융이라는 새로운 기술과 만나 세계 질서를 어떻게 재구성할 것인가에 대한 질문으로 이어진다.

신뢰의 피라미드와
국채의 탄생

현대 금융의 신뢰 피라미드

고대 그리스의 철학자들은 지구가 둥글다는 사실을 알고 있었다. 그들은 별의 움직임을 관찰하고, 항해자들의 경험을 추적하며, 이성적인 추론을 통해 그러한 결론에 도달했다. 합리적 사유와 경험적 관찰의 결합, 그리고 그것을 통해 세계의 본질에 접근하고자 했던 그들의 태도는 서구 문명의 지적 토대를 이루었다. 그러나 같은 시대, 지구 반대편의 고대 인도인들은 전혀 다른 방식으로 세계를 상상하고 있었다. 그들은 이 지구를 네 마리의 거대한 코끼리가 떠받치고 있고, 그 코끼리들은 하나의 거대한 거북이 등껍질 위에 서 있으며, 그 거북이는 끝없이 뻗은 거대한 뱀 위에 얹혀 있다고 믿었다. 누군가는 이 이야기를 비합리적 상상력의 산물이라며 가볍게 넘길지 모른다. 하지만 이 우화 속에는 중요한 사유의 흔적이 담겨 있다. 그것은 바로, 어떤 체계든 그

[그림 8] 고대 인도의 우주관

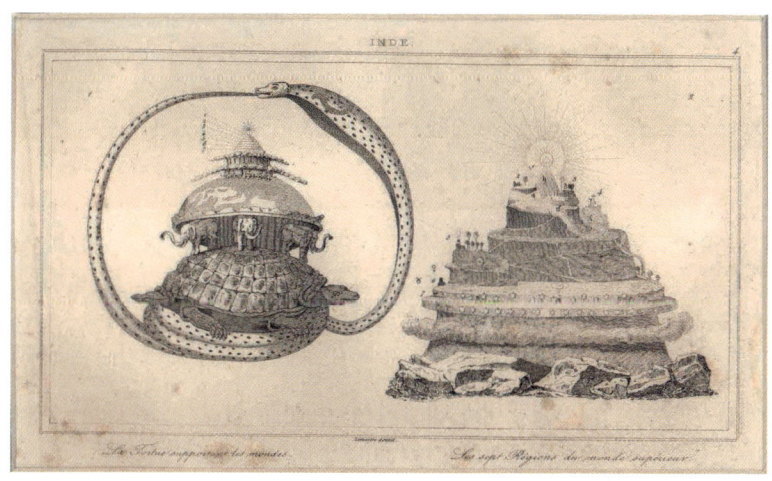

고대 인도 신화에서 세계는 뱀 위에 놓인 거대한 거북이, 그 위에 선 코끼리들이 떠받치고 있다고 여겨졌다. 이 구조는 현대 금융 시스템의 계층적 신뢰 구조를 상징하는 메타포로도 읽힌다.

것을 성립시키는 최종적 근거, 궁극적으로 모든 것을 지탱하는 '무언가'가 있어야 한다는 직관이다.

우리가 살아가는 현대의 세계는 그리스인의 명쾌한 논리보다는 오히려 인도인의 복잡한 상상력에 더욱 가까워 보인다. 특히 현대의 금융 시스템이 그렇다. 오늘날의 금융 질서는 상층에 위치한 '가시적 자산'에서부터 하층의 '비가시적 신뢰 구조'로 이어지는 계층 구조 속에 존재한다. 그 구조는 역피라미드처럼 위로 갈수록 다양한 상품과 파생자산으로 확장되고, 아래로 내려갈수록 점점 더 추상적인 개념에 수렴한다.

일상에서 사용하는 달러는 지폐, 예금, 지급결제 수단 등 다양한 형태로 존재한다. 그런데 이 달러의 본질은 다름 아닌 미국의 중앙은행인 연방준비제도가 발행한 부채, 즉 특정 자산을 담보로 발행한 채무증서다. 그렇다면 연준은 무엇을 담보로 이 부채를 발행하는가? 그 기초 자산은 다름 아닌 미국 재무부가 발행한 국채다. 다시 말해, 달러의 존재 근거는 연준의 대차대조표에서 가장 큰 비중을 차지하는 미국 국채에 있다.

기업과 개인은 상업은행의 예금을 통해 유동성을 유지하는데, 이 상업은행은 연준이 발행한 지급준비금을 자산으로 보유한다. 즉, 우리가 사용하는 금융 자산은 연준의 부채를 매개로 하며, 그 기저에는 미국 국채가 놓여 있다. 금융 자산의 위계는 아래로 내려갈수록 그 근거가 응축되고, 결국 '근원 자산'인 미국 국채로 수렴한다.

그렇다면 이 모든 신용 구조의 최종 기반인 미국 국채는 무엇에 의존하는가? 고대 인도 신화를 소환하자면, 뱀은 과연 무엇 위에 놓여 있는가? 금태환이 폐지된 이후, 미국 국채는 더 이상 금이나 실물 자산으로 담보되지 않는다. 그것은 물리적 기초 없이 '허공에 떠 있는 약속'이 되었다. 하지만 세계는 여전히 이를 신뢰한다. 그 신뢰는 세계 최대의 경제권, 가장 강력한 군사력, 가장 안정된 법제도, 그리고 가장 유동적인 자본시장을 배경으로 한 미국의 국가 주권에 대한 집단적 믿음에서 비롯된다. 결국 현대 금융은 실제 없는 실재, 즉 믿음 위에 세워진 정교한 신뢰의 구조물이다.

담보의 전환과 통화의 진화

금은 오랫동안 화폐 질서의 상징이었다. 제국은 금을 쌓아 질서를 유지했고, 상인은 금화로 거래하며 신뢰를 축적했다. 금은 교환의 수단이자 부의 저장소였으며, 동시에 질서의 근거이기도 했다. 그러나 우리는 이제 더 이상 금을 통화로 사용하지 않는다. 중앙은행의 금고조차 오랜 침묵에 잠겨 있다.

이 전환의 기원을 추적하면, 르네상스 시대 이탈리아로 거슬러 올라가게 된다. 특히 피렌체는 단순한 상업의 중심지를 넘어, 금융이라는 새로운 질서의 발상지였다. 피렌체의 메디치Medici 가문은 고객이 맡긴 금과 은을 기반으로 '환어음Bills of Exchange'을 발행했다. 이 문서들은 실물 금화에 대한 청구권으로 기능하면서, 금 기반 신용 화폐 시스템의 초기 형태를 구성했다. 메디치 가문이 발행한 환어음은 무거운 금화의 이동 없이도 결제를 가능하게 한 편리성에 힘입어 피렌체를 넘어 유럽 전역에서 화폐처럼 통용되었다.

이 새로운 시스템은 하나의 계층 구조를 형성하고 있었다. 금화는 최하단에 위치한 '절대 신뢰의 실물'이었고, 그 위에 메디치 가문 같은 은행가들이 발행한 환어음이 자리했다. 환어음은 상인이 다른 도시의 은행가나 대리인에게 현지 통화로 지급하도록 지시하는 문서로, 단순한 결제 수단을 넘어 금전 운반의 위험 회피와 환전 기능을 동시에 수행하면서 유통 가능한 신용증서로 기능했다. 이렇게 출현한 계층적 신용 체계는 곧 르네상스 시대 상업 도시의 금융 인프라를 구성하는 기본 질서가 되었다.

하지만 이 구조는 결정적인 한계를 안고 있었다. 금은 물리적으로 한정된 자원이었고, 대륙을 넘나드는 교역의 폭발적인 팽창을 감당하기엔 턱없이 부족했다. 신용에 대한 수요는 기하급수적으로 늘어났지만, 그것을 뒷받침할 금은 늘지 않았다. 결국 더 많은 신용이 발행되어

[그림 9] 르네상스 시기 금융 시스템의 역피라미드 구조

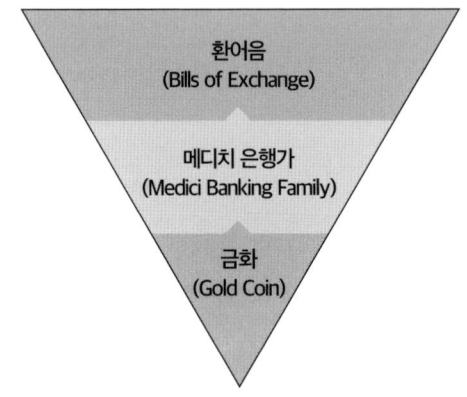

르네상스 시기의 금융 질서는 계층 구조를 형성했다. 최하단에는 '절대 신뢰의 실물'인 금화가 기초를 이루고, 그 위에 메디치 가문과 같은 은행가들이 발행한 환어음*이 상층부를 차지했다.

야 했다. 이러한 새로운 시대적 요구 앞에서, 통화 질서의 중심에는 더 이상 상인이 아닌 국가가 자리잡게 된다.

1694년, 영국은 프랑스와의 전쟁으로 인해 막대한 재정 적자에 직면해 있었다. 이 위기 속에서 설립된 영란은행Bank of England은 새로운 방식을 도입했다. 바로 정부가 발행한 국채를 담보로 은행이 지폐를 발행하는 구조를 만든 것이다. 이로써 금에만 의존하던 통화 체계가 처음으로 흔들렸다. 이제 화폐의 기반에 '정부의 빚'이라는 요소가 새롭게 편입되었다. 국채는 국가의 신용을 담보로 한 일종의 약속이었고, 그 약속은 은행권이라는 형태로 유통되기 시작했다.

이것은 화폐의 존재론적 전환이었다. 화폐가 더 이상 실물의 그림자

---

* 환어음(Bill of Exchange)은 특정 금액을 특정 날짜에 특정인에게 지급하라는 무조건적인 지시를 담은 서면 증서이다. 르네상스 시대에 상인들 사이에서 원거리 무역 대금을 결제하는 데 주로 사용되었으며, 현금을 직접 운반할 필요 없이 신용을 통해 거래를 가능하게 하였다. 이는 현대의 수표나 약속어음의 초기 형태다.

[그림 10] 영란은행과 민간 부문의 대차대조표 계층 구조

영란은행 대차대조표 Bank of England Balance Sheet

자산 Assets	부채 Liabilities
첫 번째 계층 first layer	두 번째 계층 second layer
금 Gold	영란은행 지폐 BoE Notes
영국 국채 U.K. Bonds	영란은행 예치금 BoE Deposits

민간 부문 대차대조표 Private Sector Balance Sheet

자산 Assets	부채 Liabilities
두 번째 계층 second layer	세 번째 계층 third layer
영란은행 지폐 BoE Notes	예금 Deposits
영란은행 예치금 BoE Deposits	환어음 Bills of Exchange

영란은행은 금과 국채 같은 실물 또는 준실물 자산(첫번째 계층)을 보유하며, 이를 바탕으로 영란은행 지폐(BoE Notes)와 민간 은행 계정 잔고(BoE Deposits)로 구성된 중앙은행 화폐(두 번째 계층)를 발행한다. 이는 민간 부문(Private Sector) 또는 민간 은행의 자산이 되며, 민간 부문은 이를 기반으로 예금(Deposits)과 환어음(Bills of Exchange) 같은 신용 기반 화폐(세 번째 계층)를 만들어낸다.

(출처: Saylor.org)

가 아니라, 약속 자체로 기능하는 기호 체계가 된 것이다. 영란은행의 신뢰 피라미드도 본질은 메디치의 그것과 동일하다. 다만 금의 자리를 국가 채무가 대체했을 뿐이다. 국가의 신용이 국채의 형태로 최하단을 떠받들고, 영란은행은 그 위에서 법정통화를 발행하며, 민간 부문은 이를 바탕으로 신용을 확장한다.

국채는 금과 달리 물질적 제약이 없다. 발행량을 조절할 수 있고, 회수할 수도 있으며, 만기와 금리 역시 정책적으로 설계할 수 있다. 금에 비해 훨씬 더 유연하고, 기능적이며, 정치적 조정이 가능한 자산이다. 1694년 영란은행의 설립으로부터 시작된 현대 금융 시스템은 국채를 기초로 한 신뢰의 피라미드 위에 세워져 있다. 고대 인도의 거북이와 뱀처럼, 이 구조는 이제 물리적 실체 없이도 유지된다. 실체 없는 약속이지만, 그 약속에 대한 믿음만으로도 체계는 무너지지 않는다. 바로 이 믿음의 구조가 우리가 살아가는 화폐 세계의 실체다.

무위험 자산이라는 신화와 유동성의 기술

현대 금융 시스템의 구조

여러 차례 강조했듯이, 오늘날의 미국 국채는 단순한 국가 부채나 투자 자산이 아니다. 그것은 현대 금융 시스템을 지탱하는 핵심 구조물이자, 유동성Liquidity, 안전성Safety, 안정성Stability을 동시에 제공하는 '기축 신뢰 자산'이다. 금 본위 시대가 저물고 새로이 형성된 질서 속에서, 국채는 통화 발행의 담보이자 자산 평가의 기준점, 신용 창출의 핵심 인프라로 기능한다. 은행, 보험사, 연기금, 머니마켓펀드MMF는 물론, 전 세계 중앙은행들까지 미국 국채를 담보 자산으로 활용하고 있다.

이 시스템의 작동 원리를 구조적으로 이해하려면, 겉으로 보이는 달러라는 표면적 통화가 아니라, 그 배후에서 달러를 가능하게 만드는 신뢰의 피라미드를 들여다보아야 한다. 가장 하단, 즉 첫 번째 계층에는 미국 국채U.S. Treasuries가 자리한다. 연방준비제도는 이 국채를 자산으로 보유하고, 이를 근거로 두 번째 계층에 해당하는 지급준비금Reserves과 지폐를 발행한다. 여기서 지급준비금은 상업은행이 연준에 보유한 계좌 잔고이며, 은행 간 결제와 유동성 관리의 핵심 수단으로 기능한다. 두 번째 계층에는 MMF와 같은 비은행 금융 주체도 포함된다. MMF는 단기 자금 시장에서 안정성과 유동성을 추구하는 투자자들을 위한 집합투자기구로, 국채, 기업어음CP, 양도성예금증서CD 등 만기가 짧고 신용도가 높은 단기 금융 상품에 투자하여 운용되는 펀드를 의미한다. 이 MMF는 상업은행과는 다른 방식으로 금융 시스템 내에서 유동성 공급자로 기능하며, 국채 보유를 통해 단기 자금시장에서 중요한 역할을 한다.

그 위, 세 번째 계층에는 상업은행이 창출한 예금과 MMF가 발행한 MMF 수익증권MMF shares과 같은 유사 화폐 상품 및 파생상품이 자리한다. 상업은행은 중앙은행의 지급준비금을 기반으로 대출을 실행하는데, 이 과정에서 민간 부문에 예금이 형성된다. 이 예금은 은행의 부채인 동시에, 민간이 일상적으로 사용하는 주요 유동성 수단이다. 예금은 다시 다양한 신용 상품의 기초가 되며, 실물경제와 자본시장으로 자금을 확산시키는 매개가 된다. MMF 지분 또한 유동성 공급수단으로 기능하는데, 이는 투자자의 자금을 단기 금융자산에 투자하여 운용하고, 그 결과에 따라 수익이 결정되는 단기 유동성 상품이다. MMF 수익증권은 기업과 기관 투자자들이 은행 예금처럼 활용하는 자금 운용 수단으로, 그 신뢰와 안정성은 궁극적으로 MMF가 보유한 국채의 품질에 의존한다.

결국 현대 금융 시스템의 모든 계층—연방준비제도의 지급준비금과 지폐, MMF와 같은 비은행 주체의 국채 기반 운용 자산, 상업은행의 예금과 대출, MMF 지분과 같은 유사 화폐 상품, 그리고 우리가 일상에서 사용하는 모든 결제 수단—은 미국 국채라는 기초 자산 위에 세워져 있다. 만약 국채가 존재하지 않는다면, 연준은 통화 공급을 지속할 수 없고, 상업은행은 신용 창출의 담보를 확보할 수 없으며, 비은행 금융 부문은 유사 화폐 기능을 수행하는 상품을 설계할 수 없다. 이러한 이유로 미국 국채는 단순한 국가 채무를 넘어, 현대 법정통화 체제 전체를 작동 가능하게 만드는 '기축 신뢰 자산'으로 기능하고 있는 것이다.

[그림 11] 달러 시스템의 유동성 피라미드 구조

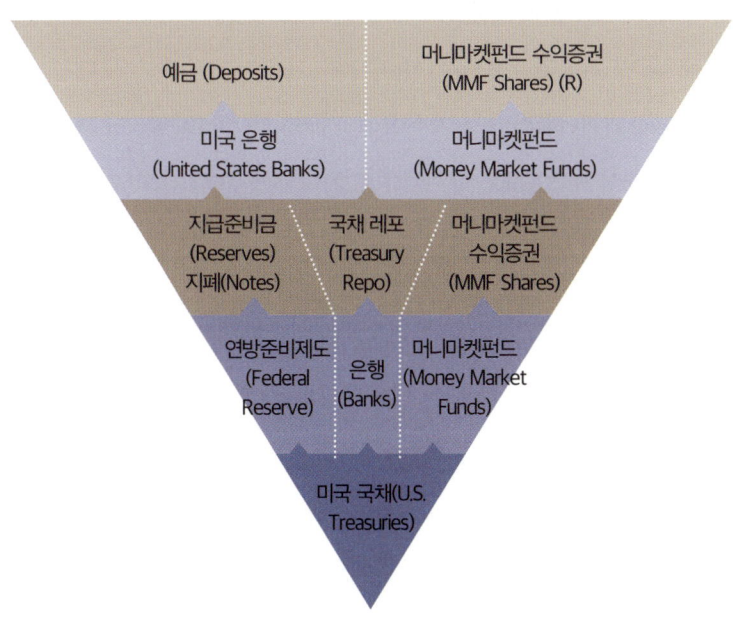

현대 금융 시스템은 미국 국채(U.S. Treasuries)를 기초로, 연방준비제도의 지급준비금(Reserves), 국채 레포(Treasury Repo), 머니마켓펀드(MMF)의 유동성을 중간층에 두고, 그 위에 은행 예금(Deposits)과 MMF 수익증권(MMF Shares) 같은 민간 자산이 파생된 구조를 이룬다. 이 역피라미드는 현대 금융 시스템이 실물 자산이 아닌 '신뢰'를 기반으로 하며, 기저의 약속에 대한 집단적 믿음이 상층 전체를 지탱하는 구조를 보여준다.
(출처: Saylor.org)

만기에 따른 국채의 종류

미국 국채는 만기 구조에 따라 단기T-Bills, 중기T-Notes, 장기T-Bonds로 나뉜다. 이 삼중 구조는 단지 만기 구분에 그치지 않는다. 그것은 유동성, 수익성, 안정성이라는 상충하는 요소들을 균형 있게 분산시키는 설계이자, 신뢰를 단계적으로 배분하는 구조적 기획이기도 하다.

단기 국채인 T-Bills는 만기 1년 이하로, 이자를 따로 지급하지 않고 할인된 가격에 발행된다. 예컨대 100달러짜리 T-Bills를 98달러에 사는 사람은 만기 시 2달러를 수익으로 얻는 구조다. 짧은 만기로 인해 금리 변동에 덜 민감하고, 유동성이 뛰어나며, 가격이 안정적이기 때문에 레포Repo 시장에서 핵심 담보 자산으로 기능한다. T-Bills는 단기 기준금리SOFR가 형성되는 담보 시장의 주요 기초 자산으로 글로벌 단기 자금 시장의 토대를 이룬다. 금융기관 입장에서는 현금에 가장 가까운 안전자산으로 간주되며, 위기 시기에는 현금보다 선호되는 경우도 많다.

중기 국채인 T-Notes는 보통 만기 2년에서 10년 사이로 설정되며, 6개월마다 이자를 지급하는 쿠폰형 상품이다. 이들 중에서도 10년 만기 T-Notes는 '무위험 이자율Risk-Free Rate'의 글로벌 기준으로 자리잡았다. 주식, 부동산, 파생상품을 비롯한 거의 모든 자산의 기대수익률과 평가 기준이 이 금리를 기준점으로 삼고 있기 때문이다. T-Notes는 금리 변화에 상대적으로 민감하지만, 여전히 안전성과 유동성을 동시에 확보한 자산이다. 따라서 기관 투자자뿐 아니라 개인 투자자들도 이를 선호한다.

T-Bonds는 20~30년 만기의 장기 국채로, 장기 투자에 적합한 고정 수익 자산이다. 금리 변동에 가장 민감하지만, 만기 보유 시 장기적 안

정성과 예측 가능한 현금 흐름을 제공하기 때문에 연기금, 보험사, 자산운용사와 같은 기관 투자자들의 포트폴리오에서 중요한 역할을 담당한다. 특히 기관 투자자들은 자산과 부채의 만기를 일치시키려는 자산-부채 관리Asset-Liability Management, ALM 전략의 일환으로 장기 국채를 적극적으로 활용하고 있다. ALM은 미래 시점에 발생할 부채나 지급 의무에 대응하기 위해, 그 시점까지 안정적으로 수익을 창출할 수 있는 자산을 미리 확보하는 전략이다. 예컨대 연기금은 수십 년 후에도 계속해서 연금을 지급해야 하므로, 장기 국채를 통해 만기와 현금 흐름을 맞추는 방식으로 위험을 최소화한다. 장기 금리는 인플레이션 기대, 성장률 전망, 통화정책의 방향성 등 거시경제의 미래 신호를 반영하는 지표이기도 하다. 이에 따라 T-Bonds는 장기적 자산 배분 전략뿐만 아니라 거시경제 분석에서도 핵심적인 지표로 활용된다.

이처럼 만기 구조에 따라 상이한 역할을 수행하는 미국 국채는, 각각의 수단이 유동성, 수익성, 안정성을 상이한 방식으로 조합하며 금융 시스템 전반에 기여하고 있다. 그런데 이 모든 역할이 가능하려면, 시장이 미국 국채 전반에 대해 공통된 전제를 공유하고 있어야 한다. 그 전제는 바로 국채가 '무위험 자산Risk-Free Asset'이라는 것이다. 그렇다면 어떤 요소들이 이러한 전제를 성립시키고 지속시키는가? 이제 미국 국채가 '기축 신뢰 자산'으로 작동할 수 있는 구조적 조건들을 보다 체계적으로 살펴보자.

첫째, 미국 국채는 대규모 발행과 높은 유동성, 그리고 법적·정치적·제도적으로 보장된 상환 능력을 바탕으로 지급 불이행 가능성이 극히 낮다. 이러한 안정성 때문에 시장은 미국 국채를 사실상 무위험 자산으로 인식한다. 이러한 인식은 일부 투자자들의 믿음에 그치지 않고,

회계 규칙, 금융 규제, 국제 협약 등 제도적 장치에서도 명확히 드러난다. 예컨대, 은행의 건전성 및 안정성 유지를 위해 국제적으로 합의된 은행 감독 기준인 바젤 기준Basel Accords에서는 미국 국채를 위험 가중치 0% 자산으로 분류한다.[45] 국제회계기준International Financial Reporting Standards, IFRS 및 GAAPGenerally Accepted Accounting Principles(일반적으로 인정된 회계 원칙) 회계 기준 또한 이를 안전 자산으로 인식한다. 또한, 각국의 중앙은행은 미 국채를 외환보유고의 핵심 자산으로 편입하고 있다. 이러한 제도적 인정이 곧 국채의 신뢰를 제도화하며, 시장에서 '무조건 수용되는 담보'로 기능할 수 있는 기반을 제공한다.

둘째, 미국 국채는 다양한 금융기관들이 단기 유동성을 확보하기 위해 담보로 사용하는 표준 자산이다. 레포 시장에서 국채는 가장 선호되는 담보로 기능하며, 이를 통해 단기 유동성이 공급되고 신용이 창출된다. 이 구조 안에서 국채는 자산 유동화와 자금 조달의 연결 고리로 작동한다.

셋째, 미국 국채는 중앙은행의 통화정책과도 깊이 연결되어 있다. 연준은 국채를 사고파는 방식으로 시중에 유통되는 돈의 양을 조절하는데, 이를 '공개시장조작Open Market Operations'이라고 한다. 예를 들어, 연준이 국채를 사들이면 시중에 돈이 풀리고, 국채를 시장에 내다 팔면 돈이 회수된다. 이렇게 해서 물가와 금리의 급격한 변동을 완화하고, 경제 전체의 안정성을 조율할 수 있는 것이다. 또한 미국 재무부는 국채의 발행 시기와 만기 구성, 금리 조건 등을 전략적으로 조정해 글로벌 투자자들의 수요와 자금 흐름에 영향을 미친다. 이런 점에서 미국 국채는 통화정책과 금융정책의 핵심 수단으로 작동한다.

넷째, 국채에 대한 신뢰는 미국 금융 시스템의 안정성뿐 아니라, 글로벌 금융 질서 전체의 지속 가능성을 뒷받침한다. 국채는 MMF, 보험사, 연기금, 중앙은행의 준비자산 등으로 편입되며, 다양한 기관의 자산·부채 구조에 통합되어 있다. 따라서 국채의 신뢰도가 흔들릴 경우, 글로벌 자산 가격의 하락을 넘어 신용 창출 구조 전체의 균열로 이어질 수 있다.

결국 미국 국채는 단순한 수익 창출 수단 또는 안전한 투자 자산이 아니다. 그것은 현대 금융 시스템을 가능하게 만드는 인프라이며, 법과 제도, 예측 가능성 위에 세워진 '기축 신뢰 자산'이다. 이 구조가 유지되는 한, 미국 국채는 언제나 '무위험 자산'이라는 상징적 위상을 유지할 수 있다.

담보 거래와 유동성의 기술: 레포

현대 금융 시스템은 본질적으로 유동성의 순환 구조 위에 세워져 있다. 자산을 담보로 유동성을 이전하는 다양한 메커니즘이 금융의 혈관처럼 작동하여, 자금이 과잉된 곳과 부족한 곳을 연결한다. 그러나 이 유동성은 단순한 자금 흐름이 아니라, 법적 구조, 회계 기준, 기술 인프라, 시장 관행, 그리고 신뢰라는 비물질적 요소들이 상호작용하며 구성한 복합적 질서다. 이 질서를 기술적으로 설계하고 전략적으로 배분하는 핵심 장치 중 하나가 바로 환매조건부채권 거래, 즉 레포Repurchase Agreement, Repo, RP이다. 레포는 단기 유동성을 공급받기 위한 금융기관 간 담보 거래이자, 현대 금융의 작동 원리를 가장 집약적으로 드러내는 기술적 플랫폼이다.

[그림 12] 레포와 역레포

레포(자금 조달자 입장)와 역레포(자금 제공자 입장)는 같은 거래의 양면으로 자산을 담보로 자금을 조달하고 다시 자산을 회수하는 과정이다. 그림은 자산 보유자와 자금 보유자 간의 계약 구조와 가격 차이를 시각적으로 보여준다.
(출처: https://www.investopedia.com/terms/r/reverserepurchaseagreement.asp)

레포 거래는 본질적으로 단기 자금 조달을 위한 담보 대출이다. 이는 한 금융기관이 자산을 담보로 맡기고, 다른 기관으로부터 하루 또는 수일 단위의 자금을 조달한 뒤, 일정 기간이 지나 동일 자산을 약정된 가격에 되사기로 하는 계약 구조로 이루어진다. 겉으로는 채권의 매도와 재매입처럼 보이지만, 실질적으로는 자산을 담보로 유동성을 빌리는 대출 계약에 해당한다. 이때 자금을 공급하는 측에서는 동일한 거래가 '역레포Reverse Repo'가 된다.

레포 거래에서 가장 중요한 요소는 담보 자산의 신뢰성과 시장 수용성이다. 모든 자산이 담보로 인정되는 것은 아니며, 거래 상대 역시 임의로 정해질 수 없다. 가장 신뢰받는 담보는 단연 미국 국채이다. 그 외에 AAA등급 자산유동화증권Asset Backed Securities, ABS, 주요국의 국채 등 소수의 고신용 자산도 담보로 사용된다. 담보의 신용도가 높을수록 금리는 낮아지고 유동성 조달 여건은 유리해지는데, 이때 적용되는 핵심 개념이 바로 '헤어컷Haircut'이다. 헤어컷은 담보 자산의 신용등급, 시장 유동성, 가격 변동성 등을 반영하여, 담보 자산의 명목 가치보다 낮은 비율로 실제 가치를 인정하는 조정 계수다. 담보 자산의 질이 떨어질수록 헤어컷 비율은 커진다. 그렇기 때문에 명목상 동일한 가치를 지닌 자산이라도 유동화 가능성과 조달 금리는 다를 수 있다. 결과적으로 레포 시장은 자산 간의 유동성 위계를 구성하며, 이는 금융 시스템 전반의 신용 흐름을 결정짓는 구조적 기준이 된다.

이러한 구조는 오늘날 금융 시스템이 점차 '자산 기반 신용 체계Asset-Based Credit System'로 이행하고 있음을 보여준다. 전통적으로는 차입자의 상환 능력이나 사업 전망이 신용 평가의 중심이었다면, 이제는 보유 자산을 얼마나 안정적으로 담보화할 수 있는지가 금융기관의 신용과 생존 가능성을 결정한다.

레포 거래는 그 구조 자체가 신용의 재구성과 유동성 공급의 자동화를 가능하게 만든다. 예컨대 1억 달러 규모의 국채를 담보로 맡기고 9,500만 달러를 조달한 뒤, 그 자금으로 다시 국채를 매입하고 이를 담보로 또 다른 레포를 체결하는 방식으로 레버리지가 중첩될 수 있다. 이처럼 레포는 자산의 회전율을 극대화하고, 정교한 레버리지 구조를 설계할 수 있는 금융 기술로 작동한다.*

레포가 이러한 기능을 수행할 수 있는 것은 그 독특한 회계적·법적

---

* 만약 미국 국채 헤어컷이 1%라면, 이는 담보로 제공된 국채 가치의 99%만큼 자금을 빌릴 수 있다는 의미이다. 이렇게 빌린 자금으로 다시 국채를 매입하고 이를 다시 담보로 제공하여 자금을 조달하는 순환 투자를 반복하면, 원금 대비 몇 배의 레버리지가 가능하다. 예를 들어,
    헤어컷 1%: 1 / 0.01 = 원금의 100배까지 채권투자 가능
    헤어컷 5%: 1 / 0.05 = 원금의 20배까지 채권투자 가능

구조 덕분이다. 레포 거래에서는 담보 자산의 법적 소유권이 일시적으로 이전되지만, 회계상으로는 '매도'가 아닌 일종의 '담보 대출'로 처리된다. 이로 인해 해당 자산은 재무제표에서 제거되지 않으며, 동일한 자산을 반복적으로 유동화하는 것이 가능해진다. 이러한 회계상의 유연성은 1984년 미국 연방파산법 개정을 통해 제도적으로 더욱 강화되었다. 해당 개정은 레포 거래를 파산 절차의 예외로 규정하여, 채무자가 파산하더라도 채권자가 담보 자산을 우선적으로 회수할 수 있는 법적 안전장치를 제공한다.[46] 이처럼 레포의 회계적·법적 구조는 금융 시스템이 위기 상황에서도 신뢰를 유지하는 데 핵심적인 역할을 한다.

또한 레포는 신용 리스크를 거래 상대방이 아닌 담보 자산에 이전함으로써 거래 비용을 낮춘다는 장점이 있다. 상대방에 대한 신용 평가나 실사 없이도 자산 자체의 신뢰도만으로 거래가 가능하며, 무담보 대출에 비해 낮은 금리로 자금을 조달할 수 있다. 게다가 일반적으로 자금 사용에 제한이 없고 만기 시 계약에 따라 담보가 즉시 회수될 수 있어, 유연성과 자율성이 높다.

이러한 특성 덕분에 레포는 단순한 레버리지 수단을 넘어, 금리 차익 전략이나 포지션 롤오버Position Rollover 등 금융 전략의 핵심 인프라로 기능한다. 특히 만기 도래 자산을 청산하지 않고 동일 조건으로 연장하는 전략 운용에 핵심적으로 사용된다. 대형 투자은행과 헤지펀드는 이러한 레포 구조를 활용하여 자산 운용 전략을 구현한다. 이들은 국

헤어컷 10%: 1 / 0.10 = 원금의 10배까지 채권투자 가능
헤어컷 20%: 1 / 0.20 = 원금의 5배까지 채권투자 가능
이처럼 헤어컷 비율이 낮을수록 금융기관은 더 적은 자기 자본으로 더 많은 자산을 운용할 수 있어 높은 레버리지를 일으킬 수 있다.

채, MBS, 고신용 ABS 등 유동성과 안정성이 높은 자산을 반복적으로 레포에 투입함으로써, 자산 보유와 유동성 조달을 동시에 최적화한다. 특히 레포 시장에서의 낮은 금리와 높은 회전율은 상대적으로 위험도가 낮은 포지션에서도 의미 있는 수익률을 확보할 수 있도록 해준다.

이처럼 레포는 단순한 자금 조달 수단을 넘어, 자산 유동화, 신용 창출, 리스크 절연, 회계 유연성을 아우르는 고차원의 금융 기술이다. 유동성, 신뢰, 법제, 회계, 전략이 교차하는 이 구조는 오늘날 금융 시스템의 보이지 않는 엔진으로 작동하며, 국채라는 담보 자산의 신뢰도가 유지되는 한 계속해서 글로벌 금융 질서의 핵심 인프라로 기능할 것이다.

금융 기준의 전환: LIBOR에서 SOFR로

레포 거래가 자산을 담보로 한 단기 자금 조달의 핵심 메커니즘이라면, SOFR_{Secured Overnight Financing Rate}은 그 구조에서 파생된 지표이자, 현대 금융 시스템이 작동하는 방식을 응축해 보여주는 가격의 언어다. SOFR은 미국 국채를 담보로 체결된 오버나이트 레포 거래에서 실질적으로 형성된 금리를 의미한다. 이는 시장의 유동성 상태와 신용 환경, 통화정책에 대한 기대, 시스템 전반의 신뢰 수준까지 압축적으로 반영하는 진단 지표로 기능한다.

SOFR의 움직임은 연준의 통화정책과 긴밀하게 연동되어 있다. 여기서 중심에 놓인 금리가 바로 연방기금금리_{Federal Funds Rate, FFR}다. FFR은 미국 내 은행들이 하루 동안 초과준비금을 서로 빌리고 빌려줄 때 적용되는 단기 금리로, 연준이 경기 상황에 따라 목표 범위를 설정하고 관리하는 정책금리의 기준점이다.** 연준은 FFR이 자신이 설정한 범위 내에서 안정적으로 유지되도록 다양한 수단을 동원하고, 시장금리인 SOFR이 이 목표와 괴리되지 않도록 조정함으로써 통화정책의 실효성을 확보한다.

과거에는 이 역할을 LIBOR_{London Inter-Bank Offered Rate}가 일정 부분 담당했다. LIBOR는 런던 소재 주요 은행들이 무담보로 자금을 빌려줄 때 적용할 것으로 예상하여 제출한 금리들을 평균하여 산출된다. 오랜 기간 동안 글로벌 대출 계약, 파생상품, 변동금리 채권의 기준금리로 활용되었지만, 2008년 글로벌 금융위기와 2012년의 조작 스캔들 이후 구조적 신뢰를 상실하게 되었다.[47] 특히 거래 기반이 아닌, 추정에 기반한 '제출형 지표'라는 점에서 조작 가능성이 제기되었고, 결국 LIBOR는 2023년 공식 폐지되었다.[48]

그 대안으로 부상한 것이 바로, 매 영업일 미국 국채를 담보로 한 레포 시장에서 체결된 수조 달러 규모의 실거래 데이터를 기반으로 산출되는 SOFR이다. 이는 미국 국채라는 가장 신뢰받는 담보 자산 위에서 형성되기 때문에 신용위험의 영향을 거의 받지 않는다. 이 점에서 SOFR은 '무위험 지표금리_{Risk-Free Rate}'로 간주되며, 단기 금융시장에서 가장 순수한 형태의 금리 신호로 기능한다. 무엇보다 SOFR의 등장은 금융 시스템이 '신뢰 기반 지표'에서 '데이터 기반 지표'로 전환하는 패

** 연방기금금리는 원래 미국 내 은행들이 의무적으로 보유해야 하는 지급준비금 중 남는 자금(초과준비금)을 서로 하루 동안 빌려주고 빌릴 때 적용되는 금리였다. 그러나 2008년 금융위기 이후, 연방준비제도(Fed)는 은행들이 연준에 예치한 지급준비금에 대해 이자를 지급하기 시작했다.
이 조치로 인해 은행들은 다른 은행에 자금을 빌려주기보다 연준에 지급준비금을 예치해 안정적인 이자를 받는 쪽을 선호하게 되었다. 그 결과 전통적인 연방기금금리 시장의 거래 규모는 급감했고, 과거처럼 활발하게 작동하지 않게 되었다. 즉, 연방기금금리는 여전히 연준의 핵심 정책금리로 남아 있지만, 그 목표를 달성하는 방식은 이제 은행 간 대출 시장이 아니라 IORB를 통한 연준의 직접적 금리 통제가 중심이 되고 있다.

러다임의 이동을 상징한다.

연준은 SOFR이 통화정책의 목표와 괴리되지 않도록 세 가지 주요 수단을 통해 시장 금리를 조율한다.

첫째, 역레포 금리Reverse Repo Rate, RRP 조절이다. 이는 연준이 초과 유동성을 흡수할 때 사용하는 핵심 도구다. 연준은 보유한 국채를 금융기관에 일시적으로 매도하고, 일정 기간 후 재매입하는 조건으로 자금을 흡수한다. 이 과정에서 금융기관은 국채를 담보로 받고 연준에 단기 자금을 빌려주는 대가로 이자를 받는다. 이때 적용되는 금리가 바로 역레포 금리다. 이 금리가 높아지면 시중 자금은 연준으로 몰리고, 유동성은 감소하며, 결과적으로 SOFR은 상승한다. 반대로 금리를 낮추면 자금은 다시 시장으로 흘러가며 금리는 하락하게 된다.

둘째, 지급준비금에 대한 이자Interest on Reserve Balances, IORB 조절이다. 2008년 금융위기 이후 도입된 IORB는 연준이 시중은행들이 보유한 초과 지급준비금에 대해 매일 지급하는 이자를 의미한다. IORB는 연방기금금리의 상단 가이던스로 작용하며, 시장참여자들에게 "이 이하의 금리로는 자금을 빌려줄 필요가 없다"는 신호를 준다. 연준이 IORB를 인상하면 은행들은 그 자금을 시장에 내놓기보다 연준에 예치하여 안정적인 수익을 추구하게 된다. 따라서 IORB의 인상은 유동성 축소와 금리 상승 요인으로 작용한다. 반대로 IORB를 낮추면 자금은 다시 민간 시장으로 흘러 들어가게 된다.

셋째, 레포 시장에 대한 직접 개입이다. SOFR이 단기간 급등할 경우, 연준은 직접 자금을 공급하여 금리 안정을 유도한다. 대표적인 사례가 2019년 9월에 있었다. 당시 세금 납부일과 국채 결제일이 겹치면서 일시적인 유동성 부족 사태가 발생했고, SOFR은 하루 만에 2.6%포인트 이상 급등했다.[49] 이에 연준은 긴급 레포 거래를 통해 자금을 즉시 공급하며 시장을 안정시켰다. 이후 연준은 이러한 급등 상황에 구조적으로 대응하기 위해 상설 레포 제도Standing Repo Facility, SRF를 도입했다.[50] SRF는 사전에 정해진 금리로 언제든 유동성을 공급할 수 있는 상설 창구로, 평상시에는 활용도가 낮지만, 시장 스트레스 상황에서는 최후의 수단이자 신뢰의 닻으로 작동한다.

SOFR은 이처럼 시장의 상태를 반영하는 동시에, 연준의 정책 의지를 구현하는 실행값으로 기능한다. 즉, 연방기금금리가 통화정책의 방향을 설정하는 목표값이라면, SOFR은 그 목표가 시장에서 실현되고 있는지를 측정하고 조율하는 피드백 지표이자 조정 변수다. 연준은 이 두 지표 간의 괴리를 지속적으로 모니터링하며, 정책 수단의 강도와 시점을 조정하고 있다.

정리하자면, SOFR은 담보의 신뢰성, 거래 구조, 유동성 조절 장치, 중앙은행의 정책 수단이 정교하게 결합된 시스템 금리다. 그리고 그것은 중앙은행의 의지와 시장의 현실이 만나는 플랫폼의 중심에서 매일 새로운 유동성의 가격을 쓰고 있다.

신뢰의 역설: 위기 속에서 더 강해지는 약속

미국 국채는 현대 금융 시스템 전체가 공유하는 하나의 제도적 약속이다. 그 신뢰는 정치적 권력, 제도적 관행, 그리고 무엇보다 반복되는 위기 속에서도 지속적으로 자리잡은 믿음의 관성에 기반한다. 그런데 아이러니한 것은 이 신뢰가 시험대에 오를 때 오히려 더 강해진다는 사실이다. 부채 한도 협상 파행이나 신용등급 강등과 같은 사건이 발생해도, 자본은 도리어 더 빠르게 미국 국채로 회귀한다. 이것이 바로 '신뢰의 역설Paradox of Trust'이다.

연기금과 보험사, MMF, 글로벌 은행과 중앙은행에 이르기까지 주요 금융기관들은 미국 국채를 준비자산이자 거래 담보로 활용한다. 각국의 외환보유 전략 역시 미국 국채를 중심축으로 삼는다. 또한 앞서 언급한 바와 같이, 국제 회계 기준과 바젤 건전성 규제는 미국 국채를 위험가중치가 0%인 자산으로 분류하고 있다.

더욱이 국채는 자산 간 위계질서를 매개하는 신뢰의 기준 축으로 기능한다. 어떤 자산이 레포 거래에서 담보로 인정되는가, 어떤 기관이 유동성을 보다 낮은 금리로 조달할 수 있는가 하는 결정은 모두 국채와의 상대적 신뢰 거리에서 비롯된다. 미국 국채는 단지 신뢰받는 자산이 아니라, 신뢰를 구성하는 단위Unit of Trust 그 자체다.

이러한 사실은 미국 국채에 대한 신뢰야말로 금융 시스템 전체가 공유하는 구조적 전제임을 드러낸다. 그런데 이 전제는 순환적이다. 국채는 신뢰받기 때문에 더 많이 보유되고 더 많이 거래되며, 결과적으로 더 불가결한 존재가 된다. 특히 시장 불안이 증폭될 때 참여자들은 수익률보다 담보력을 기준으로 포트폴리오를 재편하는데, 이때 유일하게 '무조건 수용 가능한 담보'로 인정되는 것이 바로 미국 국채다. 즉, 국채는 신용의 위기 속에서 더욱 필수적인 자산이 된다.

문제는 이 신뢰 구조가 미국이라는 단일 국가에 집중되어 있다는 데 있다. 미국은 자국 통화로 국채를 발행하고, 자국 중앙은행을 통해 유동성을 공급하며, 회계와 법적 기준을 스스로 설정할 수 있는 특권을 가진다. 이처럼 전 지구적 금융 질서의 정합성은 하나의 정치 질서와 화폐 주권에 의해 지탱되고 있다. 이러한 집중은 효율성과 일관성을 제공하지만, 동시에 대체 불가능성과 구조적 취약성을 내포한다. 다시 말해, 신뢰가 집중된 자산군이 시스템 전반의 기준으로 작동할 때 해당 자산의 붕괴는 곧 전체 시스템의 붕괴로 이어지고 만다.

구조적 균열과
새로운 담보 실험

레포 거래의 양면성:
레버리지와 유동성 위기

레포는 자산의 반복 활용을 통한 회계상의 레버리지 구성, 법적 안전장치에 근거한 위험 절연, 중앙은행의 정책 개입 가능성까지 포함된 고도로 정교한 기술 시스템이다. 하지만 바로 그 정교함이 역설적으로 시스템 전반에 구조적 불안정성을 내포하게 만든다. 이 모든 설계는 '담보 자산에 대한 지속적이고 절대적인 신뢰'라는 하나의 전제 위에 구축되어 있기 때문이다.

그러나 금융 시스템에서 신뢰는 고정된 속성이 아니다. 시장의 기대와 불안, 정책 변화와 심리적 반응에 따라 신뢰의 수준은 급격히 요동칠 수 있다. 담보에 대한 신뢰가 흔들리는 순간, 자산에 대한 헤어컷이 확대되거나, 거래 상대방이 해당 자산을 더 이상 담보로 수용하려 하지 않게 된다. 이는 개별 거래 단절을 넘어 레포 시장 전반의 유동성을 경색시키는 구조적 위기로 이어질 수 있다. 이와 같은 불안정성은 단기 금리 지표인 SOFR에도 직접적인 영향을 미친다. SOFR는 미국 국채를 담보로 한 레포 거래에서 형성되는 실질 금리에 기반하기 때문에, 담보 자산에 대한 신뢰가 약화되면 금리가 급등하거나 왜곡될 수 있다. 이는 단기 금리 체계 전반에 불확실성을 초래하고, 금융 시장으로 전염될 위험을 내포한다.

이러한 시스템적 취약성은 위기 상황에서 몇 가지 구체적인 방식으로 현실화된다. 우선, 담보 가치 하락과 마진콜Margin Call이 발생할 수 있다. 레포 거래에서 담보로 제공된 미국 국채의 가격이 하락하면, 자금을 제공한 쪽은 담보 가치가 줄어든 만큼 손실을 보전하기 위해 추가 담보를 요구하는데, 이를 마진콜이라고 한다. 만약 자금을 차입한 쪽이 이 요구를 이행하지 못하면, 제공된 담보는 시장에서 강제 청산된다. 이러한 강제 청산은 특히 담보 자산이 레버리지 구조에 얽혀 있거나, 동일한 자산을 다수 기관이 담보로 활용하고 있는 경우, 추가적인 매도 압력으로 작용할 수 있다. 이로 인해 가격 하락이 확산되고, 연쇄적인 마진콜과 신용 경색으로 이어지는 악순환이 유발될 수 있다.

시스템의 취약성은 유동성 경색의 방식으로 드러나기도 한다. 국채의 가격 변동성이 커지거나 담보로서의 매력이 떨어지면 레포 거래는 급속히 위축될 수 있다. 이로써 단기 자금 조달 경로가 차단되면 금융 기관 전반에 신용 경색이 확산된다. 이는 2020년 코로나19 팬데믹 초기에 레포 시장의 유동성 경색이 시스템 위기를 증폭시킨 사례에서 극명하게 드러났다. 또한 위기 상황에서 헤어컷이 확대될 수도 있다. 담보 자산의 신뢰도가 낮아지면 자금 제공자가 더 높은 할인율을 요구하게 되고, 동일한 담보로 조달할 수 있는 자금이 줄어든다. 이는 자금 운용을 위축시키고, 시스템 전반의 레버리지를 축소시키는 방향으로 작용한다. 레버리지 축소는 다시 자산 매각과 유동성 악화를 초래하며, 시장 신뢰는 또다시 시험대에 오른다.

동일한 자산이 반복적으로 레포 거래에 활용되는 구조는 금융기관이 적은 자본으로도 큰 포지션을 구축할 수 있게 만들어, 시장이 상승할 때에는 수익률을 극대화한다. 하지만, 하락 국면에서는 연쇄적인 청산을 촉발시켜 위기의 속도를 배가시킨다. 결국 이러한 구조는 기술적으로 아무리 정교하게 설계되었더라도 시스템이 감당할 수 있는 신뢰의 임계치를 초과할 경우에는 순식간에 붕괴될 수 있다.

더욱 문제인 것은, 이러한 시스템 리스크가 회계나 통계 수치로는 잘 드러나지 않는다는 점이다. 레포 거래는 형식상 채권의 매도 후 환매 계약으로 이루어지지만, 회계적으로는 대개 자산의 소유권이 이전되지 않은 것으로 간주되며, 차입자로서의 의무가 계속해서 장부에 반영된다. 그러나 동일한 자산이 반복적으로 레포 담보로 활용되거나, 복잡한 파생상품 구조와 결합될 경우, 금융기관의 실질적인 레버리지 수준은 겉으로 드러난 것보다 훨씬 클 수 있다. 시장 참여자들은 이러한 구조적 취약성을 실시간으로 파악하기 어렵다. 따라서 담보 자산군에 대한 신뢰가 흔들릴 경우 예상보다 훨씬 빠른 속도로 전체 시스템이 연쇄적으로 마비될 수 있다.

이러한 구조적 취약성은 이미 여러 차례의 위기를 통해 현실화되었다. 2008년 글로벌 금융위기 당시, 서브프라임 모기지를 기초로 한 자산유동화증권은 돌연 담보 자산으로서 신뢰를 상실했고, 이를 기초로 구축된 레포 거래는 일순간에 붕괴되었다.[51] 주요 금융기관들은 유동성의 순환고리를 잃고 연쇄적인 청산과 파산에 직면했으며, 그 결과 금융 시스템 전체가 마비 상태에 빠졌다. 이 위기의 본질은 단순한 가격 하락이 아니라, 위기 국면에서 신뢰를 잃은 담보가 금융 시스템 전체의 작동을 멈추게 할 수 있다는 점에 있었다. 기술적으로 정교하게 설계된 레포 구조는, 신뢰라는 보이지 않는 전제가 무너지는 순간 오히려 위기의 확산 경로가 되었던 것이다.

비슷한 취약성은 2020년 3월, 코로나19 팬데믹 초기에도 드러났다. 세계 금융시장이 극도의 불확실성에 빠지자 투자자들은 대규모 현금 확보에 나섰고, 심지어 미국 국채마저 대거 매도하기 시작했다. 국채 가격은 급락했고, 레포 거래에 사용되던 '무위험 담보'는 갑작스레 유동성과 신뢰를 동시에 상실했다. 단기금리는 급등했고, 레포 시장은 사실상 마비되었으며, 전체 단기자금 시장이 붕괴 직전에 몰렸다. 이에 연준은 총 1조 달러 규모의 비상 레포 프로그램을 긴급 발동했다.* 이 사건은 전통적으로 가장 안전하다고 여겨졌던 미국 국채조차도 위기 상황에서는 담보로서의 기능을 상실할 수 있음을, 그리고 그 순간 레포 시스템 전체가 정지할 수 있음을 명확히 보여주었다.

결국 레포는 평시에는 금융 시스템의 심장처럼 유동성을 공급하는 핵심 장치이지만, 위기 시에는 전체 시스템을 붕괴시킬 수 있는 증폭기로 전환될 수 있다. 담보라는 형식을 취한 신뢰의 구조물은, 그 신뢰가 무너지는 순간 더 이상 담보가 아닌 불신의 전파 경로가 된다. 레포 시

---

* 연준은 매일 1조 달러 규모의 익일물(overnight) 레포를 경매 방식으로 제공했으며, 추가로 최소 주 1회 5,000억 달러 규모의 장기 레포도 제공했다. 그러나 실제 이용률은 훨씬 낮았으며, 2020년 6월 이후로는 이용 실적이 전무했다. (출처: United States, Library of Congress, Congressional Research Service. The Federal Reserve's Response to COVID-19: Policy Issues. CRS Report R46411, Library of Congress, 5 Feb. 2021, www.congress.gov/crs-product/R46411)

스템은 기술적으로 진화한 금융 인프라이자 신뢰와 붕괴라는 상반된 속성이 응축된 구조물이다. 그리고 이 구조물의 운명은 곧 현대 금융 시스템의 운명과 맞닿아 있다.

국채에 대한 구조적 신뢰 약화

'무위험 자산'으로서 미국 국채에 대한 신뢰는 오랫동안 금융 시스템의 정합성과 안정성을 떠받쳐 온 전제 조건이었다. 그러나 최근의 움직임은 이 신뢰가 더 이상 절대적인 것이 아님을 분명히 시사하고 있다. 단순한 일시적 불안이 아니라, 미국 국채를 둘러싼 구조적 신뢰의 균열이 여러 방향에서 가시화되고 있는 것이다.

그 단면은 장기 국채 ETF인 TLT의 흐름에서 극명하게 드러난다. TLT는 세계 최대 자산운용사 블랙록이 운용하는 ETF로, 만기 20년 이상의 미국 국채에 투자하며 장기 금리에 매우 민감하게 반응한다. 전통적으로 금융시장이 위기에 직면하면 투자자들은 위험 자산을 회피하고 미국 국채와 같은 안전자산으로 이동하는데, 이때 TLT는 강한 상승세를 보여왔다. 실제로 2020년 코로나19 팬데믹 초기에 그 심각성을 인지한 연준이 기준금리를 인하하고 대규모 양적완화에 나서자, TLT는 역사적 고점을 경신하며 미국 국채의 대표적 피난처 역할을 입증한 바 있다.[52]

그러나 이 공식은 더 이상 유효하지 않다. 2021년 이후 급등한 인플레이션은 연준의 공격적인 금리 인상으로 이어졌고, TLT는 그 여파로 사상 최악의 하락장을 경험했다. 특히 2025년 4월, 시장에 금리 인

[그림 13] 장기 미국 국채 ETF(TLT) 가격과 10년 만기 국채 수익률

TLT 가격은 2022년 중반 이후 지속적으로 하락세를 보이며, 장기 국채에 대한 시장의 신뢰 약화를 반영하고 있다. 반면 10년 만기 수익률은 2023년 하반기에 4.98%까지 상승한 후, 높은 수준에서 유지되고 있다.
(출처: YCharts, 2025년 4월 8일 기준)

하 기대가 퍼져 있던 상황에서도 장기 국채 수익률은 반대로 급등했고, TLT는 하루 만에 3% 넘게 하락하며 투자자들을 충격에 빠뜨렸다.[53] 금리가 하락할 것으로 기대되는데도 장기 채권 가격이 급락하는 이 현상은, 단순한 시장 예측 오류가 아니라 국채 시장 자체에 내재된 구조적 변화의 징후로 해석된다.

이러한 이상 반응은 '연준의 금리 인하 결정은 곧 장기 금리 하락'이라는 기존의 기대 메커니즘이 더 이상 작동하지 않고 있음을 보여준다. 장기 금리가 연준의 정책 기조를 무시하고 역행하는 이유는 복합

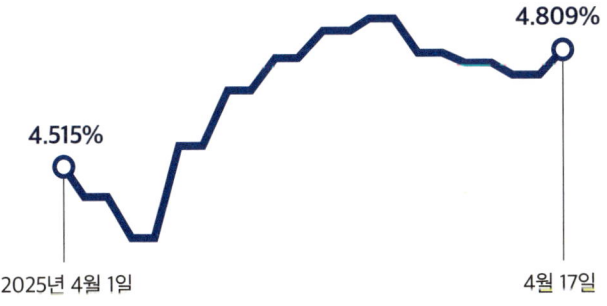

[그림 14] 2025년 4월 1일~17일 미국 국채 30년물 수익률 변동 추이

2025년 4월 초, 연준의 금리 인하 가능성이 시장에 반영되던 시점에도 불구하고, 30년 만기 미국 국채 수익률은 오히려 빠르게 상승했다. 4월 1일 4.515%였던 30년물 수익률은 4월 중반에 4.8%를 뛰어넘었다. 이는 장기 금리가 단기 정책 신호를 무시하고 독자적으로 움직이고 있음을 보여준다. (출처: https://mbnmoney.mbn.co.kr/news/view?news_no=MM1005531042)

적이다.

 우선, 시장에는 여전히 인플레이션에 대한 깊은 우려가 존재한다. 연준이 명목금리를 낮추더라도, 향후 인플레이션이 다시 상승할 가능성이 있다면, 채권 투자자들은 실질 수익률 방어를 위해 더 높은 금리를 요구하게 된다. 이는 장기 국채 금리를 떠받치는 구조적 압력으로 작용하며, TLT와 같은 장기채 ETF의 가격 하락을 유도한다.

 둘째, 미국의 재정 건전성에 대한 신뢰가 점점 약화되고 있다. 팬데믹 이후 급증한 재정 지출과 부채 규모, 반복되는 부채 한도 협상과 정치적 불확실성은 시장으로 하여금 미국 정부의 채무 상환 능력 자체에 의문을 제기하게 만들었다. 이에 미국 국채를 무조건적 안전자산으로 간주하던 기존 인식에 균열이 생기고 있다. 실제로 과거에는 시장의 변두리에 머물던 신용등급 강등이나 지급 불능에 대한 우려가 이제는 장기 금리 형성에 영향을 미치는 실질적 변수로 부상하고 있다.

셋째, 국채 시장의 구조적 수요가 약화되고 있다. 중국과 일본 등 전통적인 미국 국채 주요 보유국들은 지정학적 갈등, 준비통화 다변화 전략, 내부 경제 상황 변화 등을 이유로 미국 국채 매입 규모를 점차 줄이고 있다. 이러한 수요의 감소는 국채 가격 하락 압력으로 직결되며, 이는 다시 국채 수익률의 상승, 즉 장기 금리 상승을 초래한다. 이러한 변화는 수치로 명확하게 드러난다. 2024년 기준, 중국의 미국 국채 보유액은 약 7,590억 달러로, 2010년대 중반과 비교해 절반 이하로 감소했다.[54] 시진핑 체제 이후 중국은 외환보유의 다변화를 추진하며 국채 보유를 줄여왔는데, 이는 금융제재에 대한 방어이자 위안화 국제화의 포석이었다. 또한 러시아는 2018년 이후 보유하던 국채 대부분을 처분해 2017년 1,000억 달러 수준에서 2020년 60억 달러까지 감소시켰고,[55] 사우디아라비아를 포함한 중동 국가들 또한 금 비중을 늘리며 보유 자산을 재편하고 있다.

이러한 변화는 미국 정부의 정책 여력에 직접적인 영향을 미친다. 국채 금리가 상승하면 이자 비용이 증가하고, 이는 예산상 압박으로 이어진다. 재정적자 확대를 막기 위해 정부는 지출을 삭감하거나 세율을 인상할 수밖에 없는데, 이는 경기 둔화로 이어지는 악순환을 초래할 수 있다. 게다가 높은 금리는 달러 가치를 끌어올려 신흥국의 외화 부채 부담을 증폭시키고, 글로벌 금융시장의 균형을 교란시킬 수 있다.

더 근본적인 문제는, 미국 국채가 글로벌 담보 구조의 핵심이라는 점이다. 국채는 레포 거래, 파생상품 거래, 외환 스와프Foreign Exchange Swap 등 다양한 금융거래에서 담보로 활용되며, 그 가치와 유동성은 시스템 전반의 안정성을 지탱하는 기준점이다. 그런데 국채 가치가 흔들려 시장 신뢰가 위축된다면, 이 기반 위에 구축된 전체 금융 인프라가 함께 흔들릴 수밖에 없다. 2023년 실리콘밸리은행Silicon Valley Bank, SVB의 파산은 장기 국채의 평가손실과 유동성 위기가 어떻게 은행 시스템을 직접 타격할 수 있는지를 보여준 대표적인 사례였다.**

결국 장기 금리가 연준의 정책 기조와 무관하게 상승하는 현상은, 미국 국채와 달러가 지난 수십 년간 구축해온 글로벌 금융 질서의 기반이 더 이상 절대적이지 않다는 경고 신호다. 이는 단순한 수급 불균형이니 일시적 정책 불확실성의 문제가 아니라, '무위험 자산'으로 간주되어온 국채의 신뢰 자체가 구조적으로 흔들리고 있음을 보여준다. 만약 이 신뢰가 일정 임계점을 넘어 무너진다면, 그것은 단지 미국의 재정 문제에 국한되지 않고, 미국 국채를 중심축으로 설계된 전 지구적 금융 인프라 전체에 균열을 초래할 수 있다.

새로운 담보 실험:
비트코인과 탈중앙 신뢰의 가능성

국채 중심의 글로벌 금융 인프라가 구조적인 불안을 드러내는 지금, 그 대안으로서 비트코인이 조심스럽게 거론되기 시작했다. 아직까지 비트코인은 극소수 기관의 자산 배분 전략에서 보조적인 역할만 담당

** SVB는 IT 스타트업에 주로 대출하며 수신고를 늘렸는데, 이때 유입된 막대한 예금 자금을 주로 장기 국채에 투자하였다. 그러나 2022년 이후 연방준비제도의 급격한 금리 인상으로 인해 채권 금리가 상승하면서, SVB가 보유했던 장기 국채의 시장 가치가 급락(평가손실)했다. 불안을 느낀 스타트업들의 자금 인출이 늘어나자, SVB는 유동성을 확보하기 위해 평가손실이 발생한 채권을 손해를 감수하고 매각할 수밖에 없었다. 이러한 손실이 대외적으로 알려지자, 예금자들은 은행의 건전성에 대한 우려로 대규모 인출(뱅크런)을 단행했고 결국 은행은 파산했다.

하고 있다. 하지만 일부 연구는 비트코인이 60:40 포트폴리오, 즉 60%의 주식과 40%의 채권으로 구성된 전통적인 자산 배분 방식에 비트코인이 1~5%의 비중으로 편입될 경우, 수익성과 위험 조정 지표 모두에서 개선 효과가 있다는 점을 보여주고 있다.[56] 이는 단순한 기대가 아니라, 비트코인이 전통 자산과 낮은 상관관계를 가지며, 높은 수익률로 인해 포트폴리오 전체의 리스크 대비 성과를 향상시킨다는 실증적 근거를 동반한 주장이다.

특히 위험 대비 수익률을 측정하는 대표 지표인 샤프지수Sharpe Ratio의 개선은 주목할 만하다. 샤프지수는 단위 위험당 얼마나 많은 초과 수익을 얻는지를 보여주는 지표로, 투자 자산의 효율성을 판단하는 핵심 척도다. 연구에 따르면, 비트코인의 높은 변동성이 포트폴리오 전체의 리스크를 소폭 증가시키더라도 그로 인해 창출되는 수익 증가 폭이 훨씬 더 크다는 사실을 보여준다. 결과적으로 비트코인은 제한된 비중 내에서 전통 자산의 위험을 상쇄하고 수익률을 보완하는 '보완적 안전자산'으로 기능할 가능성을 열고 있는 셈이다.

그러나 이 가능성은 단지 수익률 곡선이나 통계 지표라는 양적 지표만으로 판단할 수 없다. 비트코인과 미국 국채는 그 구조와 본질, 그리고 신뢰의 형성 방식에서 철저히 대비된다. 국채는 중앙화된 국가 시스템이 제공하는 위계적 신뢰에 기반하며, 해당 국가의 통화 주권과 제도적 역량이 담보를 구성한다. 이에 반해 비트코인은 분산된 네트워크에서 생성되는 비위계적 신뢰에 기반한다. 채무나 법적 계약이 아니라, 전 세계 노드에 의해 유지되는 공개된 장부와 변경 불가능한 거래 기록, 그리고 알고리즘이 정의한 통화 공급 규칙에 의해 그 신뢰를 구축해나간다.

비트코인의 이러한 비중앙적 구조는 단일 실패 지점을 제거하며, 정치적 교착이나 법적 분쟁에 따른 시스템 리스크를 현저히 줄인다. 미국 국채는 반복되는 부채 한도 협상, 신용등급 강등, 연방정부의 셧다운Shutdown 등 정치 리스크에 상시 노출되어 있지만, 비트코인은 이러한 '제도 리스크'로부터 자유롭다. 비트코인은 신용이 아닌 시스템 구조 그 자체를 통해 신뢰를 생산하는 존재다.

양자의 차이는 기술적 특성에서 더욱 두드러지게 나타난다. 미국 국채는 거래 시 결제 시스템, 예탁기관, 청산소 등 복잡한 중개 과정을 거쳐야 한다. 특히 국경 간 전송 시에는 시차와 규제 차이로 인해 처리 지연이 발생할 수 있다. 이러한 구조는 전통 금융의 안정성과 법적 확실성을 보장하지만, 속도와 유연성 측면에서는 뚜렷한 한계를 지닌다. 반면 비트코인은 국경의 개념 자체를 무력화하며, 스마트폰 하나만으로도 중개 기관 없이 거의 실시간으로 자산을 이전할 수 있다. 24시간 글로벌 거래, 스마트 콘트랙트 기반 자동화, 담보 회수의 기계적 실행 가능성 등은 미국 국채와 비교해 압도적인 기술적 효용성을 보여준다. 특히 전송 속도와 접근성은 위기 상황에서의 유동성 확보 수단으로서 비트코인의 잠재력을 더욱 부각시킨다.

담보 회수의 용이성에서도 차이가 존재한다. 미국 국채는 법적으로 채권자의 권리가 명확히 보장되며 예탁결제기관을 통한 회수가 가능하지만, 제도적으로 복잡한 절차가 필요하며 경우에 따라서는 법원의 개입을 요구할 수도 있다. 반면, 비트코인은 스마트 콘트랙트에 따라 사전에 정의된 조건이 충족되면 자동으로 담보 청산이 이루어진다. 이 과정에는 별도의 법적 판단이나 인위적 개입이 필요 없다.

다만, 유동성과 가치 안정성에서는 여전히 미국 국채가 우위를 점하고 있다고 볼 수 있다. 미국 국채는 세계에서 가장 거대한 자본 시장을 배경으로 하며, 글로벌 레포 거래와 외환보유고 운용 등에서 필수적인 역할을 수행한다. 비트코인은 아직까지 그 유동성 깊이가 제한적이고, 가격 변동성이 크다는 점에서 담보로서의 활용에는 신중함이 요구된다. 그러나 이 또한 기술과 시장의 성숙에 따라 점진적으로 개선될 가능성이 있다.

무엇보다 중요한 것은 '변제의 최종성Finality of Settlement'과 검열 저항성이다. 변제의 최종성이란 자산의 이전이나 결제가 한 번 완료되면 되돌릴 수 없고, 법적·기술적으로 최종 확정된 상태가 되는 것을 의미한다. 이는 자산 거래의 안정성과 신뢰성을 결정짓는 가장 핵심적인 요소다. 미국 국채는 보유자가 제재 대상이 될 경우 거래가 정지되거나 동결될 수 있다. 다시 말해, 국채는 정치적으로 조건부인 안전자산이다.

반면 비트코인은 블록체인상에서 이루어진 거래가 일단 확정되면 누구도 이를 취소하거나 변경할 수 없으며, 중앙의 개입 없이도 거래의 무결성과 최종성이 확보된다. 이 특성은 단지 효율성의 문제가 아니라, 자산의 소유권과 이전이 정치적 압력으로부터 보호받을 수 있는지를 결정짓는 핵심 요소다.

물론 이러한 비트코인의 특성은 규제기관 입장에서는 불투명성의 위험으로 간주되기도 한다. 그러나 비트코인의 모든 거래 내역은 블록체인에 공개되고 영구적으로 기록된다는 점을 간과해서는 안 된다. 공개 주소는 실명과 직접 연결되지는 않지만, 시간이 지남에 따라 거래 패턴이 축적되고 제3자 정보나 IP 주소 등과 결합될 경우 개별 사용자의 신원을 추적할 수 있는 실마리가 된다. 이로 인해 수사기관이 충분한 시간과 자원을 투입하면, 오히려 비트코인은 불법 거래의 적발에 효과적으로 활용될 수 있다. 해당 주소에 연결된 모든 거래가 다 공개되어 있기 때문이다. 이런 의미에서 비트코인의 '익명성'은 절대적이지 않으며, 그 투명성 덕분에 특정 환경에서는 오히려 추적 가능성이 높아지는 역설적인 측면이 존재한다.

이처럼 미국 국채와 비트코인은 서로 상반된 방식으로 신뢰와 유동성을 창출하는 자산이다. 국채는 제도적 권위의 집약체이며, 비트코인은 기술적 설계의 구현체다. 둘은 서로를 완전히 대체하지는 못하지만, 서로가 가지지 못한 속성을 보완할 수 있는 '상보적 담보'로서의 가능성을 보여주고 있다. 그리고 바로 이 상보성의 구조 안에서, 우리는 비트코인을 단순한 대안 화폐가 아닌, 새로운 신뢰 메커니즘 실험의 장으로 이해할 수 있을 것이다.

한 걸음 더 1
한국에서 자동차를 할부로 살 때도 레포를 이용한다

한국의 소비자가 자동차를 할부로 구입하는 경우 소비자는 직접 레포 시장에 참여하지 않지만, 그가 지불하는 할부 금리에는 금융 시스템의 여러 계층에서 발생하는 조달 비용과 위험 프리미엄이 녹아 있다. 이는 결국 미국 국채를 중심으로 형성되는 레포 시장의 유동성 공급과 불가분의 관계에 놓여 있다.

1. **소비자와 자동차 캐피털사**: 한국의 소비자는 자동차 캐피털사(할부금융사)로부터 대출을 받아 자동차를 구입한다. 소비자가 지불하는 할부 금리에는 캐피털사의 자금 조달 비용과 마진이 포함된다.

2. **자동차 캐피털사와 글로벌 펀드**: 캐피털사는 대규모 자금을 조달하기 위해 유동화증권ABS을 발행하거나, 글로벌 펀드(예: 대형 자산운용사, 연기금 등)로부터 직접 대출을 받는다. 이때 글로벌 펀드가 캐피털사에 요구하는 금리에는 캐피털사의 신용도와 발행 증권의 위험도에 따른 스프레드Spread가 붙는다. 이 스프레드는 글로벌 펀드가 자체적으로 자금을 조달하는 비용(기본 금리)에 위험 프리미엄을 얹은 것이다.

3. **글로벌 펀드와 레포 시장**: 글로벌 펀드는 투자에 필요한 자금을 효율적으로 운용하기 위해 단기 자금 시장인 레포를 활용한다. 이들은 자신이 보유한 미국 국채와 같은 초우량 자산을 담보로 제공하고, 레포 시장에서 가장 낮은 금리로 자금을 빌린다. 미국 국채는 신용 위험이 거의 없다고 간주되므로, 레포

거래에서 헤어컷 비율이 매우 낮게 적용되며, 이는 곧 가장 저렴한 금리로 자금 조달이 가능함을 의미한다. 만약 글로벌 펀드가 국채 외에 신용도가 낮은 다른 자산(예: 회사채, 특정 모기지 증권 등)을 담보로 레포 거래를 한다면, 해당 자산의 위험도에 따라 더 높은 헤어컷이 적용되고, 그만큼 더 높은 금리를 지불하게 된다.

4. **금융 계층별 특징과 비용의 진가**: 금융 시스템은 국채를 중심으로 한 최상위 계층에서 멀어질수록 여러 계층으로 나뉘며, 각 계층은 다음과 같은 특징을 보인다.
   - 상위 계층: 만기가 짧고(단기 위주), 이자율이 낮으며, 부도 위험이 낮다. 자산의 유동성이 높고 담보의 질이 우수하여 헤어컷 비율이 낮게 적용된다.
   - 하위 계층: 만기가 상대적으로 길고, 이자율이 높으며, 부도 위험이 증가한다. 자산의 유동성이 낮고 담보의 질이 낮아 헤어컷 비율이 높게 적용되거나 아예 담보로 인정되지 않을 수도 있다.

5. **구체적인 예시**
   - 가장 기본적인 레포 금리*: 4.0%

     * 글로벌 펀드가 미국 국채를 담보로 단기 자금을 조달할 때 적용되는 금리로, 시스템의 최상단에서 형성되는 '거의 무위험' 금리에 해당한다.
   - 글로벌 펀드가 자동차 캐피털사에 대출해주는 금리: 글로벌 펀드는 레포 시장에서 4.0%로 자금을 조달한 후, 한국의 자동차 캐피털사에 빌려줄 때 해당 캐피털사의 신용도와 장기 만기(예: 1년 이상) 등에 대한 위험 프리미엄을 붙인다. 여기에 글로벌 펀드의 운용 비용 및 마진을 더하여 1.0%p의 스프레드를 가산한다고 가정해보자.

→ 캐피털사의 조달 금리 = 4.0%* + 1.0%p** = 5.0%

*레포 기본 금리

**글로벌 펀드 스프레드

- 자동차 캐피털사가 소비자에게 대출해주는 금리: 자동차 캐피털사는 5.0%로 자금을 조달한 후, 소비자에게 대출해줄 때 개인의 신용도, 할부 기간, 회사의 영업 및 관리 비용, 그리고 목표 이윤 등을 고려하여 추가적인 스프레드를 붙인다. 여기에 1.0%p의 스프레드를 가산한다고 가정해보자.

→ 소비자의 최종 할부 금리 = 5.0%* + 1.0%p** = 6.0%

*캐피털사 조달 금리

**캐피털사 스프레드

결론적으로, 소비자가 지불하는 연 6.0%의 할부 금리는 가장 안전한 미국 국채 기반 레포 시장의 4.0% 금리로부터 단계적으로 위험과 만기 불일치에 대한 프리미엄(스프레드)이 얹어져 형성된 것이다. 즉, 모든 금융 활동은 국채를 기반으로 한 유동성 공급 구조로부터의 '상대적 신뢰 거리'에 따라 금융비용을 지불한다.

한 걸음 더 2
전략적 비축 자산으로서의 비트코인: 미국의 새로운 부채 관리 시나리오

2025년, 도널드 트럼프 대통령은 "미국 정부가 보유한 비트코인을 국가의 전략적 비축 자산으로 삼겠다"고 공식 발표하며, 비트코인을 금에 준하는 '디지털 준비자산'으로 격상시키겠다는 의지를 천명했다.[57] 이는 단순한 자산 보유의 차원을 넘어, 글로벌 금융 전환기 속에서 미국의 전략적 리더십을 재확인하고, 지정학적 경쟁 구도에 대응하기 위한 경제 안보 전략의 일환으로 해석된다. 이 선언은 특히 2024년 12월 비트코인 정책연구소Bitcoin Policy Institute, BPI가 발표한 보고서 「글로벌 경제 재편: 미중 경쟁과 미국 국정 운영의 도구로서의 비트코인A "Global Economic Reordering": US-China Competition and Bitcoin as Tool of US Statecraft」[58]에서 제시한 통찰을 정책 수준에서 수용한 사례로 평가된다.

보고서에 따르면, 미국은 현재 재정 불균형, 지정학적 충돌, 디지털 네트워크 주권을 둘러싼 경쟁 등 복합적인 압력에 직면하고 있으며, 이러한 환경 속에서 비트코인은 새로운 형태의 전략적 자산으로 기능할 수 있다. 미국의 정부 부채는 국내총생산의 106%를 넘어섰으며, 공공 부채가 급속히 증가하는 반면 외국인의 국채 수요는 그 속도를 따라가지 못하고 있다. 특히 2020년 이후 국채 이자 비용이 세 배 가까이 증가하면서, 연방정부의 재정 여력은 크게 약화되었다. 이는 장기적으로 국가 안보에 위협이 될 수 있는 구조적 취약성으로 작용하고 있다.

이러한 맥락에서 비트코인은 시스템 리스크에 대응하는 비대칭적 헤지 수단으로 주목받고 있다. BPI는 미국이 비트코인을 전략적 국가 자산으로 비축할 경우, 국가 대차대조표의 구조를 다변화하고, 금융 시스템의 취약성에 대응할 수 있는 새로운 자산 기반을 확보할 수 있다고 분석한다. 나아가 이는 단순히 '디지털 금'의 역할을 넘어, 달러 중심의 글로벌 통화 질서를 유지하는 동시에, 중국과 러시아 등 권위주의적 경쟁국들에 대해 비대칭적 전략 우위를 확보하는 수단이 될 수 있다고 본다.

BPI에 따르면 미국은 이미 약 20만 7천 BTC를 보유하며 세계에서 가장 많은 비트코인을 확보하고 있고, 글로벌 해시레이트의 35% 이상을 점유하는 채굴 인프라를 갖추고 있다. 더불어 세계 최대 규모의 보안성과 유동성을 갖춘 암호자산 거래소들 역시 미국에 기반하고 있다. 이는 비트코인을 단순한 민간 투기 자산이 아니라 국가 전략의 일환으로 제도화할 수 있는 구조적 우위를 미국이 이미 확보하고 있음을 시사한다.

현재 비트코인 시가총액은 약 2조 달러,[59] 미국의 국가 부채는 약 36조 달러에 달한다.[60] 만약 2025년 현재 20만개의 비트코인을 보유하고 있는 미국 정부가 2029년까지 총 100만 개의 비트코인을 보유하게 되고, 부채는 연평균 5%, 비트코인 가격은 연평균 25%씩 상승한다고 가정해보자. 이 경우 2051년에는 해당 비트코인의 가치만으로 전체 부채의 약 25%를 충당할 수 있으며, 2059년에는 전액을 상쇄할 수 있을

[그림 15] 미국 국가부채 대비 비트코인 보유 가치의 추정 시나리오 (2025~2065년)

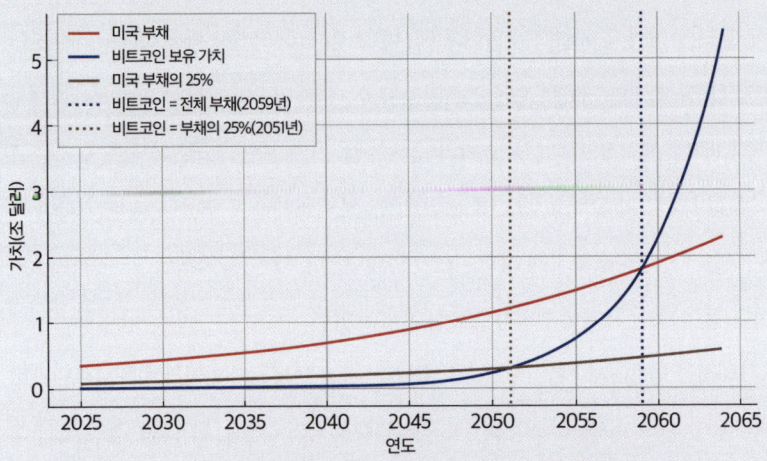

이 그래프는 미국 정부가 2029년까지 100만 개의 비트코인을 보유할 경우, 해당 자산의 가치가 시간 경과에 따라 어떻게 변화할지를 추정한 시나리오이다. 2051년 쯤에는 비트코인 보유 가치가 미국 부채의 25%에 도달할 것이며, 2059년 쯤에는 미국 부채와 같아질 것으로 예상된다.

것으로 전망된다.[61]

물론 이러한 전망은 어디까지나 미래 예측 시나리오에 불과하며, 정치적 저항, 국제적 이해 충돌, 법적 제도화의 한계, 기술적 불확실성 등 다양한 제약 요인을 동반한다. 그러나 트럼프 대통령의 발언이 보여주듯, 비트코인을 전략적 자산으로 편입하겠다는 구상은 더 이상 변방의 주장이 아니다. 이는 글로벌 질서가 재편되는 전환기 속에서 출현한 새로운 통화 주권 구상으로, 점차 본격적인 정책 담론의 영역으로 진입하고 있다. 이러한 흐름은 디지털 기반의 권력 구조 재편 속에서 미래 통화 질서를 선점하려는 미국의 전략적 포석으로 이해할 수 있다.

The Philosophy of Bitcoin as Money

Chapter 4

탈달러 흐름과 미국의 역습

─────── 2025년 7월 18일, 도널드 트럼프 대통령은 단호한 손짓으로 펜을 들었다. 서명대 위에는 'GENIUS 법안Guiding and Establishing National Innovation for U.S. Stablecoins Act'이 놓여 있었다.[62] 펜촉이 종이를 누르는 순간, 비트코인을 비롯한 주요 암호화폐 생태계는 흥분했고, 언론은 이를 암호화폐가 주류 금융으로 편입된 또 하나의 역사적 장면으로 보도했다.

GENIUS 법안은 달러 스테이블코인을 공식적인 디지털 달러의 연장선으로 명문화했다. 블록체인 위에서 작동하는 이 디지털 자산은 더 이상 주변부의 암호화폐가 아니라, 달러 패권을 재정립하기 위한 핵심 전략 자산으로 전환되었다. 한동안 미국은 무기화된 달러에 대한 반발, 디지털 화폐의 부상, 자국 재정의 취약성 등으로 인해 수세에 몰려 있었다. 그러나 이 법안을 통해 미국은 디지털 질서 위에서 다시 주도권을 확보하겠다는 전략적 방향성을 명확히 했다. 그것은 수세적 방어를 넘어선, 디지털 전장을 향한 본격적인 반격이었다.

이 반격은 하루아침에 만들어진 것이 아니다. 시작은 2년 전, 2023년 6월 워싱턴 D.C. 하원 금융서비스위원회의 청문회장이었다. '달러 지배력: 글로벌 지불준비금으로서의 달러의 지위를 유지하기Dollar Dominance: Preserving the U.S. Dollar's Status as Global Reserve Currency'라는 제목으로 열린 이 청문회는, 달러의 기축통화 지위가 더 이상 자명하지 않다는 불편한 진실을 마주하는 자리였다.[63] 참석한 의원들과 전문가들은 달러의 지위 유지를 위한 실질적인 대응 전략이 시급하다는 데 의견을 모았다.

위기의 징후는 이미 여러 방향에서 드러나고 있었다. 러시아-우크라이나 전쟁 이후 단행된 미국 주도의 금융 제재는 달러가 '무기'로 기능할 수 있다는 사실을 세계에 각인시켰다. 이에 반발한 다수의 국가들은 탈달러화를 공식적으로 추진하기 시작했다. 특히 페트로달러의 종식은 미국 내부에 패권 질서의 균열에 대한 뚜렷한 경고음을 울렸다.[64] 이 체제는 본래 1970년대 닉슨 행정부가 사우디와 비공식적으로 체결한 합의에 따라, 석유를 달러로만 거래하고 그 수익을 미국 국채에 재투자하는 방식으로 작동해왔다. 그러나 21세기 들어 중국이 세계 최대 석유 수입국으로 부상하고, 위안화 결제 시스템과 금 연동형 계약(페트로골드)을 실험하면서, 사우디는 점차 다극적 에너지 외교로 선회하고 있다. 2022년 이후 사우디는 위안화 결제를 열어두고, 중국과의 군사·기술 협력을 강화하며, 더 이상 달러 일극체제에만 의존하지 않는 방향으로 외교 전략을 다변화하기 시작했다. 이러한 변화는 페트로달러 체제가 더 이상 확고한 통화 질서가 아니며, 유동적이고 조건부적인 동맹 구조로 전환되고 있음을 보여준다.

동시에 유로화와 위안화는 국제 거래에서 점유율을 서서히 높여가고 있었고, 비트코인과 스테이블코인, 중앙은행 디지털 화폐CBDC는 기축통화의 대안들로 부상했다. 내부적으로는 미국의 만성적 재정적자와 천문학적 부채가 달러의 장기 신뢰성에 대한 회의감을 키웠다. 달러는 사방에서 도전을 받고 있었고, 미국은 기존 무기로는 더 이상 싸울 수 없었다.

이러한 복합적인 위기 속에서, 2023년의 청문회는 세 가지 축을 중심으로 전략을 모색했다. 첫째는 미국 경제의 펀더멘털 회복과 재정 건전성 확보, 둘째는 개방적이고 신뢰 가능한 금융 인프라 유지, 셋째는 핀테크와 디지털 자산을 수용하는 시스템의 혁신적 재구성이었다.

세 번째 제안인 핀테크와 디지털 자산의 수용에 대한 제안은 2024년 미국의 대선 캠페인 당시 스테이블코인에 대한 활발한 논의로 이어졌다. 그동안 단순한 암호화폐의 하위 범주로 여겨졌던 스테이블코인은, 실상 블록체인 위에 구축된 '달러의 디지털 확장판'으로 간주될 수 있음을 미국은 간파했다. 24시간 글로벌 결제, 초저비용 송금, 국경 없는 유통을 가능하게 하는 스테이블코인은 디지털 시대의 새로운 통화 유통망이다. 미국은 이를 패권 유지의 수단이자 디지털 질서 위에서 작동하는 새로운 시스템의 토대로 보기 시작했다.

그리고 마침내 달러에 대한 미국 정가의 위기의식은 입법화되기에 이르렀다. GENIUS 법안은 스테이블코인을 미국의 규제 체계 내에서 정의된 합법적 디지털 자산으로 승인했다. 발행자는 100% 담보 유지, 투명한 공시 의무, 자금세탁방지 기준을 포함한 엄격한 요건을 충족해야 한다. 이를 통해 스테이블코인은 제도권 안에서 달러를 대표하는 디지털 금융 인프라로 자리매김하게 되었다.

이 법안이 갖는 전략적 의미는 단지 규제 프레임워크의 확장에 그치지 않는다. GENIUS 법안은 전통 금융과 디지털 금융을 하나의 생태계로 통합하는 역할을 수행할 것이다. 특히 스테이블코인의 담보 자산을 미국 국채로 제한함으로써, 디지털 달러 유통 구조를 전통적인 레포 시장의 구조와 연결시킬 것이다. 레포 시장에서 국채가 담보로 활용되어 달러 유동성을 창출하듯, 블록체인 기반의 생태계에서는 국채가 스테이블코인의 담보로 사용되어 글로벌 유동성을 공급하게 될 것이다. GENIUS 법안은 미국 국채 시스템과 디지털 화폐 시스템을 통합하는 금융-지정학적 교량이다.

결국 이 법안은 새로운 브레턴우즈 체제를 향한 예비 설계다. 그것은 블록체인이라는 기술 질서 위에 다시 그려진 달러 패권의 지도이며, 미국이 선제적 재구성과 전략적 반격을 선택했음을 알리는 선언이기도 하다. 2023년의 청문회가 '비명'이었다면, 2025년의 서명은 '포효'라고 볼 수 있다.

달러의 무기화와
금융 제재 시스템

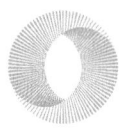

달러의 권력화와 금융 제재

21세기 국제 정치경제에서 미국이 행사하는 가장 정교하고 강력한 무기는 항공모함도, 외교적 설득도 아니다. 그것은 바로 달러다. 달러는 국제적인 교환 수단이나 회계 단위를 넘어, 미국의 지정학적 전략과 직결된 권력 도구로 기능한다. 특히 금융 제재Financial Sanctions라는 형태로 구체화된 달러의 무기화는 물리적 충돌 없이도 적국의 경제를 마비시킬 수 있는 전략적 수단이다. 이는 글로벌 질서를 정밀하게 조율하는 통치 시스템으로 작동한다.

표면적으로 금융 제재는 국제법이나 국제 규범을 위반한 국가나 단체에 대한 법적 응징 조치로 간주된다. 그러나 실제로는 미국의 국내법과 자국의 정책 판단에 따라 자의적으로 부과되는 경우가 많다. 그 집행 또한 미국의 금융 인프라와 달러 결제망을 통해 이루어진다. 이러한 제재는 단순한 행정적 처벌을 넘어, 특정 국가나 기관을 국제 금융 생태계에서 축출하거나 고립시키는 구조적 수단으로 작동한다. 특히 달러를 매개로 한 제재는 미국과 직접 거래하지 않는 제3국에까지 막대한 영향을 미칠 수 있다는 점에서, 사실상 초국가적 통제 장치로 기능한다.

이처럼 강력한 제재 시스템이 가능한 이유는 달러의 글로벌 통화 위상에 있다. 국제결제은행Bank for International Settlements, BIS의 2022년 통계에 따르면, 전 세계 외환 거래의 약 88%에는 달러가 포함되어 있으며, 국제 무역 결제의 절반 이상이 달러로 이루어진다.[65] 이 압도적 비중은 미국의 국내법이 실질적으로 글로벌 금융의 규범처럼 작동할 수 있도록 하는 구조적 기반을 제공한다. 미국은 금융망의 중심에 달러를 두고, 자국 시스템에 대한 세계 각국의 의존을 지렛대로 삼아 달러 기반 질서를 구축해왔다.

금융 제재는 주로 세 가지 방식으로 집행된다. 첫째는 국제은행간통신협회Society for Worldwide Interbank Financial Telecommunication, SWIFT에서 특정 국가나 금융기관의 접근을 차단하는 방식이다. SWIFT는 실제 송금을 수행하지는 않지만, 거의 모든 국제 금융 거래의 메시지를 중개하는 사실상의 글로벌 금융 통신 표준이다. 이 시스템에서 배제된다는 것은 국제 결제망에서 실질적으로 퇴출당하는 것과 같다.

둘째는 미국 재무부 산하 해외자산통제국Office of Foreign Assets Control, OFAC의 특별지정제재대상자Specially Designated Nationals, SDN 리스트를 활용하는 방식이다. 이 리스트에 등재된 개인, 기업, 단체는 미국 금융 시스템과의 모든 거래가 금지된다. 특히 중요한 것은 '세컨더리 제재Secondary Sanctions'다. 이는 미국과 직접 거래하지 않는 제3국의 금융기관이나 기업이라 하더라도, SDN 리스트에 포함된 대상과 거래를 할 경우 미국 금융망에서 배제하거나 벌금, 면허 정지, 사업 제한 등의 제재를 부과하는 조치를 뜻한다.

셋째는 자산 동결 조치다. 제재 대상 국가가 해외에 보유한 외환보유액, 금, 국채 등 주요 자산은 미국 및 동맹국 내 금융기관에 예치되어 있는 경우가 많다. 따라서 제재 발동 시 해당 자산은 즉각적으로 동결될 수 있다. 2022년 러시아의 우크라이나 침공 이후 미국과 유럽은 약 3,000억 달러 규모의 러시아 중앙은행 자산을 동결했다.[66] 이 사건은 자산 동결 조치가 전쟁 수행 능력을 직접 제한할 수 있는, 매우 강력한 경제적 제재 수단임을 단적으로 보여준다.

이러한 제재 구조는 단지 법적 조치의 차원을 넘어선다. 미국은 자국의 금융 인프라와 글로벌 결제 시스템을 활용하여 자국 국내법을 사실상 초국가적 규범으로 전환시켰다. 즉, 금융 제재는 기술적 절차가 아니라 정치 질서의 설계이며, 미국의 통화 주권은 글로벌 지배의 실질적 기반으로 기능한다. 결과적으로 금융 제재는 외교적 수단을 넘어 달러 패권의 또 다른 얼굴이자, 설득이 아닌 훈육과 배제를 통해 세계 질서를 재편하는 도구로 활용되고 있다.

SWIFT, 중립적 인프라에서 지정학적 무기로

금융 제재가 작동하는 데 있어 결정적인 기술적 기반은 바로 SWIFT 시스템이다. SWIFT는 1973년 벨기에에 본사를 두고 설립된 협동조합적 비영리 조직으로, 전 세계 금융기관 간 메시지를 안전하고 표준화된 방식으로 전달하는 금융 통신망을 운영한다. SWIFT는 자금의 실제 이동을 수행하지 않지만, 금융 거래의 '지시와 승인'을 전송하는 메시지를 정형화하고 기록하는 시스템으로서, 글로벌 금융 인프라의 핵심 중추를 담당한다.

1970년대 초까지 국제 금융 거래는 주로 텔렉스Telex를 기반으로 이루어졌는데, 이는 속도가 느리고 오류 가능성이 높으며 보안성도 취약한 시스템이었다. SWIFT는 이러한 문제점을 해결하기 위해 도입되었다. 각 금융기관은 고유 식별자인 BICBank Identifier Code를 부여받아, MTMessage Type 코드 체계를 통해 송금, 지급, 신용장 개설, 증권 거래 등 다양한 금융 메시지를 정형화된 언어로 주고받을 수 있게 되었다. 이로써 단일한 프로토콜과 고도화된 보안 절차를 바탕으로, 전 세계 금융기관 간 신속하고 신뢰 가능한 의사소통이 가능해졌다.

이러한 기술적 효율성과 안전성 덕분에 SWIFT는 오늘날 글로벌 금융 메시징의 사실상 독점 인프라로 자리잡았다. 현재 200여 개국, 11,000개 이상의 금융기관이 이 시스템에 가입되어 있으며, 매일 수천만 건의 금융 메시지가 SWIFT를 통해 처리된다.[67] 즉, SWIFT는 국제 금융 질서의 신경망이자, 글로벌 자본 흐름의 실시간 동맥이라 할 수 있다.

문제는, 기술적 중립성과 효율성을 표방해온 SWIFT가 2000년대 이후 점차 정치화되기 시작했다는 점이다. 2001년 9·11 테러 이후, 미국은 자금 세탁과 테러 자금 추적을 명분으로 '애국법USA PATRIOT Act'을 적용해 SWIFT에 대한 정보 접근을 요청했다. 그리고 2010년부터는 '테러 자금 추적 프로그램Terrorist Finance Tracking Program, TFTP'하에 미국 재무부가 유럽 SWIFT 서버의 일부 거래 정보를 제공받기 시작했다.[68] 이는

SWIFT가 미국의 대외 전략과 연결된 통제 장치로 기능하기 시작했음을 보여주는 전환점이었다.

이러한 정치화 흐름의 가장 대표적인 사례는 2012년 이란 중앙은행과 주요 상업은행들이 SWIFT 네트워크에서 배제된 사건이다.[69] 이 조치는 이란이 국제 금융망에서 사실상 고립되는 결과를 낳았고, 핵 개발 프로그램을 둘러싼 외교 협상에서 미국과 유럽이 압도적인 우위를 점하는 데 결정적인 역할을 했다. 러시아 역시 2022년 우크라이나 침공 이후 주요 은행들이 SWIFT에서 배제되었고, 이는 러시아가 자국 결제망 SPFS*을 강화하고, 중국의 국경 간 결제 시스템 Cross-border Interbank Payment System, CIPS과의 연계를 모색하는 계기가 되었다.[70]

SWIFT의 작동 메커니즘은 외견상 단순하다. 예를 들어, 은행 A가 은행 B에 자금을 송금하려 할 경우, SWIFT 망을 통해 송금 지시 메시지를 전송한다. 이 메시지는 실제 자금의 이동을 포함하지 않고, 각 은행이 보유한 상대 계좌 내에서 장부의 차변/대변을 기입하는 방식으로 처리된다. 그리고 일정 기간 누적된 거래는 청산 기관을 통해 정산된다. 최근에는 이를 실시간 총액결제 Real-Time Gross Settlement, RTGS 방식으로 처리하는 시스템도 확산되고 있다.

중요한 것은, 이 모든 금융 서대의 핵심이 결국 '신뢰힐 수 있는 메시지의 전달'에 있다는 점이다. SWIFT는 이러한 신뢰를 기술적으로 구현한 시스템이며, 이를 통해 글로벌 금융 질서의 중심축으로 자리잡을 수 있었다. 그러나 그 신뢰가 특정 국가, 특히 미국의 정치적 판단에 따라

---

* SPFS(System for Transfer of Financial Messages)는 러시아 중앙은행이 개발한 자국 결제 메시징 시스템으로, 공식 러시아어 명칭은 Система передачи финансовых сообщений(СПФС)이다. 영어 명칭은 러시아어 표현의 의미 번역이다.

차단되거나 조작될 수 있다면, SWIFT는 더 이상 중립적인 공공 인프라로 기능할 수 없다. 바로 이러한 한계 때문에, 블록체인 기반 시스템과 디지털 통화 실험들이 그 대안으로 주목받고 있다.

역설적 반작용과
탈달러화 실천

달러 리스크 인식의 확산

금융 제재는 원래 특정 국가가 국제 규범을 위반하거나 테러에 연루될 경우, 응징적 수단으로서 일시적으로 발동되는 제한적 조치였다. 그러나 2001년 9·11 테러 이후 미국은 '테러와의 전쟁'을 명분으로 금융 제재의 스펙트럼을 급속히 확장시켰다. 이제 제재는 일회성 조치가 아닌 상시적 통치 기술로 제도화되었다. 2000년대 초반까지만 해도 수백 건에 불과했던 제재 조치는 2020년대 중반에는 수만 건에 달했다.[71] 제재 대상도 테러 조직과 불량국가를 넘어, 사이버 범죄 네트워크, 인권 침해자, 독재자 등으로 확대되었고, 그 기준 역시 점점 세분화되었다. 현재 미국 재무부 산하 해외자산통제국이 운영하는 특별지정 제재대상자 리스트에는 수만 건의 개인과 기관이 등재되어 있다.[72] 이 거대한 목록은 미국의 제재가 일시적 조치를 넘어선 상설 시스템이 되었음을 보여준다.

문제는 이러한 제재 시스템이 국제 사회의 보편적 합의에 기초한 다자적 구조가 아니라, 미국 국내법을 근거로 한 단독 조치라는 점에 있다. 제재 대상이 테러 조직이나 불량국가에서 정치적 반대 세력까지 확대되면서, 미국의 제재 기준은 그 자의성과 정치성을 노출하게 되었다. 제재의 양적 팽창은 오히려 효과의 질적 희석으로 이어졌고, 글로벌 금융망이 정치적 판단에 의해 좌우될 수 있다는 우려는 점점 현실화되기 시작했다.

이러한 변화는 미국과 직접적인 갈등이 없는 국가들까지도 '달러 리스크'를 체감하게 만들었다. 과거 달러는 정치적 중립성과 보편적 접근성을 전제로 한 국제통화였다. 그러나 세컨더리 제재를 포함한 상시화된 금융 제재의 확대는, 특정 국가와의 직접 거래뿐 아니라 간접적 연루만으로도 달러 기반 거래에서 배제될 수 있다는 우려를 확산시켰다. 그 결과, '달러 접근이 곧 생존'이라는 인식은 점차 '달러 의존이 곧 리스크'라는 판단으로 바뀌어가고 있다.

무엇보다 달러는 이제 전 지구적 공공재가 아니라, 미국의 정책 판단에 따라 접근 여부가 결정되는 '정치적 통화'로 인식되고 있다. 이는 단지 반미 정서의 확산이 아니라, 자산 보호와 결제 안정성을 중시하는 글로벌 금융 전략의 일환으로 전개되는 현상이다. 자산 다변화를 모색하는 신흥국, 중립 외교를 지향하는 중립국, 제재와 무관한 다국적 기업 및 금융기관들조차 점차 달러 의존도를 낮추려는 전략을 구체화하고 있는 것이다.

미국은 금융 제재를 통해 단기적인 통제력을 확보했지만, 동시에 달러 회피를 위한 기술적·제도적 유인을 스스로 만들어내고 있다. 통화 권력은 여전히 막강하지만, 그 권력이 행사되는 방식이 신뢰를 훼손할 때, 기존 질서에는 필연적으로 균열이 생긴다. 이러한 딜레마야말로 21세기 통화 질서가 근본적으로 전환될 수 있는지를 가늠하는 시금석이라 할 수 있다.

제재에 대한 반작용: 탈달러 질서의 부상

금융 제재가 상시화되고 대상이 무차별적으로 확대되면서, 제재를 받는 국가들뿐 아니라 언제든지 제재 대상이 될 수 있다는 위기의식을 느끼는 국가들까지 점차 탈달러화라는 전략적 선택지를 모색하게 되었다. 이러한 반응은 단순한 회피나 방어의 차원을 넘어서, 기술적·제도적 실험을 통해 새로운 통화 질서를 구상하려는 실천으로 진화하고 있다. 달러 패권에 균열을 가하는 이 움직임은 그 자체로 하나의 지정학적 반작용이며, 통화 주권의 재설계를 향한 집단적 상상력의 발현이기도 하다.

이란은 루블화와 위안화를 활용한 이중통화 결제 체계를 도입하고, 암호화폐를 활용한 자산 운용 시스템을 실험하는 등 달러 중심 결제망에서의 이탈을 시도하고 있다.* 북한은 보다 급진적인 방식을 택하고 있다. 유엔 안전보장이사회 산하 전문가 패널의 보고에 따르면, 북한은

---

* 이란은 금융 제재를 우회하기 위해 국제 해상 감시 시스템을 회피하는 기술적 수단도 활용하고 있다. 대표적으로, 자동식별장치(Automatic Identification System, AIS)를 끈 유조선, 소위 '암흑 선단(Dark Fleet)'을 통해 석유를 은밀히 수출하고 있다. 이는 미국의 감시망을 피하면서 제재의 실효성을 약화시키는 비가시적 저항 수단이라 볼 수 있다.

2017년부터 2023년까지 사이버 공격을 통해 약 30억 달러 규모의 암호화폐를 탈취한 것으로 추정된다.[73] 이는 블록체인의 익명성과 탈중앙화라는 특성을 전략적으로 악용함으로써, 제재를 회피하면서 자금을 조달하는 방식이다. 이러한 사례는 디지털 공간이 새로운 경제적 전장으로 부상하고 있음을 단적으로 보여준다.

아프가니스탄은 탈레반 집권 이후 공식 금융 시스템이 사실상 마비되었지만, 비공식 송금망이 하왈라Hawala를 통해 지역 간 자금 흐름을 유지하고 있다.[74] 하왈라는 상호 신뢰를 기반으로 한 중개인 네트워크를 통해 자금을 이전하는 전통적인 송금 방식이다. 송금 요청자가 자금을 중개인에게 맡기면, 수취 지역에 있는 또 다른 중개인을 통해 동일한 금액이 수취인에게 전달된다. 이 시스템은 서면 기록 없이도 오랜 상업 관행과 신뢰 관계에 기반해 작동한다는 점에서, 국가 기반 금융 체계가 작동하지 않는 상황에서도 공동체 기반의 신뢰 네트워크가 자생적으로 기능할 수 있음을 보여주는 사례다. 다시 말해, 중앙 집중형 금융 시스템에 대한 대안 가능성을 시사한다.

러시아는 우크라이나 침공 이후 제재 대응의 일환으로 대체 금융 인프라를 적극적으로 구축하고 있다. 루블화와 위안화를 중심으로 한 결제 시스템을 확장하는 한편, 중앙은행 디지털 화폐인 '디지털 루블'을 도입해 국가 간 무역 결제에 활용하려는 시도를 본격화하고 있다. 나아가 자국 결제 메시징 시스템을 중국의 국경 간 지급 시스템과 연동하려는 협력이 논의되고 있으며, 브릭스BRICS**를 중심으로 한 블록형

** 브릭스(BRICS)는 브라질(Brazil), 러시아(Russia), 인도(India), 중국(China), 남아프리카공화국(South Africa)으로 구성된 신흥경제국 연합체를 의미한다.

지역 결제 네트워크의 구축도 병행되고 있다. 이는 기존 SWIFT 중심 질서에 대한 실질적 대항 시스템의 형성으로 평가된다.

이러한 흐름은 단순한 제재 회피의 기술을 넘어선다. 이는 기술적 가능성에 기반하여 결제 인프라의 주권을 회복하려는 실험이자, 글로벌 통화 질서의 다양화를 향한 걸음이다. 국가들은 이제 달러에만 의존하지 않는 시스템을 설계하고자 한다. 이로 인해 결제 수단과 준비 자산의 포트폴리오는 점점 더 분산적이고 다극화된 구조로 재편되고 있다.

이러한 변화는 통계적으로도 확인된다. IMF의 자료에 따르면, 전 세계 외환보유고 중 달러의 비중은 2000년대 초 70% 수준에서 2023년 말 기준 58%까지 하락했다.[75] 반면 금, SDR Special Drawing Rights, 위안화 등 비달러 자산의 비중은 꾸준히 증가하고 있다. 특히 금 보유는 1974년 이래 최대치를 기록하고 있다.[76] 중앙은행들은 이제 달러를 유일한 기축 자산으로 간주하지 않으며, 금융 안정성의 관점에서 자산 구성의 다변화를 추구하고 있다.

이러한 선택은 생존 전략이자 새로운 질서 구상의 표현이다. 미국의 제재가 강해질수록 그 반작용 또한 더욱 구조화된다. 이제 달러는 스스로를 정당화해야만 지속될 수 있는 질서의 일부가 되었고, 그 기반은 갈수록 정교한 회피 기술과 대안적 시스템 구축이라는 현실적 실천 앞에서 도전을 받고 있다. 세계는 지금, '달러 없는 세계'를 상상하는 중이다. 역사의 장과 절은 연극의 장과 절처럼 명확하게 구별되지는 않는다. 달러 시대의 절정에서 탈달러의 맹아가 자라는 식이다. 달러 없는 세계에 대한 상상이라는 과도기적 실천들은 단일한 중심을 가진 글로벌 통화 질서가 아닌, 복수의 거점이 공존하는 다극적 통화 생태계를 예고하고 있다.

디지털 달러 패권의 반격

스테이블코인의 기술적 진화와 글로벌 확산

스테이블코인은 암호화폐의 극심한 가격 변동성과 사용처의 불안정성이라는 구조적 한계를 극복하기 위한 기술적 해법으로 등장했다. 비트코인이나 이더리움과 같은 주요 암호화폐는 하루 중에도 수 퍼센트의 급등락을 반복할 만큼 높은 변동성을 지니고 있는데, 이는 암호화폐가 일상적인 결제 수단으로 자리잡고 대중적으로 확산되는 데 큰 장애물로 작용한다. 게다가 스테이블코인이 처음 등장한 시점에 일부 국가에서는 전통 금융 시스템과 암호화폐 생태계 사이의 연결이 사실상 차단된 상태였다. 규제상의 제약으로 인해 암호화폐 거래소는 법정화폐의 직접 입출금을 원활히 제공하지 못했고, 사용자들은 비트코인을 구매하거나 환전하기 위해 복잡하고 비효율적인 절차를 감수해야 했다. 이처럼 불안정한 가격 구조와 폐쇄적인 금융 환경은, 법정화폐의 가치를 디지털 방식으로 재현하면서도 블록체인 위에서 작동하는 새로운 자산의 필요성을 자극했다. 이러한 문제의식 속에서 등장한 스테이블코인은 블록체인의 분산성을 유지하면서도 안정적인 가치를 제공하는 것을 목표로 한다.

스테이블코인은 크게 네 가지 유형으로 구분된다. 첫째, 법정화폐 담보형은 가장 널리 사용되는 형태로, 테더Tether 사社의 USDT와 서클Circle 사의 USDC가 대표적이다. 이들은 달러와 같은 법정통화를 은행 계좌나 단기 국채 형태로 예치함으로써 1:1의 가치를 유지한다. 안정성과 신뢰성이 높아 국제 송금이나 결제 등 다양한 분야에서 폭넓게 활용되고 있다. 둘째, 실물자산 담보형은 금, 원유 등의 실물을 기반으로 하며, 자산 자체의 내재 가치를 바탕으로 가격을 유지한다. 다만 실물 기반인 만큼 보관 및 관리 비용이 발생하고, 발행 주체의 투명성과 신뢰에 크게 의존하기 때문에 블록체인의 기본 원칙과는 거리가 있다. 셋째, 가상자산 담보형은 비트코인이나 이더리움 같은 암호자산을 초과담보로 설정해 발행된다. 탈중앙성과 자동화된 운영 구조를 갖추고 있지만 담보 자산의 가격 변동에 민감하다는 한계를 지닌다. 넷째, 알고리즘형은 별도의 담보 없이 수요와 공급에 따라 유통량을 조절하는 방식으로 설계된다. 이 방식은 이론적으로는 효율성을 추구하지만, 담보가 없다는 본질적인 한계로 인해 가격 붕괴 위험이 높다. 2022년 이른바 '테라-루나Terra-Luna 사태'는 알고리즘형 스테이블코인의 구조적 취약성을 드러내며 시장에 큰 충격을 안긴 바 있다.

현재 유통되는 스테이블코인의 대부분은 법정화폐 담보형이다. 이는 단지 수량의 우세를 넘어 제도권 금융과의 연결성, 그리고 실물 기반 신뢰를 제공한다는 점에서 생태계의 중심축으로 기능하고 있다. 무엇보다 주목할 점은, 수많은 법정화폐 담보형 스테이블코인 중에서도 달러 스테이블코인이 압도적인 비중을 차지하고 있다는 사실이다. 2025년 7월 기준, 달러 기반 스테이블코인의 시가총액은 2,500억 달러를 넘어섰고, 전체 스테이블코인 시장의 90% 이상을 점유하고 있다.[77] 또한 2024년 말 기준으로 시가총액 상위 10개 스테이블코인 중 9개가 달러에 연동되어 있으며, 이들을 뒷받침하는 담보 자산의 99% 이상이 달러 또는 달러 기반 자산으로 구성되어 있다.[78] 이는 탈중앙화를 지향하는 디지털 생태계에서도 여전히 신뢰의 기준과 화폐 단위가 달러라는 역설을 드러낸다. 이러한 집중은 단순한 시장의 선호를 넘어, 달러 스테이블코인을 중심으로 한 새로운 글로벌 통화 구조가 형성되고 있음을 시사한다.

　스테이블코인의 가장 실용적이고 구체적인 활용 사례는 국제 송금 분야에서 확인된다. 기존 국제 송금 시스템은 SWIFT 네트워크 기반으로 작동하며, 다단계 중개 은행을 거치는 구조 탓에 수수료가 높고 처리 시간이 길다. 특히 금융 인프라가 취약한 개발도상국에서는 이러한 구조적 비효율성이 더욱 심각하다. 예를 들어, 이주 노동자가 본국 가족에게 200달러를 송금할 경우, 전 세계 평균 수수료(6.4%)[79]를 기준으로 하면 12.8달러를 수수료로 지불해야 한다. 게다가 은행을 통한 국제 송금은 일반적으로 1~5영업일이 소요되며, 일부 경우에는 시스템 지연 등의 문제로 일주일 이상 걸리기도 한다. 이에 비해 스테이블코인은 중개 기관 없이 블록체인을 통해 실시간으로 송금이 가능하며, 대부분의 경우 수수료 또한 1달러 미만으로 유지된다. 미국에서 일하는 필리핀 이주 노동자가 스테이블코인을 통해 본국의 가족에게 생활비를 송금하고, 가족들이 이를 현지 거래소에서 환전하거나 직접 사용하는 방식은 이미 일상화되고 있다.

전자상거래 및 글로벌 기업의 결제 시스템에서도 스테이블코인은 새로운 대안으로 부상하고 있다. 기존 신용카드 기반 결제는 평균 1.5~3.5%의 수수료를 부과하며, 정산은 일반적으로 1~3 영업일이 소요되는데, 경우에 따라 일주일 이상 소요될 수도 있다. 반면 스테이블코인은 거래 즉시 판매자의 지갑으로 대금이 입금되며, 정산 지연이나 높은 수수료 부담이 없다. 이는 소규모 온라인 판매자에게 특히 유리한 구조를 제공한다. 쇼피파이Shopify[80]와 코인베이스 커머스Coinbase Commerce[81] 등은 이미 스테이블코인 결제를 지원하고 있으며, 한국의 남대문시장 일부 상점에서도 USDT 결제를 도입해 외국 상인의 결제 편의를 높이고 있다.[82]

극심한 인플레이션을 겪고 있는 국가들에서는 달러 스테이블코인이 일상적인 화폐 기능까지 대체하고 있다. 베네수엘라, 레바논, 아르헨티나 등에서는 자국 통화의 신뢰가 무너진 상황에서, 달러 스테이블코인이 사실상 비공식 법정화폐처럼 사용되고 있다. 레바논의 소매 상점들은 테더를 직접 결제 수단으로 받고 있으며,[83] 베네수엘라의 식료품점과 소규모 상점에서도 달러 스테이블코인 결제가 점차 일상화되고 있다.[84] 이는 법정통화를 대체하는 새로운 디지털 화폐 질서가 시장에서 실질적으로 작동하고 있음을 보여준다.

노동 시장에서도 스테이블코인의 영향력은 점차 확대되고 있다. 특히 코로나19 이후 원격 근무가 전 세계적으로 확산되면서, 개발도상국의 노동자들이 달러 스테이블코인을 통해 급여를 수령하는 사례가 늘고 있다. 이는 낮은 송금 수수료, 실시간 지급, 그리고 인플레이션 회피라는 세 가지 실질적 이점을 동시에 제공한다. 예를 들어, 아르헨티나처럼 극심한 물가 상승과 외환 통제가 일상화된 국가에서는 이러한 대안적 급여 시스템이 생존 전략의 일부가 되고 있다. 급여 및 인사 관리 플랫폼인 딜Deel에 따르면, 아르헨티나는 전 세계 150개국 중 암호화폐로 급여를 수령하는 비율이 가장 높은 국가로 나타났으며, 현지 기업들의 암호화폐 기반 급여 지급은 지난 1년간 340% 이상 증가했다.[85] 이러한 변화는 단순한 지급 방식의 전환을 넘어, 급여의 실질적 가치 보존, 송금 효율성, 개인의 금융 자율성 측면에서 중요한 진전을 의미한다.

더 나아가, 스테이블코인은 마이크로페이먼트Micropayment라 불리는 초소액 결제 생태계를 가능케 하고 있다. 기존 금융 시스템은 결제 수수료가 일정 금액 이상으로 고정되어 있어, 1달러 미만의 거래를 처리하기에는 비경제적이었다. 그러나 스테이블코인은 0.1달러 단위의 결제도 매우 낮은 수수료로 실시간으로 처리할 수 있다. 이를 통해 뉴스 기사 단건 구매, 음악 곡별 과금, 동영상 콘텐츠 분 단위 이용료 등 사용자 맞춤형 결제 모델이 가능해졌다. 이는 콘텐츠 소비 방식의 변화와 함께, 창작자에게 보다 공정한 보상 구조를 제공하는 기반으로도 작용한다.

결국 스테이블코인은 현실의 금융 시스템이 충족시키지 못한 필요를 해결하는 새로운 질서의 실험장이다. 제도권이 불안정하거나 존재하지 않는 공간, 통화 가치가 급락하는 공간, 글로벌 송금 비용이 과도하게 높은 공간에서 스테이블코인은 '중앙 없는 돈'으로 작동하고 있다. 그리고 바로 이 지점에서 미국은, 이러한 흐름을 수용하고 제도화함으로써 디지털 달러라이제이션Dollarization이라는 새로운 패권 전략을 구사하려는 움직임을 본격화하고 있다.

디지털 달러화 전략과 스테이블코인의 제도화

달러 스테이블코인의 폭발적 확산은 미국에게 두 가지 상반된 메시지를 전달했다. 하나는 달러에 대한 전 세계적 수요가 여전히 강력하다는 신호였다. 다른 하나는 그 수요가 미국 정부의 직접적인 통제를 벗어난 비가시적 생태계에서 생성되고 있다는 점이다. 이에 대한 미국의 대응은 단순한 규제도, 방관도 아니었다. 미국은 디지털 달러화를 공식 전략으로 채택하고, 달러 스테이블코인을 제도권의 도구로 전환하는 전략을 택했다.

전환의 분기점은 바로, 2025년 7월 18일에 트럼프 대통령이 서명한 'GENIUS 법안'[86]이다. 약 2,500억 달러 규모로 성장한 스테이블코인 시장을 연방 차원에서 포괄적으로 규율한 이 법안은, 단순한 기술 실험으로 여겨졌던 스테이블코인을 제도적 금융 시스템의 핵심 구성요소로 편입시켰다.

법안은 스테이블코인을 증권이나 상품으로 간주하지 않고, 디지털 결제 수단으로 규정한다. 그리고 오직 법정화폐에 연동된 스테이블코인만을 인정한다. 이에 따라 알고리즘형 스테이블코인은 원천적으로 금지된다. 발행 주체는 인가된 은행 자회사, 또는 통화감독청Office of the Comptroller of the Currency, OCC으로부터 인허가를 받은 비은행 기관 등으로 제한된다. 또한 모든 발행자는 발행량과 1:1로 대응하는 준비자산을 보유해야 하며, 해당 자산은 현금, 단기 미국 국채, 환매조건부채권 등 안전성과 유동성이 높은 자산으로 한정된다. 회계·공시 기준도 엄격히 규정되어, 공인회계법인을 통한 월간 검토 보고가 의무화되었다. 특히 외국 발행자에 대해서도 기술적 대응 능력, 미국 내 준비자산 예치 등의 조건을 요구함으로써, 미국 규제의 관할 범위를 글로벌 차원으로 확대하려는 입법자의 의도가 분명히 드러난다.

이러한 조치는 스테이블코인을 둘러싼 글로벌 통화 질서의 재편 과정에서 미국이 주도권을 강화하려는 전략적 수단이다. 트럼프 2기 정부의 핵심 인사들은 스테이블코인을 단순한 금융 기술이 아닌 지정학적 통화 전략의 일부로 규정하고 있다. 스콧 베센트Scott Bessent 미 재무장관은 2025년 3월 백악관에서 열린 '디지털 자산 서밋Digital Asset Summit'에서 "미국 달러가 앞으로도 세계에서 지배적인 기축통화가 되도록 하기 위해 스테이블코인을 활용하겠다"고 밝히며, 디지털 생태계 속 달러의 위상을 국가 정책 차원에서 공고히 할 것임을 천명했다.[87] 데이비드 색스David Sacks 백악관 인공지능·가상자산 최고책임자는 "스테이블코인은 국제적으로 미국 달러의 지배력을 확대하는, 디지털 시대에 걸맞은 통화 패권 전략의 핵심 수단"이라 말하며, 달러-국채-스테이블코인 삼각 구조를 중심축으로 하는 새로운 메커니즘을 제시했다.[88]

이처럼 스테이블코인은 디지털 달러라이제이션이라는 구체적 전략의 중심에 자리잡고 있다. 그 이유는 명확하다. 스테이블코인은 글로벌 유동성을 빠르게 확산시킬 수 있으며, 민간 주도의 기술 생태계를 통해 탄력적으로 운영될 수 있고, 동시에 발행사가 보유하는 준비자산 구조를 통해 미국 국채에 대한 구조적 수요를 안정적으로 견인할 수 있기 때문이다. 특히 중국과 러시아 등 전통적 미국 국채 보유국들이 지정학적 이유로 미국 국채에서 이탈하는 상황에서, 달러 기반 스테이블코인은 새로운 민간 수요 기반을 창출하며 국채 시장의 공백을 효과적으로 메우고 있다.

예컨대, 2025년 1분기 기준 테더는 약 1,200억 달러 규모의 미국 국채를 보유하고 있는데, 이는 독일 중앙은행Bundesbank의 전체 외환보유액을 상회하는 수준이다.[89] 단일 민간 기업이 주요국 중앙은행보다 많은 국채를 보유하고 있다는 사실은 국채 수요 메커니즘이 기존의 정부 간 신뢰 기반에서 디지털 민간 생태계 중심으로 전환되고 있음을 분명히 보여준다.

이 구조의 역설은 분명하다. 블록체인 기반의 탈중앙화 기술은 본래 국가 권력을 우회하거나 해체하려는 철학에서 출발했다. 그러나 오늘날의 스테이블코인은 그 기술을 활용해 가장 중앙집중적이고 주권적 자산인 미국 국채에 대한 수요를 증폭시키고 있다. 디지털 생태계는 탈국가적 외양을 갖추고 있지만 그 내적 작동 원리는 미국 국채라는 패권적 핵심 자산에 깊이 의존하고 있으며, 이로써 탈중앙적 기술이 오히려 중앙화된 권력을 강화하는 기제로 전환되고 있는 것이다.

미국의 스테이블코인 전략은 이중적이다. GENIUS 법안은 표면적으로는 사용자 보호와 시스템 안정성을 위한 규제지만, 그 이면에는 달러 패권의 미래를 위한 금융 인프라 설계가 자리잡고 있다. 스테이블코인은 민간의 유연성과 기술 혁신성, 법적 안정성과 신뢰 구조가 결합된 복합 시스템이다. 미국은 이러한 '혼합형 디지털 통화 시스템'을 통해, 디지털 시대에도 자국 통화의 기축 위상을 유지하고자 하는 것이다.

결국 스테이블코인은 달러의 종말이 아니라, '디지털 시대의 달러'의 재탄생이다. 그것은 누구나 접근할 수 있고, 언제 어디서든 실시간으로 교환 가능한 글로벌 디지털 규범으로서의 달러다. 그리고 이 규범은 블록체인이라는 기술적 기반과 국채라는 제도적 신뢰를 바탕으로 디지털 제국의 금융 인프라 위에서 작동하기 시작했다.

> 한 걸음 더 1
> ## SWIFT 메시지 보안과 이종간 통화 메시지 예시

SWIFT는 전 세계 금융기관 간에 안전하고 표준화된 금융 메시지를 교환하는 네트워크이다. 자금의 실제 이동을 처리하는 것은 아니며, 주로 금융 거래에 필요한 지시, 확인, 승인 등의 메시지를 전달하는 역할을 한다.

SWIFT는 보안성을 최우선으로 한다. 이를 위해 다음 요소들을 포함한 다층적인 보안 시스템을 운영한다.

- **전용 통신망**: SWIFT 메시지는 일반 인터넷망이 아닌 SWIFT가 구축한 전용의 보안 통신망SWIFT Net을 통해서만 송수신된다. 이는 외부의 무단 접근 및 해킹 시도를 원천적으로 차단하기 위함이다.
- **강력한 암호화**: 전송되는 모든 메시지는 송수신 과정에서 고도의 암호화를 거친다. 이는 메시지 내용이 외부로 유출되더라도 그 내용을 식별할 수 없도록 하여 기밀성을 유지한다.
- **방화벽 및 침입 방지 시스템**: 네트워크에 대한 무단 접근이나 악의적인 공격을 막기 위해 최첨단 방화벽 및 침입 방지 시스템Intrusion Prevention System, IPS을 설치하여 24시간 감시하고 대응한다.
- **다단계 인증 및 권한 관리**: SWIFT 네트워크에 접근하는 모든 사용자 및 시스템은 엄격한 다단계 인증 절차를 거쳐야 하며, 각 금융기관의 역할과 권한에 따라 접근 가능한 정보와 기능이 철저히 제한된다.

이종 통화 간 송금 시 표준 SWIFT 메시지 예시 (MT 103)

MT 103은 단일 고객 지급Single Customer Credit Transfer을 위한 가장 흔하고 널리 사용되는 SWIFT 메시지 유형이다. 송금 은행이 수취 은행으로 보내는 이 메시지에는 다음과 같은 표준화된 필드들이 포함된다.

필드 번호	필드 이름	예시	설명
20	Transaction Reference Number (거래 참조 번호)	:20:F00123456789	F00123456789 → 해당 거래에 부여된 참조번호(송금은행 내부에서 생성됨)
23B	Bank Operation Code (은행 업무 코드)	:23B:CRED	CRED → 일반적인 크레딧 송금임을 의미
32A	Value Date / Currency / Interbank Settled Amount (거래일자 / 통화 / 은행 간 정산 금액)	:32A:240726KRW 1234567890	240726 → 2024년 7월 26일 KRW → 한국 원화 1234567890 → 12억 3456만 7890원
50K	Ordering Customer (송금 의뢰인)	:50K:/12345678 HONG GIL DONG GANGNAM-GU, SEOUL KOREA	12345678 → 송금인 계좌번호 HONG GIL DONG → 송금인 이름 GANGNAM-GU, SEOUL → 송금인 주소 1 KOREA → 송금인 주소2
57A	Account With Institution (수취 은행)	:57A:BANKUS33XXX	BANKUS33XXX → Bank of America의 뉴욕 본점
59	Beneficiary Customer (수취인 정보)	:59:/98765432 JOHN DOE 123 MAIN ST NEW YORK, USA	98765432 → 수취인 계좌빈호 JOHN DOE → 수취인 이름 123 MAIN ST → 수취인 주소 1 NEW YORK, USA → 수취인 주소2

이러한 표준화된 메시지 형식을 통해 전 세계 수많은 금융기관이 서로 다른 통화로 복잡성 없이 정확하게 거래를 처리할 수 있으며, 이는 국제 금융 시스템의 효율성과 안정성을 유지하는 핵심 기반이 된다.

한 걸음 더 2
SWIFT 망과 안전한 메시지로서의 화폐

SWIFT의 작동 방식에서 주목할 점은, 이 시스템이 자금을 직접 이동시키는 것이 아니라 '누가 누구에게 얼마를 보냈는지'에 대한 정보만을 이동시킨다는 데 있다. 즉 송금은 실물의 전달이 아니라, 신뢰할 수 있는 메시지의 전달이다. 이 메시지가 위조되지 않고 정확히 해석되어 각 금융기관의 장부에 반영되는 순간 결제가 성립된다. 이처럼 오늘날 금융의 본질은 실물 이전이 아니라 정보의 안전한 전송과 해석 가능성에 있다.

이 점에서 보면, SWIFT는 단순한 통신 인프라를 넘어 현대 금융 질서의 보안 경계선, 다시 말해 해자Moat로 기능한다. 그러나 이 해자는 필요에 따라 정치가 개입될 수 있다는 점에서 심각한 취약성을 내포한다. 2012년 이란, 2022년 러시아에 대한 금융 제재 사례처럼 특정 국가가 SWIFT 네트워크에서 배제될 경우, 해당 국가는 국제 금융 시스템으로부터 사실상 고립된다. SWIFT는 기술적으로는 중립을 표방하지만, 현실에서는 지정학적 통제 수단으로 작동하는 것이다.

이러한 맥락에서 비트코인은 전혀 다른 방식의 상상력을 제시한다. 비트코인 네트워크는 중앙의 통제 없이 누구나 참여할 수 있으며, 모든 거래 메시지가 공개된 시스템상에서 생성·검증·기록된다. 그 신뢰는 폐쇄형 보안이 아니라, 공개된 합의 프로토콜 자체에서 비롯된다. 누구도 임의로 배제되거나 메시지를 조작할 수 없으며, 어떤 권력도 메시지의 흐름을 통제할 수 없다.

비트코인은 종종 '실물이 없다'는 비판을 받지만, 금융을 신뢰 가능한 메시지 구조로 본다면, 오히려 가장 순수하고 강건한 형태의 화폐라고 볼 수 있다. 미국이 SWIFT라는 메시지망을 통해 금융 제재라는 무기를 행사할 수 있었다면, 그 무기에 대한 유일한 대안은 검열 불가능한 메시지 체계를 갖춘 화폐일 수밖에 없다. 결국 화폐란, 본질적으로 신뢰할 수 있는 메시지의 구조이기 때문이다.

한 걸음 더 3

테더사의 수난과 영광의 서사

중국 시장의 변화와 가격 조작 논란

테더는 세계 최대 규모의 스테이블코인 발행사 중 하나이다. 테더는 아역 배우 출신이자 블록체인 업계의 선구자로 불리는 브록 피어스Brock Pierce, 벤저민 리브 Benjamin Reeves 그리고 리브 콜린스Reeve Collins 등에 의해 2014년 설립되었다. 그러나 출범 초기부터 USDT 준비금의 투명성에 대한 의혹은 끊이지 않았다. 특히 발행된 USDT에 상응하는 달러 준비금을 실제로 충분히 보유하고 있는지에 대한 지속적인 의구심이 제기되었다. 이러한 불신은 때때로 USDT의 1:1 페깅 안정성이 흔들리는 사태로까지 이어졌다.

가장 대표적인 사건은 2018년 10월에 발생하였다. 당시 비트파이넥스의 달러 예치금 인출 정지 발표에 따른 시장 불안 때문에 USDT 가격은 한때 0.95달러까지 하락하며 1:1 페깅이 크게 깨졌다.[90] 이후에도 2022년 5월에는 테라-루나 붕괴 사태로 인한 시장 공포 심리가 확산되면서, USDT 가격이 0.95달러 선까지 하락하는 등 불안한 모습을 보인 바 있다.[91] 이처럼 테더에 대한 불신이 증폭될 때마다 USDT의 가치가 일시적으로 하락하는 현상이 반복되면서, 시장은 테더의 준비금에 대한 의구심이 더욱 깊어졌다.

테더는 중국 정부가 암호화폐 거래소를 차단하면서 급격하게 성장하였다. 은행 계좌를 통해 직접 비트코인이나 이더리움을 구매할 수 없게 되자, 중국 투자자들은 USDT를 통해 암호화폐 시장에 진입하는 우회로를 찾았고, 이는 테더의 발행량 급증으로 이어졌다.

테더 발행량이 지속적으로 증가하자, 일부 학자들은 비트코인 가격 상승이 테더사의 의도적인 행위라고 주장했다. 특히 텍사스 오스틴 대학교의 존 그리핀John Griffin 교수와 오하이오 주립대학교의 아민 샴스Amin Shams 교수는 2018년, "테더의 발행량이 비트코인 가격 급등과 높은 상관관계를 보이다"고 주장하며, 테더가 비트코인의 가격 하락 시 시장을 지지하기 위해 발행되었을 가능성을 제기했다.[92]

남부지검의 탄압에서 하워드 러트닉 상무장관 취임까지

2019년, 뉴욕 법무부는 비트파이넥스가 8억 5천만 달러의 손실을 메우기 위해 고객 자금을 유용했으며, 이 과정에서 테더의 준비금을 무단으로 전용했다고 판단해 기소했다.[93] 뉴욕 법무부는 이러한 행위가 테더가 USDT의 완전한 담보를 허위로 주장하며 시장을 조작한 것이라고 보았다. 결국 2021년 2월, 테더와 비트파이넥스는 뉴욕 법무부와의 합의를 통해 1,850만 달러(한화 약 200억 원)의 벌금을 부과받았다.[94] 이 합의에 따라 양사는 뉴욕주에서의 사업을 중단하고, 분기별로 USDT 준비금 현황을 투명하게 공개하기로 하였다.

2024년 6월, 폴 라이언Paul Ryan 전 하원의장은 『월스트리트 저널』 기고문에서 "미국은 스테이블코인 분야를 선도해야 한다"고 주장하며, 특히 달러 스테이블코인은 미국 국채에 대한 수요를 창출하여 미국의 부채 문제 해결에 도움이 될 수 있다고 강조하였다.[95] 이러한 주장은 테더와 같은 달러 스테이블코인에 대한 미국 정가의 시각이 바뀌고 있다는 신호였다. 특히 트럼프 대통령 인수위원장이자 상무장관으로 임명된 하워드 러트닉Howard Lutnick과 테더의 관계가 주목을 끌었다. 러트닉이 CEO로 있는 캔터 피츠제럴드Cantor Fitzgerald는 테더의 막대한 자산 대부분을 보관하고 관리하는 역할을 수행하며, 특히 USDT 가치 담보의 핵심인 미국 국채를 관리하는 대가로 매년 수천만 달러의 수수료를 받는 것으로 알려져 있다. 또한 캔터 피츠제럴드는 테더 지분 약 5%를 인수하는 계약까지 체결해 주요 주주가 되었다.[96]

테더사는 비트코인을 팔아야 하는가?

테더는 지속적인 USDT 발행량 증가와 함께 막대한 수익을 창출하며 재무적으로 매우 견고한 상태이다. 2024년 재무제표에 따르면, 테더는 한 해 동안 130억 달러의 순이익을 기록했다.[97] 이처럼 엄청난 수익은 스테이블코인 발행사를 넘어 미국 주요 금융 그룹과 견줄 만한 수준이다.

테더의 재무 건전성은 매 분기 공개되는 준비금 보고서를 통해 명확히 드러난다. 2025년 1분기 기준으로, 테더의 총 자산은 약 1,493억 달러였으며, 부채(발행된 USDT 총량)는 약 1,437억 달러 수준이었다. 테더는 이처럼 자산이 부채를 초과하는 구조를 일관되게 유지하고 있다.

이 자산 목록에서 중요한 부분을 차지하는 것이 바로 비트코인이다. 테더는 사업 확장의 일환으로 상당량의 비트코인을 보유하고 있으며, 2024년 비트코인 가격이 급등하면서 테더가 보유한 비트코인의 달러 환산 가치 역시 크게 상승하였다. 이로 인해 테더의 총 자산은 부채를 훨씬 뛰어넘는 수준에 이르렀고, 이 자산 초과분은 회사의 이익으로 기록된다. 이러한 비트코인 투자가 테더의 재무 건전성에 크게 기여하고 있다는 점은 주목할 만하다.

미국에서 지니어스 법안GENIUS Act이 통과되면서 테더의 규제 환경에 중대한 변화가 나타났다. 이 법안은 스테이블코인에 대한 명확한 규제 프레임워크를 제시하며, 규제 준수 기입들에게 미국 시장 진출의 기회를 열어주었다. 법안 통과 직후, 테더의 CEO 파올로 아르도이노Paolo Ardoino는 언론과의 인터뷰에서 "지니어스 법안은 우리가 오랫동안 기다려온 명확한 규제 지침이다. 우리는 이 법안의 요건을 면밀히 검토하고 있으며, 이에 맞추어 미국 시장 진출을 적극적으로 검토하겠다"고 밝혔다. 그는 또한 "우리가 보유한 비트코인 자산을 미국 국채와 같은 안전 자산으로 전환하는 방안도 고려하고 있다"고 덧붙였다.

이 발언은 테더의 기존 전략에 큰 변화가 생길 수 있음을 시사한다. 과거에는 JP모건과 같은 기관들의 비트코인 매각 조언에 반발하며 비트코인 보유를 고수했지만, 이제는 미국 시장 진출을 위해 규제 요건에 맞추어 준비금 구성을 바꿀 수 있다는 가능성을 열어둔 것이다. 이는 테더가 단순히 기존 사업을 유지하는 것을 넘어, 새로운 시장 확장을 위해 전략적 유연성을 발휘하고 있음을 보여준다.

한 걸음 더 4

크립토와 자금세탁: 디지털 가명성과 규제 권력의 충돌

암호화폐는 본래 국가나 금융기관의 통제를 받지 않는 탈중앙적 교환 수단으로 설계되었다. 누구나 지갑을 만들 수 있고, 신원을 공개하지 않아도 자유롭게 송금이 가능하다. 이러한 익명성과 개방성은 자유의 상징이자 기술적 이상이었다. 하지만 동시에, 이 특성은 범죄 수익을 숨기고 유통하는 자금세탁 도구로 악용될 수 있는 여지를 내포한다. 암호화폐의 기술은 새로운 자유를 열어주었지만, 그 자유가 향하는 방향은 일방적이지 않다.

전통적인 자금세탁은 배치Placement-계층화Layering-통합Integration의 3단계로 이루어진다. 배치 단계에서는 현금을 카지노나 환전소를 통해 금융 시스템에 유입시키고, 계층화 단계에서는 자산을 반복적으로 분산·재결합하여 추적을 어렵게 만든다. 마지막으로 통합 단계에서는 부동산, 미술품, 고급 자동차 등 합법적 외형을 갖춘 자산으로 전환하여 자금의 출처를 감춘다.

암호화폐는 이 고전적인 구조에 기술을 덧붙였다. 믹서Mixer, 프라이버시 코인, 브리지 호핑Bridge Hopping 등의 도구는 국경을 초월한 실시간 자산 이동과 함께 신원 정보의 제거를 통해 기래 경로를 흐릿하게 만든다.

믹서는 여러 사용자의 암호화폐를 한데 모은 뒤 다시 분배하는 방식으로 자금의 흐름을 불분명하게 만드는 기술이다. 이더리움 기반의 토네이도 캐시Tornado Cash는 여기에 영지식 증명Zero-knowledge Proof 기술을 결합해, 거래의 유효성은 보장하면서도 거래 내역은 익명화한다. 프라이버시 코인은 이보다 한발 더 나아가, 설계 단계에서부터 추적 회피 기술을 내장한다. 예컨대 모네로Monero는 링 서명Ring Signature*과 스텔스 주소Stealth Address**를 통해 송수신자의 정체를 은폐한다.[98] 한편, 지캐시Zcash는 거래의 정당성은 입증하되 세부 정보는 외부에 노출되지 않도록 처리한다.[99]

여기에 브리지 호핑이라는 기법이 더해지면 상황은 더욱 복잡해진다. 브리지 호핑이란 하나의 블록체인에서 다른 블록체인으로 자산을 옮기는 과정을 반복함으로써, 거래의 흔적을 흐리게 만드는 기법이다. 예컨대 비트코인에서 이더리움으로, 다시 모네로 자산을 옮기는 식으로 블록체인 간 장벽을 넘나들면 자금 추적이 어려워진다. 각 블록체인은 서로 다른 추적 메커니즘을 갖고 있기 때문에, 이러한 구조가 반복될수록 자금세탁은 한층 정교해지는 것이다.

이러한 기술적 진화에 대응하기 위해 미국은 법, 기술, 안보를 총동원한 감시 및 규제 체계를 구축해왔다. 해외자산통제국OFAC은 이제 특정 지갑 주소뿐 아니라, 스마트 계약 코드 자체도 제재 대상에 포함시킬 수 있다고 선언했고, 금융범죄단속네트워크FinCEN는 '트래블 룰'을 통해 3,000달러 이상의 이체에 대해 송금인과 수취인 정보를 기록하도록 의무화하고 있다.[100] 또한 법무부는 국가 암호화폐 단속팀NCET을 출범시켜 암호화폐 범죄를 전담 수사하고 있다.[101] 이에 민간 분석기업인 체이널리시스Chainalysis[102]와 엘립틱Elliptic[103]은 블록체인 네트워크 추적, 위험도 평가, 포렌식 분석을 수행하며 연방정부의 실시간 감시 역량을 뒷받침하고 있다.

이러한 구조 속에서 자금세탁 사건에 대한 입증 책임은 점점 더 기업과 개인에게 전가되고 있다. 과거에는 검찰이 범죄 의도를 입증해야 했다면, 이제는 당사자가 '의도하지 않았다'는 사실을 스스로 증명해야 한다. 단순히 위험 신호를 무시한 것만으로

---

* 링 서명은 여러 사용자 키 중 하나를 사용하여 수행되는 디지털 서명으로, 서명을 생성하는 데 어떤 그룹 멤버의 키가 사용되었는지 계산적으로 파악하기 어렵게 만든다.
** 스텔스 주소는 수취인의 실제 주소를 블록체인상에서 완전히 숨기기 위해 매 거래마다 생성되는 일회용 주소를 의미한다.

도 형사 책임을 물을 수 있는 구조가 성립되고 있는데, 이는 사실상 새로운 준사법적 규범 질서의 형성을 의미한다. 이러한 원칙 아래, 세계 최대 암호화폐 거래소 바이낸스Binance는 히마스 및 알카에다 관련 자금세탁 방지 규정 위반 등의 혐의로 43억 달러의 벌금을 부과받았고, CEO 창펑자오Changpeng Zhao는 실형을 선고받고 교도소에 수감된 바 있다.[104]

이러한 흐름 속에서 가장 상징적인 사건은 2022년 미국 OFAC의 토네이도 캐시 제재 조치였다. 미국은 이더리움 블록체인에서 작동하는 오픈소스 믹서 프로토콜인 토네이도 캐시가 북한 해커조직 라자루스Lazarus에 의해 4억 5천만 달러 이상의 자금세탁에 활용되었다고 판단하고, 해당 스마트 계약 주소 자체를 제재 대상에 올렸다.[105] 이 조치는 단순한 인물이나 기업이 아닌, 코드 그 자체—구체적으로 말하면, 스마트 계약이 배포된 주소—를 '범죄자'로 지정한 전례 없는 시도였다. 이 결정은 곧 "코드도 제재할 수 있는가?"라는 헌법적·기술적 논쟁으로 이어졌다.

암호화폐 개발자들과 디지털 권리 단체들은 이 조치가 표현의 자유를 침해한다고 반발했다. 코드는 언어이며, 프로토콜을 작성하는 행위는 표현 행위에 해당한다는 것이다. 2024년 미국 법원은 "자체적으로 작동하는 코드 그 자체는 법인격을 갖지 않으며, 제재 대상이 될 수 없다"는 판결을 내리며 이 논쟁에 일단락을 내렸다.[106] 그러나 이 판례는 OFAC의 제재 권한을 본질적으로 제한하지는 못했고, 실제로 토네이도 캐시의 개발자 중 한 명인 알렉세이 페르체프Alexey Pertsev는 네덜란드에서 체포되어 기소되었다. 그는 토네이도 캐시가 범죄 자금 세탁에 이용된 것을 알면서도 시스템 개발 및 유지에 관여했다는 혐의를 받고 있다. 2024년 5월, 네덜란드 법원은 그에게 징역 64개월을 선고했다.[107]

유사한 사례로 이더리움 재단 출신의 개발자 버질 그리피스Virgil Griffith는 2019년 북한에서 열린 블록체인 콘퍼런스에 참석해 가상자산을 이용한 제재 회피 방법을 발표한 혐의로 2022년 미국 연방법원에서 징역 63개월을 선고받았다.[108] 그는 탈중

암호 지갑, 프라이버시 코인, 블록체인 인프라의 원리를 통해 북한 정권이 미국의 금융제재를 우회할 수 있는 가능성을 기술적으로 설명했는데, 이는 미국 국무부에 의해 적성국에 대한 금융 기술 이전으로 간주되었다. 이 사건은 암호화폐 기술이 단지 표현의 자유로 보호받는 대상이 아니라, 지정학적 무기이자 외환 통제의 핵심 기술로 간주될 수 있음을 보여주는 사례다.

한 걸음 더 5
양적완화와 인플레이션 그리고 스테이블코인

2008년 글로벌 금융위기 이후, 미국 연방준비제도는 경제 회복을 위해 전례 없는 정책인 양적완화를 시행했다. 기존의 금리 인하만으로는 경기 부양에 한계가 있다고 판단했기 때문이다. 기준금리가 이미 0%에 가까워 더 이상 낮출 수 없는 제로금리 하한선Zero Lower Bound에 도달하자, 연준은 시장에서 국채와 주택저당증권MBS 등의 자산마저 대규모로 매입하기 시작했다. 이는 시중에 유동성을 공급하고 장기 금리를 낮춰 민간의 투자와 소비를 촉진하려는 조치였다.

연준은 2008년 11월에 1차 양적완화를 단행한 후 약 1년 반 동안 이를 지속했다. 이후 2010년 유럽 재정위기가 발생하고 미국 경제의 회복세가 둔화되자, 같은 해 11월부터 2차 양적완화에 나섰다. 그 결과 연준의 자산 규모는 금융위기 직전인 2008년 약 9천억 달러에서 2014년 양적완화 종료 시점에는 4조 5천억 달러를 넘어서며 5배 이상 급증했다.[109] 이 같은 대규모 유동성 공급을 두고 '무제한 돈 풀기'라는 비판이 제기됐다. 당시 연준 의장이던 벤 버냉키Ben Bernanke는 '헬리콥터에서 돈을 뿌린다'는 비유와 함께 '헬리콥터 벤'이라는 별명으로 불리기도 했다. 많은 사람들은 이처럼 막대한 돈이 풀릴 경우, 대규모 인플레이션이 필연적으로 뒤따를 것이라 예측했다.

그러나 놀랍게도 그런 일은 일어나지 않았다. 연준의 자산이 몇 배나 증가했음에도 불구하고, 미국의 소비자물가지수CPI는 양적완화 기간 동안 대체로 2% 안팎의 안정적인 수준을 유지했다. 일시적으로 물가가 상승한 시기도 있었지만, 전반적으로 지속적이고 광범위한 인플레이션은 발생하지 않았다. 그렇다면, 왜 그렇게 많은 돈이 풀렸는데도 물가는 오르지 않았던 것일까?

통화량에 대한 오해

양적완화가 대규모로 시행되었음에도 불구하고 인플레이션이 발생하지 않았던 이유를 이해하려면, 먼저 통화량에 대한 흔한 오해를 짚어볼 필요가 있다. 이는 일반인은 물론 일부 경제학자들 사이에서도 종종 간과되는 사실이다. 많은 사람들이 중앙은행의 자산이 늘어나면 곧바로 시중 유동성이 증가하고 인플레이션이 발생할 것이라고 생각한다. 그러나 실상은 그렇지 않다.

우리가 일상적으로 말하는 '통화량'은 단순히 중앙은행이 발행하는 본원통화M0만을 의미하지 않는다. 실제 경제 활동에서 사용되는 유동성 지표는 훨씬 더 넓은 범위의 광의 통화M2에 가깝다. M2는 본원통화뿐만 아니라 은행 예금, 저축성 예금, 단기 채권 등 단기 금융상품까지 포함하는 개념이다.

양적완화의 핵심 메커니즘은 연준이 금융기관으로부터 자산(국채나 MBS 등)을 매입하고, 그 대가로 해당 금융기관의 연준 계좌에 있는 지불준비금Reserve Balance을 증가시키는 것이다. 다시 말해, 연준의 자산이 몇 배로 불어난 이유는 시중 유동성이 늘었기 때문이 아니라, 은행들의 준비금 자산이 늘었기 때문이다.

하지만 이 지불준비금은 단지 은행이 중앙은행에 예치해둔 돈일 뿐, 가계나 기업이 실질적으로 사용할 수 있는 자금은 아니다. 연준의 본원통화는 급증했지만, 실제 경제에 영향을 주는 M1(협의통화, 현금 및 요구불 예금)이나 M2는 그만큼 증가하지 않았다. 이는 위기 이후 은행들이 대출에 극도로 신중해졌기 때문이다.

2008년 금융위기의 충격 이후, 은행들은 부실자산에 대한 손실 우려와 금융 시스템 전반의 불확실성으로 인해 위험 회피 성향을 강화했다. 아무리 중앙은행이 지불준비금을 공급해도, 은행들은 그것을 기업이나 가계에 적극적으로 대출하지 않고, 오히려 연준에 다시 예치하거나 안전한 단기 국채에 투자하는 방식을 택했다.

결국 통화량은 중앙은행이 아니라 상업은행의 대출 행위를 통해 비로소 증가한다는, 단순하지만 매우 중요한 원리를 이해해야 한다. 기업과 가계가 은행에서 대출을 받아 소비와 투자를 늘릴 때 시중의 유동성이 증가하고, 총수요가 확대되어야 인플레이션이 발생할 수 있다. 다시 말해, 양적완화가 인플레이션으로 이어지려면 은행의 '대출 창구'가 제대로 작동해야 한다.

양적완화의 진짜 목적: 심리적 효과와 자산 가격 지지

그렇다면 연준은 왜 은행들의 지불준비금을 그렇게까지 대규모로 늘려준 것일까? 이는 단순한 유동성 공급을 넘어, 몇 가지 복합적이고 전략적인 목적을 지닌 조치였다.

첫째, 금융 시스템의 붕괴를 방지하기 위한 방어적 목적이 있었다. 2008년 금융위기 당시, 많은 은행들이 부실 대출과 파생상품 손실로 인해 심각한 자본 부족에 시달리고 있었다. 연준이 이들 금융기관으로부터 자산을 매입하고 그 대가로 지불준비금을 늘려주는 방식은, 은행이 갑작스러운 예금 인출이나 채무 불이행 사태에 대비할 수 있도록 안전 자산을 확보해 주는 역할을 했다. 이는 은행 부도를 방지하고, 궁극적으로는 대출 기능 회복의 기반을 마련하는 조치였다.

둘째, 양적완화는 시장과 대중의 심리를 자극하려는 의도도 내포하고 있었다. 연준이 전례 없는 규모로 유동성을 공급한다는 신호 자체가, 장기적으로는 인플레이션이 발생할 수 있다는 기대 심리를 자극할 수 있다. 미래에 물가가 오를 것이라는 기대가 퍼지면, 사람들은 현재 소비를 늘리고 기업은 투자를 앞당기게 된다. 결국 연준은 '인플레이션 기대 심리'를 자극함으로써, 현재의 소비와 투자를 유도하고자 했던 것이다.

셋째, 연준은 자산 가격의 하방을 지지하는 것 역시 중요한 목표로 삼았다. 국채나 MBS를 대규모로 매입하면 그 가격은 상승하고, 이에 따라 장기 금리는 하락한다. 낮은 금리는 주식, 부동산 등 다양한 자산 시장에 유동성을 유입시켜 자산 가격을 떠받치는 역할을 한다. 이는 단지 금융시장을 안정시키는 차원을 넘어, '부의 효과Wealth Effect'를 유도하려는 전략이기도 했다. 사람들이 보유한 자산의 가치가 상승하면, 자신이 부유해졌다고 느끼고 소비를 늘리는 경향이 있기 때문이다.

실제로 양적완화는 이러한 심리적 유도와 자산 가격 지지라는 측면에서 효과를 발휘했다. 주식시장은 빠르게 반등했고, 기업의 자금 조달 비용도 크게 낮아졌다. 다만 이러한 조치들이 직접적인 인플레이션으로 연결되지 않은 이유는, 은행들이 여전히 대출에 소극적이었기 때문이다. 즉, 자금은 중앙은행과 은행 간에 고여 있었고, 실물경제로의 전달 경로, 즉 대출 채널은 막혀 있었던 것이다.

달러 스테이블코인과 통화량: 새로운 오해의 시작

최근 암호화폐 시장에서 달러 스테이블코인이 인플레이션을 유발할 수 있다는 주장이 제기되고 있다. 그러나 이러한 우려는 과거 양적완화를 둘러싼 오해들과 유사한 맥락을 갖는다.

일반적으로 스테이블코인은 발행자가 동일한 가치의 달러나 이에 준하는 자산(예: 미국 국채)을 담보로 보유한 뒤, 그만큼의 코인을 발행하는 방식으로 운영된다. 현재의 스테이블코인 규제 법안은 발행자가 만기 3개월 이하의 미국 국채T-bills 등 안전한 단기 자산만을 담보로 보유하도록 의무화하고 있다. 이는 스테이블코인의 가치 안정성과 발행자의 건전성을 제도적으로 확보하려는 조치다.

이러한 구조는 언뜻 보면 연준의 '공개시장조작Open Market Operations'과 유사해 보일 수 있다. 앞서 언급한 바와 같이, 연준은 국채를 매입하고 그 대가로 은행에 지불준비금을 공급하는데, 이는 다시 은행의 대출을 통해 통화량 증가로 이어질 수 있다. 그러나 스테이블코인의 발행은 이와 본질적으로 다르다.

스테이블코인 발행사는 고객이 예치한 달러를 바탕으로 코인을 발행하고, 해당 달러는 보통 단기 국채 같은 안전자산에 투자된다. 이 과정에서 새로운 화폐가 창출되는 것은 아니다. 단지 '달러'라는 기존의 유동성이 '스테이블코인'이라는 디지털 형식으로 전환될 뿐이다.*

　은행에 있던 달러가 스테이블코인으로 전환되어 은행 예금이 감소하면, 은행은 대출을 줄일 수밖에 없다. 이는 신용 창출의 위축으로 이어진다. 반면 스테이블코인 발행사는 은행처럼 자금을 대출해 신용을 창출할 수 없기 때문에, 스테이블코인이 전통적인 은행 기능을 대체한다고 보기는 어렵다. 실제로 미국 재무부 자문위원회TBAC의 보고서는 스테이블코인이 M1과 M2에서 자금 이탈을 유발할 수 있으며, M3에도 영향을 미칠 수 있음을 제시한다.[110] 이는 오히려 전체 유동성을 줄이는 방향으로 작용할 수 있다는 뜻이다.

　한편, 스테이블코인 발행업자가 먼저 코인을 발행한 뒤 그 코인으로 단기 국채를 사는 경우도 가정해볼 수 있다. 그러나 이 역시 연준의 공개시장조작처럼 본원통화를 공급하거나 통화량을 실질적으로 늘리는 효과를 만들지는 못한다. 단기 국채는 본질적으로 현금에 가까운 유동성이 높은 자산이기 때문이다. 시장에서 쉽게 사고팔 수 있고, 현금으로 전환하기도 쉬운 자산이기 때문에, 이런 자산을 스테이블코인으로 바꾸는 행위는 단지 유동성의 '형태'를 바꾸는 것에 불과하다. 더구나 달러 스테이블코인 발행업자는 미국채의 발행량을 직접 조절하는 위치에 있지도 않다. 달러 스테이블코인의 발행량이 증가하면 발행사는 넘쳐나는 달러로 단기 국채를 사려고 하겠지만 단기국채 발행량을 재무부가 늘리지 않는 한 국채의 수요가 높아져서 가격만 올라간다.** 이때 발행사의 코인당 수익률은 줄이든다. 이는 시장 유동성과는 관계없다 즉

＊ 미국 은행에 요구불 예금을 가지고 있는 미국인이 달러 스테이블코인을 구매했을 때의 경우다. 외국인이 외국환 예금으로 달러 스테이블코인을 구입하면 미국채의 수요가 증가한다. 이 경우 달러 유동성이 증가하나 미국 경제에 인플레이션 압력이 증가하지는 않는다. 왜냐하면 외국환이 달러로 변화되어서 미국 바깥에서 쓰이기 때문이다.

＊＊ 비현실적이기는 하지만 스테이블코인 발행사가 미국채를 마이너스 수익률로 비싸게 사는 경우에는 미국채를 발행사가 흡수하는 양보다 더 많은 달러스테이블코인을 시중에 유통하는 결과가 된다. 극단적인 경우지만 이때는 발행사가 유동성을 증가시킬 수 있다.

달러 스테이블코인 발행사가 보유한 장기국채를 유동화할 능력을 갖게 되거나 스테이블코인 발행으로 확보한 달러로 대출을 하는 은행 면허를 갖지 않는 한, 유동성의 키는 미국 연준과 은행시스템, 그리고 채권 발행량을 조절할 수 있는 미국 재무부가 쥐고 있는 셈이다.

달러 스테이블코인에 대한 수요는 주로 외국인들에게서 발생한다. 미국 정부의 의도 또한 외국인들이 달러 스테이블코인을 구입할 때, 국채의 외국인 수요가 늘어나는 데 있다. 이 경우 미국 재무부는 미국채 발행량을 늘릴 것이고 따라서 달러의 유동성이 증가하지만 미국내 인플레이션 압력으로 이어지지 않는다. 이는 외국에서 경제활동을 영위하는 외국인이 자국 통화 대신 달러 스테이블코인을 보유하려고 하는 수요이기 때문이다.

중요한 것은, 달러 스테이블코인이 전통적인 은행 시스템의 외부에서 독립적인 달러 유동성의 순환 경로를 형성할 수 있다는 점이다. 이는 M1이나 M2 같은 기존의 통화지표로는 포착되지 않는 '그림자 유동성Shadow Liquidity'이다. 그러나 이 경우에도 그림자 유동성의 확대가 곧바로 인플레이션으로 이어지는 것은 아니다. 통화량의 증가가 실제 물가 상승을 유발하려면, 해당 자금이 실물경제로 유입되고, 통화의 유통 속도가 함께 증가해야 한다. 무엇보다도 금융기관들이 적극적으로 신용을 공급해야 한다.

양적완화의 사례가 보여주듯, 본원통화가 늘어나더라도 대출이 뒷받침되지 않으면 물가는 오르지 않는다. 스테이블코인 역시 이러한 맥락에서 바라볼 필요가 있다. 그것은 유동성의 전달 방식에 변화를 주는 새로운 기술적 수단일 뿐, 자동적으로 인플레이션을 촉발하는 원인은 아니다.

The
Philosophy
of
Bitcoin
as Money

Chapter 5

세계체제라는 패치워크

──────── 미국 워싱턴주 배션Vashon 섬에는 기이하면서도 아름다운 풍경이 하나 있다. 바로 나무의 한가운데에 자전거 한 대가 박혀 있는 모습이다. 전해지는 이야기에 따르면, 한 소년이 나무 옆에 세워두고 잊어버린 자전거를 나무가 오랜 세월에 걸쳐 자신의 일부로 품어내면서, 금속과 생명이 하나가 된 것이라고 한다. 이질적인 요소들이 서로를 흡수하는 이 장면은, 우리가 살아가는 세계가 '패치워크Patchwork'임을 상기시키는 인상적인 메타포다.

[그림 16] 배션 섬의 자전거를 품은 나무

워싱턴주 배션 섬 숲속의 나무에 파묻힌 자전거는 시간이 빚어낸 기묘한 풍경이다. 금속과 생명이 세월 속에서 하나로 얽히며, 이질적 요소들이 공존하는 '패치워크' 세계의 단면을 상징적으로 보여준다.
(출처: rev.sherm, CC BY 3.0)

패치워크 세계관이란, 세계가 하나의 통일되고 일관된 시스템으로 작동하는 것이 아니라, 서로 다른 기원과 논리, 때로는 모순적인 요소들이 뒤섞여 예측 불가능하게 연결되고 상호작용하며 전체를 구성한다는 인식이다. 이는 모든 것이 정교하게 설계된 단일한 기계처럼 움직인다고 믿는 '일관된 세계관'과 대척점에 선다. 플라톤으로까지 거슬러 올라가는 일관된 세계관은 세상이 질서정연하게 인식 가능하며, 모든 현상이 단일한 원리로부터 파생되었다는 기계론적 결정론에 기반한다. 그러나 이러한 사고체계는 현대에 이르러 이미 폐기된 관념이다. 이 세계관의 진짜 문제는 세계가 본질적으로 복잡한 혼돈이기 때문이 아니다. 진정한 문제는, 세계를 이루는 모든 요소들이 인간에게 알려져 있으며 바로 '나' 자신이 그 모든 원리를 꿰뚫고 있다는 착각, 그 치명적인 오만에 있다. 그럼에도 불구하고 많은 이들은 여전히 이 견고한 틀 안에 세상의 모든 현상을 꿰맞추려 한다. 그리고 그 틀에 맞지 않는 이질적인 요소들은 오류나 일시적인 현상으로 무시해 버린다.

지난 십수 년간 세계를 뒤흔들고 있는 비트코인이라는 존재는 일관된 세계관을 가진 이들에게는 이해하기 어려운, 심지어는 불편한 존재였다. 비트코인은 전통적인 화폐 개념, 금융 시스템, 심지어 국가 권력의 작동 방식에 대한 기존의 모든 상식과 충돌하는 '이물질'이다.

필자 중 한 명인 오태민이 약 11년 전 비트코인을 처음 접하고 그 잠재력을 설득하는 과정에서 만난 가장 큰 장벽 또한 바로 이러한 일관된 세계관을 가진 지식인들의 오만이었다. 그들은 세상의 질서를 미국이 주도하고 있고, 그들 자신이 그 모든 사실과 원리들을 충분히 꿰뚫고 있다는 확신에 차 있었다. 그들의 사고방식으로는 자전거가 나무의 일부가 되는 즉, 이질적인 요소가 기존의 견고한 체계 속으로 통합되어 새로운 존재를 구성하는 '이상한 나라'를 상상하지 못한다.

비트코인은 마치 배션 섬의 자전거처럼, 기존의 세계 질서라는 거대한 나무 옆에 덩그러니 놓인 이질적인 금속 덩어리였다. 전통 경제학자들은 비트코인을 '내재 가치가 없는 투기 자산'으로 폄하했고, 중앙은행가들은 '화폐가 될 수 없는 디지털 쓰레기'로 일축했으며, 정부 관료들은 '범죄에 악용되는 수단'으로 규정하려 했다. 이들은 자신들이 구축하고 이해하는 금융 시스템이라는 견고한 틀 안에서 비트코인을 해석하려 했지만, 비트코인은 그 틀에 결코 온전히 들어맞지 않았다. 그들의 일관된 세계관은 국가가 화폐를 발행하고 통제하며, 금융 기관이 중개 역할을 하는 것이 당연하다는 전제 위에 세워져 있었기 때문이다.

그 결과, 그들은 비트코인이 가진 진정한 잠재력, 즉 디지털 시대의 새로운 가치 저장 수단이자 국경 없는 결제 네트워크, 그리고 무엇보다도 중앙화된 권력으로부터 독립된 금융 주권의 상징으로서의 가능성을 놓쳤다. 그들은 비트코인을 자신들의 세계관을 위협하는 '오류'로만 여겼다.

반면, '패치워크 세계관'을 가진 이들은 비트코인을 다른 시각으로 바라봤다. 그들은 비트코인이 기존 시스템의 빈틈을 파고들고, 새로운 방식으로 가치를 창출하며, 결국에는 세계라는 거대한 패치워크의 한 조각으로 자리잡을 수 있음을 직관적으로 이해했다. 그들은 비트코인이 기존 금융 시스템의 한계, 즉 인플레이션, 검열, 국경의 제약 등에 대한 자연스러운 반작용이자, 디지털 시대에 필연적으로 등장할 수밖에 없는 새로운 형태의 자산임을 간파했다.

배션 섬의 나무가 자전거를 품으며 하나의 독특한 존재가 되었듯, 세계 역시 예측 불가능한 방식으로 이질적인 요소들을 흡수하며 진화한다. 실제로 역사는 새로운 기술이 기존의 것을 완전히 내모는 '대단절'보다는, 공존하며 상호 보완하는 '중첩과 연속'의 양상을 보여왔다. 철도가 세상에 나오고 무려 100년 동안, 철도는 마차를 완전히 내몰지 못했다. 오히려 마차는 철도의 경직성을 보완하며 새로운 호황을 누렸다. 기차역에서 최종 목적지까지 사람과 물건을 실어 날라야 했기 때문이다. 역설적이지만, 기차는 마차의 시대를 연 셈이었다. 또한, 증기기관의 굉음과 오염 때문에 도시 내에서는 증기기차보다는 기차와 마차를 융합한, 말이 끄는 기차(궤도 마차)가 성행하기도 했다. 얼핏 보기에 기차가 등장하면서 마차를 내몰았을 것 같지만, 기차와 마차는 오랫동안 서로 협력하면서 번창했던 것이다.

비트코인이 초래할 금융 혁신 또한 역사의 단절이 아닐 것이다. 그것은 중첩이며 연속이다. 기존의 금융 회사들은 비트코인과 블록체인 기술을 통해 새로운 서비스 모델을 개발하고 효율성을 높이며, 심지어 새로운 시장에서 더욱 번성할 수도 있다. 이러한 중첩의 시대를 사는 이들에게, 자전거와 나무가 하나가 되는 배션 섬의 풍경처럼 이질적인 요소들이 공존하고 융합하는 패치워크 세계관은 지적 오만이 초래하는 치명적인 오류를 피하는 지혜를 선사한다.

이 챕터는 바로 이러한 패치워크 세계관의 관점에서, 오늘날 미국이 주도하고 있는 세계 질서를 역사적·통시적으로 분석하고자 한다. 미국은 스스로가 제국인지, 아니면 제국이 아닌 특별한 국가인지에 대해 여전히 혼란스러운 자의식을 가지고 있다. 이러한 미국의 분열적인 자의식은 그들이 주도하는 세계 질서에도 고스란히 반영되어 있다. 다시 말해 현 세계 질서는 단일한 원리나 일관된 규칙으로 설명하기 어려운 복잡하고 분열적인 양상을 띤다.

이처럼 복잡하고 예측 불가능한 세계 질서를 이해하는 데 가장 적합한 모델 중 하나는 유럽에 평화를 가져왔던 '빈 체제 Concert of Europe'다. 19세기 초 나폴레옹 전쟁 이후, 유럽 강대국들은 특정 국가의 패권 추구를 견제하고 세력 균형을 통해 평화를 유지하고자 했다. 이는 단일한 헤게모니 국가가 모든 것을 통제하는 질서가 아니라, 다수의 행위자들이 서로 견제하고 협력하며 때로는 갈등하는, 일종의 패치워크 형태의 질서였다. 오늘날 미국이 주도하는 세계 질서 또한 이러한 빈 체제와 유사하게, 다양한 국가와 비국가 행위자들이 각자의 이해관계와 논리에 따라 움직이며 복잡한 상호작용을 만들어내는 패치워크의 모습을 띠고 있다.

미래는 일관된 세계관에 갇힌 이들이 아닌, 패치워크 세계관을 통해 이질적인 요소들의 공존과 상호작용을 이해하고 그 속에서 새로운 가치를 발견하려는 이들의 것이 될 것이다. 비트코인은 세계 질서의 변화의 시작을 알리는 상징적인 존재다. 그것은 지금 우리에게 '어떤 세계관으로 세상을 바라볼 것인가'라는 중요한 질문을 던지고 있다.

단일 질서의 환상과
세계 질서의 실상

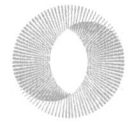

힘의 균형이라는 세계 질서

비트코인이 처음 등장했을 때, 그것을 둘러싼 반응은 양극단으로 갈렸다. 하나는 "이런 실험이 어떻게 기존 질서를 뒤흔들겠는가?"라는 냉소였고, 다른 하나는 "미국이 곧 이를 금지하거나 억압할 것이다"라는 회의였다. 흥미로운 점은 이 상반된 반응들이 정반대의 입장에 서 있는 듯 보이면서도, 실제로는 같은 전제를 공유하고 있었다는 사실이다. 바로 세계 질서는 미국이 주도하고, 미국은 자신에게 도전하는 어떤 실험도 용납하지 않는다는 통념이다. 다시 말해, 달러에 도전하는 비트코인을 미국이 가만두지 않을 것이라는 확신은 미국의 패권을 신뢰하는 이들과 그것을 비판하는 이들이 함께 품은 드문 합의였다. 이 합의는 미국이라는 국가가 하나의 의지를 가진 통합된 행위자로 존재하며, 군사력, 외교 전략, 금융 인프라, 달러 패권이 모두 단일한 전략 아래 유기적으로 작동한다는 가정에 기반하고 있다. 질서는 미국이라는 단일한 설계자에 의해 설계되고, 유지되고, 조정된다고 믿는 것이다.

그러나 이 믿음은 세계 질서를 지나치게 단순화한 인식이다. 오늘날의 세계는 하나의 중심이 모든 것을 조율하는 중앙집중적 위계 체계로 이루어져 있지 않다. 그것은 다양한 이해관계와 문화, 정치 체계, 역사적 기억이 충돌하고 중첩되며 그때그때 겨우 조율되는 일시적인 구성물이다. 질서란 단일한 논리의 산물이 아니라, 수많은 균열을 봉합하며 유지되는 잠정적 합의다.

이러한 실재를 가장 정확하게 포착하는 은유가 바로 '패치워크'다. 세계는 정합성을 가진 하나의 완결된 설계물이 아니라, 서로 다른 색과 질감, 모양과 방향을 가진 조각들이 이어붙은 거친 이불과도 같다. 이 이불은 중앙의 설계자가 명확히 그려낸 것이 아니라, 충돌과 타협, 해체와 재구성의 반복 속에서 임시로 구성된 것이다.

세계 질서도 마찬가지다. 미국이라는 국가도, 미국이 주도해온 국제질서도, 단일한 전략과 의지에 의해 형성된 것이 아니다. 미국 내부에는 민주당과 공화당, 행정부와 의회, 금융 자본과 산업 자본, 자유주의와 보호주의, 다자주의와 일방주의가 동시에 존재한다. 미국은 단일한 행위자가 아니라, 상충하는 이해들이 타협을 통해 임시적으로 결합한 패치워크다. 미국이 만든 세계 질서 또한 그러한 균열과 봉합의 구조를 반영한다. 이 질서는 언제나 엇갈리고 맞물리며 아슬아슬하게 유지되고 있다.

국제정치학에서 이를 설명하는 대표적인 분석 틀이 '힘의 균형Balance of Power' 개념이다. 이 개념은 질서를 복수의 행위자들이 서로를 견제하고 조율하며 충돌을 회피하려는 자율적 노력의 산물로 본다. 이러한 관점에서 질서는 고정되거나 안정적인 상태가 아니라, 불신과 이해관계 속에서 형성된 유동적이고 잠정적인 평형이며, 언제든 재구성과 해체의 가능성을 내포한 상태다. 이러한 의미에서 힘의 균형은 계몽주의적 진보 서사와도 거리를 둔다. 질서가 이성의 설계와 규범의 내면화를 통해 점진적으로 발전한다고 믿는 관점과 달리, 힘의 균형은 갈등이 질서를 낳고, 충돌의 공포가 평화를 가능하게 만든다는 냉철한 현실주의적 인식에 가깝다.

이 개념은 단지 이론적 모델이 아니라, 역사적 경험에 뿌리를 두고 있다. 국제정치학에서 힘의 균형 개념을 논의할 때 가장 자주 참조되는 사례는 근대 유럽의 국제 질서다. 유럽은 오랜 역사 동안 단일한 제국으로 통합되지 못했고, 수많은 중간 규모 국가들이 상호 경쟁하고 때로는 협력하는 가운데 질서를 유지해왔다. 전쟁과 조약, 협력과 배신이 반복되는 가운데, 유럽의 국제 질서는 어느 한 국가가 패권을 획득하지 못하도록 나머지 국가들이 결속하거나 전략적으로 협조하는 방식으로 작동했다. 이는 세계 질서가 반드시 통제에 의해 안정되는 것은 아님을 보여준다. 오히려, 여러 행위자들이 서로의 팽창을 견제하고 잠정적 균형을 수립하려는 노력 속에서도 질서는 유지될 수 있었다.

반면, 동아시아의 역사적 질서는 이와는 성격이 다르다. 동아시아는 유럽과 달리 오랜 시간 통일 제국의 경험을 반복해온 지역이다. 진나라에서부터 청나라에 이르기까지, 하나의 중심 권력이 대륙 전체를 지배하는 통일 구조가 이상적인 질서의 모델로 기능해왔다. 질서란 수직적 위계와 명확한 중심이 있어야 유지된다는 전제가 강하게 작동했기 때문에 갈등과 균형보다는 중심의 통제력과 주변의 복속이 핵심 메커니즘이었다.

힘의 균형 개념이 오늘날 다시 중요하게 거론되는 이유는 분명하다. 세계는 다시 유럽처럼 다극화되고 있으며, 단일한 중심이나 절대적 패권이 점차 설득력을 잃어가고 있다. 미국조차 실게자라기보다는 봉합자다. 세계 질서는 점점 더 많은 의지와 논리가 충돌하고 중첩되며 절충되는 방식으로 구성되고 있다. 이것이 우리가 세계 질서를 이해할 수 있는 가장 현실적인 관점이다.

빈 체제: 패권 없는 질서의 실험

다수의 의지와 논리들이 충돌하고 중첩되며 절충되는 방식으로 유지되는 질서는 결코 추상적인 이론이나 가설이 아니다. 19세기 유럽은 그러한 질서가 실현 가능했음을 보여주는 역사적 전례를 남겼다. 이 시기 유럽은 단일한 제국이 아닌, 다수의 주권 국가들이 경쟁과 협조를 반복하며 일정한 질서를 유지해온 공간이었다. 이처럼 강대국들 사이의 상호 견제를 통해 안정된 질서를 이룬 구조를 국제정치학에서는 흔히 '협조 체제Concert of Powers'라 부른다. 그 대표적 사례가 바로 1815년 이후 약 40~60년간 지속된 유럽 국제 질서, 이른바 '빈 체제'였다.

빈 체제는 우연한 산물이 아니었다. 그 기원은 프랑스 혁명과 나폴레옹 전쟁이라는 대전환의 충격 속에서 형성되었다. 18세기 말, 자유주의와 공화주의를 내건 프랑스 혁명은 유럽 전역의 군주제 질서를 정면으로 위협했다. 인간의 권리, 신분제 폐지, 대중 주권이라는 이상주의적 이념은 많은 이들에게 해방의 메시지로 다가왔지만, 실상은 급진적 공포정치와 전복적 폭력으로 구현되었다. 혁명의 확산을 두려워한 유럽 군주국들은 반프랑스 동맹을 결성해 무력 대응에 나섰고, 이는 혁명전쟁으로 이어졌다. 이후 나폴레옹의 등장은 이 갈등을 제국 간 전쟁의 국면으로 전환시켰고, 유럽은 20여 년에 걸친 전면적 충돌의 시기로 진입하게 된다.

나폴레옹은 유럽 대륙 대부분을 장악하며 프랑스 중심의 단극적 질서를 구축하려 했다. 하지만 러시아 원정 실패와 워털루 전투Battle of Waterloo의 패배로 그의 야망은 좌절되었다. 그러나 그가 유럽에 남긴 충격은 분명했다. 단일한 중심 권력이 대륙 전체를 장악하는 시도가 얼마나 파괴적인지를 목격한 강대국들은 더 이상 어느 한 국가가 패권을 독점하지 못하도록 공동의 제도적 장치를 모색하게 되었다. 이러한 배경에서 열린 것이 바로 1815년 비엔나 회의였다.

비엔나 회의는 오스트리아의 메테르니히Metternich와 영국의 캐슬레이Castlereagh가 주도한 다자적 조정의 장이었다. 이 회의의 논의 범위는 단지 영토나 전후 처리 문제에만 국한되지 않았다. 그것은 자유주의와 민족주의의 확산을 억제하고 기존의 군주제로 돌아감으로써 유럽 전체의 질서를 재설계하려는 정치적 시도였다. 이로써 수립된 빈 체제는 오늘날 우리가 말하는 '힘의 균형' 개념을 실질적으로 구현했고, 압도적 패권 없이도 유지 가능한 국제 질서의 가능성을 보여주었다.

빈 체제하에서 러시아, 프로이센, 오스트리아는 '신성동맹'을 결성하여 왕권 수호를 위한 상호 협력을 약속했다. 영국은 공식적으로는 이 동맹에 참여하지 않았지만, 유럽 대륙에서 어느 한 국가도 패권을 쥐지 못하도록 전략적 개입을 지속했다. '분할 통치Divide and Rule'라는 오랜 외교 전략을 통해, 전체 세력 균형이 무너지지 않도록 간접적으로 질서 유지에 기여한 것이다. 이러한 구조는 강대국 간의 정면 충돌을 피하면서도, 각국의 이익을 적절히 조율하는 메커니즘으로 작동했다.

　이 체제는 자유주의의 급진성과 이념적 혼란을 견제하며, 평화와 질서라는 보수적 가치를 강조했다. 자유가 창발성과 해방의 조건이라면, 질서는 그것이 무질서로 전락하지 않도록 하는 안정의 장치였다. 민주주의의 시각에서는 빈 체제가 구시대적 반동 체제로 보일 수도 있다. 하지만 국제정치의 관점에서는 다자적 조율과 지속 가능한 균형을 구현한 실용적 모델로 평가된다. 실제로 이 체제는 19세기 중반까지 유럽에서 대규모 전쟁을 억제했고, 비교적 안정된 국제 질서를 유지하는 데 기여했다.

　헨리 키신저는 『회복된 세계A World Restored』에서 빈 체제를 '협조 체제'의 역사적 원형으로 평가한 바 있다.[111] 그의 분석에 따르면, 이 시기 유럽 질서는 한 국가의 지배가 아닌, 여러 국가 간의 조율과 절제가 만들어낸 질서였다. 이러한 모델은 오늘날 국제 질서의 다극화 속에서도 여전히 유효한 교훈을 제공한다. 즉, 국제 질서란 반드시 강력한 패권국이 존재해야만 가능한 것이 아니라, 이해와 자율을 공유하는 복수의 행위자들이 협력함으로써도 얼마든지 형성될 수 있다는 것이다.

　오늘날 세계 질서가 다시 균열과 다극화의 국면으로 진입하는 가운데, 빈 체제는 단순한 역사적 유산이 아니라, 미래의 질서를 상상하는 데, 유용한 참고서가 될 것이다. 비트코인과 같은 새로운 질서의 실험이 가능했던 배경 역시, 모든 것이 하나의 중심에 의해 통제되는 구조가 아니라, 다수의 의지와 조율이 만들어내는 불완전한 균형이 존재했기 때문이다. 그 점에서 빈 체제는 '질서란 무엇인가'라는 물음에 실질적 대안을 제시한 역사적 실험이었다고 볼 수 있다.

균형의 철학과
미국 질서의 기원

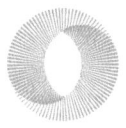

미국의 재설계: 1945년 질서의 제도화

다수의 중심이 경쟁하고 조율하면서 패권 없는 질서의 가능성을 실현했던 19세기 유럽의 모델은 제1차 세계대전과 제2차 세계대전을 거치며 비극적으로 종결되었다. 제2차 세계대전은 기존 국제 질서의 붕괴를 낳았을 뿐 아니라, 그 질서의 재설계를 요구하는 새로운 역사적 공간을 열어놓았다. 유럽은 수천만 명의 생명이 희생된 전면전의 폐허 위에 물리적 기반과 정치적 정당성을 모두 상실한 채 무너져 있었다. 영국과 프랑스는 식민 제국의 중심에서 주변부로 퇴조하고 있었고, 독일은 패전국으로서의 해체와 분할의 운명을 앞두고 있었다.

이 혼란과 공백의 시기에, 유럽 바깥에서 전쟁을 마무리한 유일한 강대국이자, 산업 기반의 파괴 없이 승전을 이룬 미국은 사실상 유일한 설계자로 부상하게 된다. 1945년의 미국은 단순한 승전국이 아니었다. 세계 GDP의 절반 가까이를 차지하고, 전 세계 금 보유량의 70% 이상을 보유한 금융 패권국이었다. 또한 핵무기를 보유한 최초의 국가라는 군사적 지위를 바탕으로 압도적인 위상도 확보했다. 이 같은 조건은 미국을 전후를 주도하는 국가로 만들었을 뿐 아니라, 대항해시대 이후 포르투갈, 스페인, 네덜란드, 프랑스, 영국으로 이어져 온 패권국 계보의 정점에 서게 만들었다. 전쟁의 종식은 곧 미국 질서의 개시였다.

그런데 미국의 행보는 특별했다. 미국은 그 압도적인 힘을 단순한 지배로 행사하지 않았다. 미국은 제국들이 반복해온 일방적 지배의 경로를 답습하는 대신, 자신의 힘을 제도화하고 조율하며, 새로운 형태의 협조 체제를 상상하는 정치적 전환을 시도했다. 이는 전후 '팍스 아메리카나Pax Americana'*의 핵심이 무엇이었는지를 묻는 문제다. 그것은 단순한 군사적 패권이나 경제적 주도권이 아니라, 미국이 중심이되 미국만을 위한 것이 아닌, 새로운 질서의 형식이었다. 미국은 자신의 우위를 '합의된 힘'으로 정당화할 수 있는 구조를 구상했고, 힘의 균형이라는 개념을 수용하면서도 그것을 보다 안정적이고 예측 가능한 형태로 전환하려 했다.

1945년 미국이 선택한 전략은 '초대받은 패권Invited Hegemony'이었다. 미국은 자신이 주도하는 질서를 강제로 부과하지 않고, 그것이 세계의 이해와 필요에 부합하는 것으로 보이도록 만들었다. 이 전략은 패권의 정당화를 위한 정치적 기획이자, 미국 자신의 한계를 직시한 결과이기도 했다. 미국은 유라시아 대륙을 육군력으로 점령할 의지도, 그럴 수

---

* '팍스 아메리카나'는 고대 로마 제국의 '팍스 로마나(Pax Romana)'에 빗대어, 제2차 세계대전 이후 미국이 주도한 국제 질서를 일컫는 용어다. 군사력, 경제력, 외교적 영향력을 바탕으로 미국이 국제 정치·경제의 안정과 규범을 이끌던 시기이며, 냉전기의 서방 진영 질서뿐 아니라 세계화와 자유무역체제의 기반으로 기능했다.

있는 병참 능력도 갖추고 있지 않았다. 따라서 전후 질서의 설계는 지배의 반복이 아니라 구조의 혁신이어야 했다. 그 핵심은 힘의 분산과 제도화를 통한 '불균형의 안정적인 관리'였다.

이러한 점에서 미국은 1815년 이후 유럽에서 형성되었던 빈 체제의 역사적 교훈을 부분적으로 재해석했다고 볼 수 있다. 헨리 키신저가 『회복된 세계』에서 분석했듯, 빈 체제는 압도적 패권 없이도 강대국 간의 계산된 타협을 통해 질서를 유지할 수 있음을 보여주었다. 미국은 이 논리를 20세기 중반의 조건 속에서 재적용했다. 그것은 민주주의와 자본주의를 표방하는 새로운 문명 질서를 구축하기 위한 설계이자, 냉전체제의 개막을 앞두고 전략적 결속을 확보하려는 시도이기도 했다.

브레턴우즈 체제, 마셜 플랜, 북대서양조약기구NATO, 그리고 국제연합UN 등은 모두 이러한 상상력의 제도적 표현이었다. 그것들은 단지 미국의 힘을 반영하는 것이 아니라, 그 힘을 공유 가능한 것으로 만들고자 했던 정치적 시도의 결과였다. '자율적 참여'라는 외양 아래 설계된 이 구조는 미국의 이익을 보장하는 동시에 세계 질서의 안정성과 정당성을 유지할 수 있는 균형점을 지향했다. 그리고 바로 이 지점에서, 미국은 세계 질서의 설계자이자 운영자로 자리매김했다.

제도화된 패권: 경제와 안보의 이중 설계

미국이 1945년 이후 구상한 전후 질서는 단순한 지배가 아닌 '제도화된 패권'이라는 점에서 독특했다. 힘은 있었으나 그것을 강제하지 않고, 타국의 자발적 참여를 유도하는 시도가 전후 미국 질서의 핵심이었다. 이러한 시도의 중심에는 두 개의 제도적 기획이 있었다. 하나는 국제통화기금IMF, 세계은행, 고정환율제, 달러를 중심으로 한 통화 질서의 구축이었고, 다른 하나는 미국을 중심으로 하는 안보 구조의 제도화였다. 두 분야 모두에서 미국은 자신이 가진 우위를 국제 제도 속에 녹여내는 방식을 택했다. 이로써 미국은 힘을 행사하는 주체이자, 규칙을 설계하는 조율자, 그리고 공동체의 안정성을 유지하는 중재자의 역할을 동시에 수행할 수 있었다.

첫 번째 축은 경제 구조의 설계였다. 1944년 브레턴우즈 회의는 이미 앞선 장에서 살펴보았듯, 고정환율제와 달러 중심의 국제통화 체계를 제도화한 사건이었다. 미국은 금 1온스를 35달러에 고정하고, 각국 통화를 달러에 연동시키는 구조를 통해 달러를 기축통화로 만드는 데 성공했다. IMF와 세계은행은 이 구조의 운영기구 역할을 했다. 미국은 이러한 제도적 인프라를 통해 자신이 세계 유동성의 공급자이자 최종 신뢰자임을 공인받았다. 이는 단지 통화 구조의 설계가 아니라, 미국의 신용과 안정성을 세계 질서의 기초로 삼게 만든 정치적 계약이었다.

1947년의 마셜 플랜은 유럽 경제 재건을 위한 대규모 재정 투입이자, 미국 주도의 질서에 유럽을 통합하려는 정치적 투자였다. 당시 미국 GDP의 약 5.3%에 달하는 130억 달러 이상의 막대한 자금이 무상으로 제공된 이 원조는 단순한 경제적 지원에 그치지 않았다.[112] 그것은 통화 체제, 재정 운영, 산업 구조, 노동 시장에 이르기까지 유럽의 내부 질서를 전면적으로 재편하려는 포괄적 개입이었다. 마셜 플랜을 통해 유럽은 더 이상 과거의 유럽으로 되돌아갈 수 없었다. 그들은 이제 미국이 설계한 새로운 질서의 일부로 편입되었다.

이와 병행하여, 1947년의 GATT(관세 및 무역에 관한 일반 협정)는 자유무역을 다자적 규범으로 고정하는 데 성공하였다. 보호무역주의를 억제하고, 시장 개방을 국제 질서의 기본 전제로 삼은 이 협정은 이후 WTO로 발전하여 세계화의 제도적 기반을 제공했다.

두 번째 축은 안보 구조의 설계였다. 1949년 창설된 NATO는 단순한 집단 방위 동맹을 넘어선 기능을 수행했다. NATO는 유럽 내부의 군사 균형을 미국이라는 외부 요인에 의존하도록 만들었고, 그 결과 유럽은 더 이상 자력으로 전쟁을 준비하거나 억제할 필요가 없게 되었다. 유럽 각국은 자발적으로 미국의 군사력에 안보를 위탁했고, 미국은 이를 통해 유럽 내 질서를 안정시키는 핵심 균형추가 되었다.

서독에 주둔한 미군은 이러한 구조의 상징이었다. 그것은 동독과 소련의 팽창으로부터 서독을 보호하는 동시에, 과거 두 차례의 세계대전을 일으켰던 독일이 다시 유럽 질서를 위협하지 않도록 하는 내부 억제 장치로 작용했다. 다시 말해, 서독 주둔 미군은 서독을 방어하는 동시에 유럽을 서독으로부터 방어하는 이중적 기능을 수행했다. 프랑스와 영국은 미군의 주둔을 통해 독일 재무장의 위협에서 자유로워졌고, 서독은 미국의 안보 보장 속에서 재건의 길을 걸을 수 있었다.

이 구조는 아시아에서도 유사하게 반복되었다. 미군은 일본, 한국, 필리핀 등지에 주둔했는데, 이는 공산주의 확산을 억제하기 위한 지정학적 장치이자 미국이 아시아 질서의 균형추로 작동하기 위한 제도적 기반이었다. 특히 일본과 한국이 중국, 소련, 북한의 위협에 직면한 가운데, 미국은 그 긴장 구조 속에서 질서를 조율하는 중심 역할을 수행했다.** '냉전'은 단순한 이념의 대립이 아니라 미국이 세계 도처에 '불

** 1971년 헨리 키신저 미국 국가안보보좌관은 중국 베이징에서 저우언라이(周恩來) 당시 총리를 비밀리에

균형을 관리하는 장치'를 분산시켜 배치한 전략의 또 다른 이름이기도 했던 셈이다.

이처럼 미국은 패권을 제도화함으로써 정당성을 확보했고, 구조화된 우위를 통해 스스로를 통제 가능한 존재로 규정했다. 세계는 미국의 힘을 수용했다기보다는, 미국이 설계한 질서 속에 스스로를 위치시켰다. 이것이 바로 '초대받은 패권'이라는 개념의 실질적 의미다. 국제 질서가 단일한 권력의 명령이 아닌, 제도화된 설계의 산물로 작동할 수 있다는 가능성은, 바로 이 시기에 가장 강력하게 실현되었다.

안정의 조건: 핵 억지와 상호의존성

1945년 이후 수립된 국제 질서는 완결된 설계라기보다는 끊임없는 조율과 반응의 결과였다. 비교적 안정적으로 유지되었다는 점에서 하나의 성공 사례로 평가되기도 하지만, 그 내부를 들여다보면 기울어진 경사면 앞에 아슬아슬하게 멈춰 서 있는 쇠구슬처럼 잠정적인 균형 상태에 가까웠다. 그것은 미국이라는 단일한 국가의 의지로 고정된 구조

만났다. 이 자리에서 키신저는 주한미군 철수 의사를 내비쳤는데, 저우언라이는 오히려 미군의 한반도 주둔을 지지하는 발언을 했다. 그는 미군 철수 시 북한이 오판을 할 수 있고, 일본이 군사 대국화하여 한반도에 다시 개입할 수 있다고 우려하며 미군이 역내 안정에 기여한다고 평가했다. 이는 미군이 중국의 직접적인 안보 위협보다는 주변국의 군사력 확대를 억제하는 '힘의 균형추' 역할을 할 것으로 판단했기 때문이다.

마이크 폼페이오(Mike Pompeo) 전 미국 국무장관의 회고록 『한 치의 양보도 없다(Never Give an Inch)』에는 2018년 3월 폼페이오가 CIA 국장 자격으로 평양을 비밀 방문했을 때의 일화가 적혀 있다. 그가 김정은에게 "중국 공산당은 줄곧 주한미군이 철수하면 김 위원장이 매우 기뻐할 것이라고 말하고 있다"고 말하자 김정은은 "중국인들은 거짓말쟁이들"이라 했고, "중국 공산당은 한반도를 티베트나 신장처럼 다루기 위해 미군 철수가 필요하다"고 덧붙였다고 한다. 이 발언은 북한이 주한미군을 역내 질서를 유지하는 균형추이자, 중국의 영향력 확대를 견제하는 장치로 인식하고 있음을 보여주는 것으로 해석된다.

가 아니라, 예측 불가능하고 비선형적인 국제 질서 속에서 수많은 우연과 대응, 실책과 조정의 연속으로 구성된 체계였다. 미국은 때때로 전략적 오판을 범했고 지정학적 무리수를 두기도 했지만, 그럼에도 외부 균형자로서의 위치를 유지함으로써 전후 질서를 나름대로 지탱할 수 있었다.

이러한 질서를 유지한 결정적 요인은 두 개의 상이한 기둥이었다. 하나는 절대적 파괴 수단으로서의 핵 억지였고, 다른 하나는 경제적 상호의존성이었다. 이 둘은 각각 물리적 폭력과 제도적 연계를 상징하는 장치였으며, 서로를 보완하며 질서의 최소 조건을 형성했다.

먼저, 핵무기에 기반한 억제 전략은 기존 군사력 경쟁의 구도를 근본적으로 전환시켰다. 미국과 소련은 서로를 완전히 파괴할 수 있는 능력을 갖춘 상태에서, 바로 그 능력을 사용하지 않음으로써 균형을 유지했다. 핵전쟁은 승자의 존재를 허용하지 않는 게임이었고, 이로부터 '상호 확증 파괴Mutual Assured Destruction, MAD'라는 냉전기 특유의 질서 개념이 출현했다. 이는 파괴의 공포를 평화의 조건으로 전환시킨 역설적 장치였다. 실제로 1962년 쿠바 미사일 위기와 같이 전면전을 눈앞에 둔 위기에서 양측은 물러설 수밖에 없었다. 그 후퇴는 고차원의 이성적 결단이라기보다, 파국에 대한 본능적 회피였다. 핵 덕분에 가능해진 평화는 인류의 염원과 협력 덕분이 아니라, 전멸에 대한 두려움이 만든 결과였다.

두 번째 기둥은 경제적 상호의존성이다. 미국은 전후 세계 경제 질서를 주도하며 자유무역과 시장 개방을 촉진했고, 이를 통해 동맹국들의 경제 재건을 지원했다. 이는 정치적 안정과 이념적 충성을 확보하기 위한 전략이기도 했다. 유럽과 일본은 미국 시장에 접근할 수 있었고, 그 대가로 자본주의 진영의 일원이 되었으며 미국 주도의 안보 협력 체제에 참여하게 되었다. 식민 제국들이 수세기 동안 전쟁과 착취를 통해 확보하고자 했던 원자재와 상품시장에 대한 접근권을, 미국은 조건부로 열어줌으로써 질서의 중심으로 자신을 위치시켰다.

이로써 각국은 서로의 경제에 얽혔고, 폭력보다는 교류가 이익이 되는 체제 속에 편입되었다. 이로 인한 평화의 혜택은 1970년대 오일 쇼크와 같은 위기에서 극명하게 드러났다. 에너지 공급의 급격한 충격 속에서도 세계 경제가 전면적으로 붕괴하지 않았던 것은, 각국이 하나의 상호 연결된 체계 속에 존재하고 있었기 때문이었다. 경제의 해체는 곧 국가의 해체와 직결되기에 위기의 순간마다 체제는 회복을 선택할 수밖에 없었다.

미국과 소련은 두 나라 사이의 전면전에 대한 두려움과 끝없는 불신을 공유했다. 이 공유된 공포와 불신은, 냉전이라는 본질적으로 불완전한 상태를 나름의 질서로 견인하는 강력한 '끌개Attractor'***로 작동했다. 소련은 국내외의 시선을 크게 의식하지 않고 전략적 결정을 내릴 수 있었다. 반면, 미국은 소련의 패권 도전에 대해 비교적 관대하고, 민주적이며 개방적인 이념을 지녔던 탓에 오히려 전략적 대응에 제약을 받았다. 그 결과 군사 전략에서 열위에 처하게 되었다.

그럼에도 불구하고 미국에게는 천운이 따랐다. 중국이 공산화된 후 초기에는 중소 관계가 우호적이었으나, 1950년대 후반부터 양국이 이

*** 복잡계 이론에서 '끌개'는 역동적인 시스템이 시간이 흐르면서 수렴하는 특정 상태나 궤적을 의미한다. 이 개념은 다양한 경로와 불안정성을 거치더라도 시스템 전체가 하나의 안정된 형태로 조정된다는 특징을 지닌다. 본문에서 '끌개'는 이념 대립과 세력 경쟁이라는 긴장이 지속되는 가운데서도, 국제 질서가 전면전 없이 일정한 균형 상태로 유지되도록 이끈 '구조적 구심점'을 비유적으로 지칭했다. 즉, 냉전의 삼각 구도 자체가 국가들의 행동을 일정한 틀 안으로 유도함으로써 혼란 속에서도 질서를 가능하게 만든 동역학적 중심축이었다.

데올로기적 차이와 패권 경쟁으로 서로를 견제하기 시작하면서 중국도 소련에 대한 경외심에서 벗어나게 되었다. 소련과 중국은 긴 국경을 두고 발생했던 오랜 갈등 관계로 빠르게 회귀했다. 불리한 위치에 놓였던 미국은 소련과 중국이라는 두 상대국 간의 대립 속에서 힘의 균형을 조율할 수 있는 기회를 얻었고, 이를 통해 세 강대국 사이에서 다시 주도권을 거머쥘 수 있었다. 미국과 소련은 서로를 견제하면서도 정면 충돌은 피했고, 중국이 독자 노선을 걷는 과정에서 세계는 일종의 삼각 구도로 진입했다. 이 구도는 단순한 대립을 넘어선 균형 구조였다. 전쟁은 부재했으나, 평화 또한 확정되지 않은 이 모순적 상태가 바로 냉전의 진실이었다.

이처럼 핵 억지와 경제적 상호의존은 각각 공포와 신뢰라는 상반된 기반을 바탕으로 질서를 유지했다. 그 긴장과 교차 속에서 20세기 후반의 국제 질서는 위태롭지만 지속 가능한 균형을 유지할 수 있었다. 이러한 의미에서 포스트 1945 체제는 완결된 설계가 아니라, 균형을 유지하려는 끊임없는 조정의 산물이었다.

관대한 제국의 피로

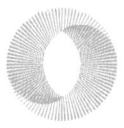

미국에 'No'라고 말할 수 있는 유럽의 대두

미국의 유라시아 전략에서 가장 중요한 비중을 차지했던 대상은 단연 서유럽이었다. 이는 단지 지정학적 요인 때문만은 아니었다. 서유럽은 미국의 문명사적 뿌리이자, 전후 세계 질서 재편의 가장 우선적인 실험장이었으며, 자유주의와 민주주의라는 이념적 기반을 공유하는 파트너이기도 했다. 비교적 최근에는 중국의 대두와 함께 동아시아가 새로운 전략적 요충지로 떠오르며, 이른바 '태평양 시대'가 개막되었다는 평가도 있다. 하지만 미국 주도의 세계 질서를 이해하기 위해서는 전후 유럽 질서에 대한 미국의 기획을 먼저 살펴보아야 한다. 그 안에는 미국 패권의 철학, 한계, 그리고 미래가 고스란히 투영되어 있기 때문이다.

미국은 유럽을 단순히 자국의 영향권 안에 두기 위한 전략적 계산으로만 대하지는 않았다. 오히려 미국은 유럽이 자율성과 독자성을 획득하는 것조차 일정 부분 허용했다. 유럽이 정치적 통합을 모색하고, 경제 공동체를 넘어 정치 공동체로 나아가는 과정을 미국은 전면에서 지원했다. 특히 독일과 프랑스 간의 화해를 핵심 축으로 하는 통합 기획은 사실상 미국의 정치적 뒷받침하에 가능했다. 이러한 사실은 전후 유럽 질서에 대한 미국의 접근이 단순한 경제 원조나 군사적 안보 제공에 그치지 않고, 반소련 전선을 구성하는 다원적 자유주의 블록의 형성을 유도하는, 보다 복합적인 전략이었다는 점을 보여준다. 요컨대, 미국의 목표는 친미 정권의 양산이 아니라, 자유주의 질서를 공유하는 자율적 행위자들로 구성된 '협조 가능한 세계'의 건설이었다. 아이러니하게도 오늘날 유럽연합European Union, EU의 원형을 설계한 주체가 브뤼셀도 베를린도 아닌 워싱턴이었다는 말은 과장이 아니다.

프랑스를 중심으로 한 '유럽의 자율성' 담론은 NATO 내 미국 중심 구조에 대한 불만에서 출발했지만, 미국은 이에 정면으로 반발하기보다 제한적 수용을 통해 구조를 유지했다. 샤를 드골 대통령이 1966년 프랑스군의 NATO 통합사령부 철수를 단행한 것은 단지 외교적 항의가 아니라, 유럽이 스스로 균형을 형성할 수 있다는 정치적 선언이었다.* 그러나 미국은 그마저도 받아들였고, NATO라는 틀 안에서 프랑스의 재참여를 유도할 수 있을 만큼의 여유를 유지했다. 이는 미국이

---

* 프랑스는 NATO 창립 멤버였으나, 샤를 드골 대통령은 미국에 예속되지 않는 독자적인 국방을 추구했다. 프랑스는 소련과 직접 국경을 맞대지 않아 상대적으로 안전하다는 지정학적 이점을 바탕으로, 독자적인 핵전력인 '포스 드 프라프(Force de Frappe)'를 구축했다. 이러한 배경 속에서 드골은 1966년, 미국 중심의 NATO 통합군사령부에서 프랑스군을 철수시키며 군사적 동맹 관계를 사실상 단절했다. 이는 독자적인 국방 정책을 펼치고 유럽 내 주도권을 확보하려는 의도였다. 이후 프랑스는 2009년에 이르러서야 NATO의 통합군사령부에 재가입하며 완전한 군사적 구성원으로 복귀했다.

단지 우방의 충성을 요구하는 것이 아니라, 자율적 주체들의 협조 가능한 구조를 장기적으로 유지하려는 의지를 가지고 있었음을 보여준다.

경제적 영역에서도 유럽은 브레턴우즈 체제의 균열 이후 독자 노선을 걷기 시작했다. 1979년 유럽 통화 체계European Monetary System, EMS의 출범은 미국의 통화정책에 일방적으로 종속되지 않으려는 유럽의 집단적 시도로, 유로화로 이어지는 기틀이 되었다. 다시 말해, 브뤼셀의 통합 프로젝트는 단순한 기술적 연합이 아니라, 워싱턴으로부터의 정책 자율성을 확보하려는 전략적 행보였다. 그러나 미국은 이를 무력으로 억누르지 않았다.

정치적으로도 유럽은 다자적 외교의 중심지를 자임하기 시작했다. 특히 2000년대 들어 미국이 안보, 통상 분야에서 점차 일방주의적 정책을 강화하자, 유럽은 국제기구와 협약 중심의 거버넌스를 강조하며 규범의 주체로 자리매김하고자 했다. 2003년 이라크 전쟁을 둘러싼 갈등은 이러한 전환을 상징적으로 드러낸 사건이었다. 독일과 프랑스는 미국의 일방적 무력 사용에 대해 공개적으로 반대하며 유엔 안보리에서 반전反戰 노선을 분명히 했다. 이에 미국의 네오콘**들은 로버트 케이건Robert Kagan의 표현을 빌려, "유럽은 금성에서, 미국은 화성에서 왔다Americans are from Mars and Europeans are from Venus"[113]라고 말하며 유럽의 이상주의적 외교를 비판했다. 그러나 유럽은 미국에 'No'라고 말할 수 있는 문명적 주체로의 자존심을 유지하고 있었다.

** 네오콘(Neocon)은 1960~1970년대 미국 내 좌파 진영에서 출발해 점차 보수주의 진영으로 이동한 신보수주의(Neo-Conservatism) 세력을 일컫는다. 이들은 민주주의의 보편적 확산과 미국식 자유주의 가치의 전파를 외교 정책의 핵심 목표로 삼았으며, 이를 위해 군사력 사용도 정당화할 수 있다고 보았다. 조지 W. 부시 행정부 시기 이라크 전쟁을 주도한 핵심 집단으로, 국제적 규범이나 다자주의보다 미국의 전략적 이익과 도덕적 우월성을 앞세운 일방주의 외교를 지향했다.

그러나 이러한 변화는 미국 질서의 균열이라기보다, 오히려 미국 패권의 독특한 성공 방정식을 보여주는 것이었다. 유럽이 자율성을 행사할 수 있었던 것은 미국이 그것을 허용했기 때문이다. 다시 말해, 미국은 비판적이고 자율적인 파트너조차 포섭 가능한 구조를 설계함으로써, 과거의 제국들과는 전혀 다른 방식으로 영향력을 행사하고 있었다. 이것이야말로 '자비로운 제국Benevolent Empire'이라는 표현이 지칭하는 핵심이다. 미국 중심 질서의 가장 흥미로운 특징은 통제를 유예함으로써 영향력을 유지하고, 자율을 허용함으로써 질서를 안정화하는, 이른바 패권의 역설에 있다.

유럽 무임승차에 대한 불만과 트럼프의 등장

1991년 소련의 해체와 함께 냉전이 종식되자, 포스트 1945 체제는 전혀 새로운 국면에 진입하게 되었다. 미국은 유일한 초강대국으로 부상했고, 많은 이들은 자유주의적 민주주의의 승리를 '역사의 종말'로 해석하며 낙관적인 전망을 내놓았다. 특히 중국의 개혁개방과 세계 경제 편입은 이러한 시대를 더욱 부추겼다. 미국은 중국을 세계무역기구 WTO에 편입시키며, 경제 성장이 결국 정치적 자유화를 이끌 것이라는 착각에 빠져 있었다.

그러나 중국은 이 기대를 배반했다. 2008년 글로벌 금융위기를 계기로 중국의 지정학적 자의식은 급속히 팽창했고, 덩샤오핑의 '도광양회'는 '대국굴기大國崛起'로 대체되었다. 중국은 '일대일로' 프로젝트를 통해 대외 영향력을 확장했고, 남중국해 인공섬을 건설하고 대만을 압박하며 군사적 역량을 노골화했다. 이러한 가운데 2022년 러시아의 우크라이나 침공 이후, 서방이 러시아에 가한 전례 없는 금융 제재는 중국으로 하여금 '탈달러화'의 필요성을 절감하게 했다. 중국은 디지털 위안화 발행과 CIPS 시스템 구축을 통해 미국 중심의 달러 결제 시스템에 도전장을 던졌다. 이러한 일련의 움직임은 포스트 1945 체제를 지탱해온 '힘의 균형'과 '다자주의'라는 기본 전제를 정면으로 흔드는 것이었다. 이제 국제 질서는 자비로운 제국의 안정 구조가 아니라, 새로운 긴장의 재배열 위에 놓이게 되었다.

그러한 변화의 진원지는 중국이었지만, 그 균열의 직접적인 반작용은 미국 내부에서 먼저 폭발했다. 21세기 들어 미국이 세계 안보의 대가를 계속 부담하는 가운데, 유럽은 도덕적 우월감과 경제적 여유 속에서 미국과의 거리두기를 시도하는 이상한 역설이 나타났다. 유럽은 미국이 제공한 안보망과 핵우산 속에서 외교적 자율성과 규범적 독립성을 확장해갔고, 이는 오히려 반미주의의 토양이 되기도 했다. 우월감에 기반한 유럽의 반미주의는 미국인들에게 잊고 있던 역사적 기억을 되살려주었다. 바로 유럽이 두 차례의 세계대전을 일으킨 전범 대륙이었다는 사실과 그 유럽을 미국이 개입해 수습해야 했다는 사실이다. 전쟁의 수습 과정에서 유럽 국가들은 미국으로부터 공식적·비공식적으로 막대한 자금을 차입했지만, 전쟁이 끝난 뒤에 그 빚을 갚을 생각은커녕, 오히려 채권국인 미국을 비난하며 도덕적 우위를 주장했다.***

*** 제1차 세계대전 당시 영국과 프랑스 등 유럽 연합국들은 미국으로부터 전쟁 수행을 위한 막대한 자금을 빌렸다. 그러나 종전 후 대다수 국가는 세계 대공황의 여파를 핑계로 빚을 갚지 않거나 일방적으로 상환을 중단하였다. 이 와중에 유일하게 빚을 모두 갚은 나라는 핀란드뿐이었다. 핀란드는 1919년 미국에서 빌린 800만 달러를 1976년까지 매년 성실하게 상환하여, 국제사회에서 신뢰를 지킨 국가로 회자되었다.

이러한 기억이 소환되자 미국의 유권자들은 점차 "우리가 유럽을 지켜주는 대가로 무엇을 얻고 있는가"라는 질문에 직면하게 되었다. 세계 경찰로서의 역할에 대한 미국의 피로감은 점점 누적되어 갔다.

이런 정서의 분출구로 등장한 인물이 바로 도널드 트럼프였다. 그는 전통적인 안보 동맹의 프레임 자체를 뒤흔들며, 유럽이 더 이상 '공짜 안보'를 누릴 수 없다고 주장했다. 트럼프의 발언은 단지 특정 정치인의 기행이 아니었다. 그것은 냉전 이후 30년간 축적된 미국의 구조적 불만과 피로를 대변하는 것이었다. 그는 NATO를 '시효가 지난 계약'으로 간주했고, 유럽의 방위비 지출 확대를 요구하면서, 불응 시 방어를 거부할 수도 있다고 위협했다. 이로써 제2차 세계대전 이후 지속되었던 미국의 무조건적 안보 제공 모델은 역사적 전환점을 맞이하게 되었다.

2024년 트럼프의 재선은 이러한 흐름을 더욱 가속화하는 듯 보인다. 그는 이미 첫 임기 때부터 NATO 동맹국들이 GDP 대비 2% 이상을 국방비로 지출해야 한다고 강하게 압박해왔다. 재선 이후에는 그 기준을 GDP의 5%까지 상향 조정하겠다는 입장을 밝혔으며, 이에 따라 2025년 6월 네덜란드 헤이그에서 개최된 나토 정상회의에서 회원국들은 2035년까지 국방 및 안보 관련 지출을 GDP의 5%까지 높이기로 합의했다.[114] 트럼프는 심지어 NATO 탈퇴 가능성까지 공공연히 언급하고 있다. 이는 단지 전술적 협상의 수단이 아니라, 미국 패권의 구조가 과거의 포괄적 제공 방식에서 점차 정치적 조건을 수반하는 방식으로 전환되고 있음을 의미한다.

이러한 트럼프의 요구는 세 가지 논리적 기반 위에 서 있다. 첫째는 공정성 논리다. 트럼프는 유럽 국가들이 미국의 안보 우산 아래에서 경제적 번영을 누리면서도 자국의 방위에는 충분히 기여하지 않는다고 본다. 2023년 기준으로 NATO 31개국 중 GDP의 2% 이상을 국방비로 지출한 국가는 절반에도 못 미쳤고, 전체 국방비의 약 70%를 미국이 부담하고 있었다.[115] 트럼프는 이러한 불균형이 미국 납세자에게 부당한 부담을 지우고 있다고 주장한다. 유럽은 탈군사화된 복지국가 모델을 유지하면서, 자국 방어는 미국에 의존하고 있다는 것이다. 특히 독일과 같은 주요 경제국이 여전히 2% 기준을 만족시키지 못하는 현실은, 미국의 안보 제공을 하나의 '공공재'로서 당연시하는 인식이 고착화된 것으로 보일 수밖에 없다. 트럼프는 이러한 무임승차 구조를 '비대칭적 계약'으로 규정하고, 이에 대한 조정을 요구하고 있다.

둘째는 지정학적 우선순위의 이동이다. 미국은 점차 대서양 전략보다 인도·태평양 전략에 자원을 집중시키고 있다. 중국의 부상과 대만해협의 긴장, 남중국해 분쟁은 미국이 아시아에 더 깊이 개입해야 할 필요성을 증대시키고 있다. 이러한 전환은 패권 유지의 중심축이 이동하고 있음을 의미한다. 냉전 시기에는 유럽이 지정학의 중심이었다면, 21세기 중반을 향하는 현재는 인도·태평양이 새로운 전략적 중심축으로 부상하고 있는 것이다. 이 변화 속에서 유럽은 더 이상 미국의 전폭적 개입을 기대하기 어렵다. 미국의 메시지는 명확하다. 유럽의 안보는 이제 유럽 스스로 책임져야 하며, 미국은 더 이상 세계의 소방관 역할을 무제한적으로 수행하지 않는다는 것이다.

셋째는 고립주의와 미국 우선주의다. 트럼프의 '미국 우선주의America First'는 단순한 외교 기조가 아니라, 미국의 정체성 재정의이자 역할 재설정의 선언이었다. 그는 국제적 의무보다 미국의 직접적 이익을 우선시하며, 다자주의 질서에서의 리더십보다 자국민의 복지와 경제 회복을 더욱 중시한다. 이는 20세기 후반 미국 외교정책을 지탱해온 '자비로운 패권'의 논리에서 급격히 이탈하는 것이다. 트럼프는 해외 주둔 미군과 외교적 지원을 '전략적 낭비'로 간주하며, 그 재정적·정치적 부담을 축소하고자 한다.

이러한 태도는 미국이 세계의 수호자에서 조건부 중재자로, 무상의 제국에서 조건부 계약의 주체로 전환되고 있음을 상징한다. 나아가 트럼프의 담론은 단지 미국 외교의 방향 전환을 넘어, 전후 국제질서의 규범적 기반 자체를 재검토하겠다는 의지를 반영한다. 과거의 규범 중심 외교에서 실익 중심 전략으로의 이동, 그것이 바로 트럼프주의의 본질이다.

과거 미국은 마셜 플랜을 통해 유럽을 재건했고, 안보망을 통해 군사적 질서를 안정시켰으며, 자유무역과 달러 체제를 통해 유럽의 경제성장을 견인했다. 이로써 유럽은 무장 없이도 번영할 수 있는 새로운 국제 질서의 일원이 될 수 있었다. 그러나 오늘날 미국은 더 이상 이러한 모델을 지속할 수 없다. 자비로운 제국이라는 서사는 이제 역사적 피로에 직면했다. 트럼프의 요구는 예외적인 돌출이 아니라, 누적된 긴장이 터져 나온 구조적 반응이다. 이제 미국은 질서의 비용을 각국이 공동 부담해야 한다는 새로운 규칙을 통보하고 있다.

제국 없는 세계의 도래?

우리는 지금, 1945년 체제가 설계한 질서의 결정적 변곡점 위에 서 있다. 한때는 자비로운 제국으로서 세계에 안정과 번영의 조건을 제공하던 미국조차, 더 이상 막대한 비용과 책임을 감수할 의지를 보이지 않는다. 그 조짐은 이미 오래전부터 누적되고 있었지만, 도널드 트럼프의 등장은 그것을 일시적인 일탈이 아닌 구조적 변화의 신호로 바꾸어 놓았다. 트럼프가 표현한 "지불하지 않으면 방어하지 않겠다 If NATO members don't pay, US won't defend them"[116]는 구절은 단지 하나의 선언이 아니라, 세계 질서의 기저에서 작동하던 규칙이 바뀌고 있음을 보여주는 징후다.

이는 단순히 리더십 스타일의 변화가 아니라, 미국 사회 내부에 누적된 피로감과 전략 자원의 재조정이라는 더 깊은 구조적 맥락에서 비롯된 흐름이다. 탈냉전기 이후 미국은 세계 안정을 위해 일방적 개입을 지속해왔고, 그 결과 막대한 재정적·심리적 부담을 감당해야 했다. 그러나 중국의 부상, 러시아의 반격, 유럽의 자율성 확대, 중동과 아프리카의 난민 위기와 무장 갈등 등은 미국 주도의 무한 개입 모델이 더 이상 지속 가능하지 않다는 사실을 여실히 보여주었다. 트럼프의 등장은 원인이 아니라 결과였다. 그것은 탈냉전 이후 축적된 피로와 자원의 한계가 초래한 전략적 회귀로 이해되어야 한다. 다시 말해, '글로벌 리더 미국'이라는 이상이 더 이상 미국 사회 내부에서 정당성을 확보하지 못하는 상황 속에서 나타난 불가피한 선택이었던 것이다.

이러한 상황에서 미국은 오히려 두 가지 상반된 태도를 동시에 보여준다. 하나는 유럽을 비롯한 전통적 동맹에 대해서는 일정한 거리를 두며, 안보와 외교의 부담을 나누려는 후퇴적 태도이다. 또 다른 하나는 중국에 대해서 기술, 무역, 금융, 외교 모든 측면에서 보다 노골적이고 공세적인 봉쇄 전략을 가동하는 적극적 대응이다. 유럽은 더 이상 미국의 그늘 아래에서 자율성과 독립성을 동시에 누리는 모순된 지위를 유지할 수 없게 되었고, 중국은 국제질서의 대안을 제시하려는 순간 미국의 전략적 압박을 정면으로 마주하게 되었다. 이 두 방향성은 모두, 미국 중심 질서가 과거와 같은 통합적 권위로 세계를 설득하는 것이 아니라, 선택적 개입과 전략적 분할을 통해 유동적으로 질서를 유지하려는 시도로 바뀌고 있음을 보여준다.

그렇다면 미국의 전략적 수정은 미국의 퇴조를 의미하는가, 아니면 새로운 유형의 강력한 미국의 부상을 의미하는가? 이 질문은 단순히 힘의 총량으로 설명될 수 있는 문제가 아니다. 미국은 여전히 군사력, 금융 시스템, 기술 혁신, 언어·문화적 영향력 등 거의 모든 차원에서 세계 최강의 국가이며, 그 구조적 우위는 단기간에 해체되지 않는다. 그러나 질서라는 관점에서 보면, 미국은 더 이상 세계의 모든 문제에 대한 책임을 일방적으로 지는 국제질서의 최종 대부자가 아니다. 미국 중심 질서는 이제 더 이상 하나의 통일된 설계도가 아니라, 필요에 따라 기능하고 불필요할 경우 유보되는 조건부 체제가 되어가고 있다.

이것이 의미하는 바는, 우리가 '질서'라고 부르던 개념 자체가 변화하고 있다는 것이다. 탈냉전기의 세계가 자율성과 통합이라는 두 축 사이에서 균형을 모색했다면, 오늘날 세계는 중첩과 분할, 복합성과 불균형의 상태로 이행하고 있다. 미국의 후퇴가 곧바로 중국의 부상이나 유럽의 대안적 질서로 이어지지 않는 이유는, 그것이 단순한 힘의 이양이 아니라, 질서의 존재 방식 자체가 변화하고 있기 때문이다. 일정한 설계자 없이 작동하는 불완전한 조정의 체계, 즉 '제국 없는 세계'가 도래하고 있는 것이다.

이 새로운 패치워크적 세계에서 각 국가는 더 이상 통일된 기준이나 보편적 이념에 따라 움직이지 않는다. 질서는 부분적으로만 공유되며, 안보·통화·기술·자원 등 모든 영역에서 분산적이고 조건적인 협력이 등장하고 있다. 브릭스BRICS는 달러에 대한 반대 연합이지만 통화 통합은 불가능하고, 유럽은 규범의 중심을 자임하지만 군사적 자율성은 여전히 결여되어 있다. 미국은 여전히 중심에 있지만, 이제 모든 테이블에 앉는 대신 테이블을 고르고 의제를 조정하며 질서의 설계사라기보다는 '조건부 관리자'로 스스로를 재정의하고 있다.

결국 세계는 지금, 일관된 세계 질서라는 이상을 내려놓고, 비대칭성과 복잡성을 받아들이는 방향으로 나아가고 있다. 그것은 어떤 이들에게는 혼란과 위기로, 다른 이들에게는 기회의 공간으로 삭용될 것이다. 그러나 분명한 것은, 이제 우리는 더 이상 하나의 제국도, 하나의 질서도, 하나의 규칙도 존재하지 않는 세계 속에서 새로운 방식의 협력과 갈등, 중심과 주변을 다시 그려나가야 한다는 점이다. 이 새로운 현실이야말로, 비트코인이 그 가능성을 열어 보였듯, 질서 없는 질서 속에서 살아가는 법을 배우기 시작한 인류의 다음 단계일지도 모른다.

한 걸음 더 1
유로화 실험의 교훈과 달러라이제이션

유럽 이상주의의 실험, 유로화의 정치경제학

유로화는 유럽을 하나의 정치경제 공동체로 통합하려는 유럽 이상주의의 산물이다. 냉전 종식 이후 유럽은 미국 중심의 안보 질서에서 벗어나 보다 자율적인 정치·경제적 통합을 모색했다. 특히 독일 통일 이후 프랑스는 독일의 경제적 독주를 견제하고 유럽 통합의 주도권을 공유하기 위해 통화 통합을 적극 추진했다. 이러한 맥락 속에서 단일 통화는 단순한 경제 협력의 도구를 넘어, 초국가적 공동체 구상의 핵심 기반으로 자리잡게 되었다.

마스트리히트 조약Maastricht Treaty(1992년)과 유럽 경제통화동맹The European Economic and Monetary Union, EMU은 이러한 이상주의적 구상을 제도화한 결과였다. 유럽 통합을 지지한 이상주의자들은 단일 통화, 단일 의회, 단일 법률을 통해 유럽을 초국가적 연합국가로 전환하려는 비전을 품고 있었다. 그러나 이러한 기획은 곧 현실의 벽에 부딪혔다. 유럽의 국가들 다수는 자국의 주권과 재정 자율성을 포기하려 하지 않았고, 각국의 상이한 재정 정책과 국민적 정체성은 완전한 통합을 제약하는 구조적 장벽이 되었다. 유럽의 통합 프로젝트는 이상주의적 비전과 국민국가 중심의 현실주의 사이의 긴장을 내포한 채 진행될 수밖에 없었다.

유로화의 도입은 프랑스와 독일 사이의 전략적 타협의 산물이기도 했다. 통일 이후 독일은 마르크화를 통해 유럽 내에서 가장 안정적인 통화 체계를 유지하고 있었다. 이는 독일 경제력의 상징이었다. 이에 프랑스는 유로화를 통해 독일 통화의 독보적 지위를 해소하고 유럽 통합의 주도권을 공유하려 했다. 통화 통합은 독일로 하여금 자국 통화를 포기하도록 요구하는 중대한 정치적 결단을 필요로 했는데, 독일은 전범국가로서의 역사적 책임감과 유럽의 핵심 국가로 복귀하려는 전략적 목표 아래 이를 수용했다.

1999년 유로화가 전자화폐로 출범하고 2002년 실물 화폐로 전환되면서, 초기에는 자본비용 절감, 금융시장 통합, 무역 촉진 등 가시적인 경제적 성과가 나타났다. 그러나 유로존은 통화를 통합했을 뿐 재정은 각국에 분산된 채로 남아 있었고, 이 구조적 비대칭성은 곧 한계를 드러냈다. 2008년 글로벌 금융위기 이후 그리스, 포르투갈, 아일랜드 등에서 재정 위기가 확산되었지만, 유럽중앙은행European Central Bank, ECB은 유럽연합 기능 조약 제123조에 따라 회원국의 국채를 1차 시장에서 직접 매입할 수 없었다.[117] 이에 따라 IMF, EU, ECB로 구성된 이른바 '트로이카Troika'가 긴축 정책을 조건으로 구제금융을 제공했다.[118] 그 결과 실업과 빈곤이 심화되었고 일부 국가에서는 유로존 탈퇴론까지 제기되었다.

이러한 위기는 유로존에 근본적으로 결여된 요소, 즉 '트랜스퍼 유니온Transfer Union'이라 불리는 재정 이전 체계의 부재가 지닌 한계를 여실히 드러냈다. 미국은 연방정부가 세입과 지출 권한을 통합적으로 행사함으로써 주State 간의 경제 불균형을 조정할 수 있는 구조를 갖추고 있다. 반면 유럽연합에는 이를 수행할 강력한 중앙정부가 존재하지 않으며, 언어·문화·정체성의 이질성으로 인해 국가 간 재정 이전에 필요한 정치적 정당성과 사회적 연대 역시 취약하다. 공동의 재정 이전 체계가 작동하려면 강력한 중앙 권력, 공동체 의식, 문화적 동질성과 상호 신뢰라는 조건이 필요하지만, 유럽은 이 모든 면에서 구조적 한계를 안고 있다. 더욱이 독일 등 경제력이 강한 국가 내부에서는 무제한적 재정 이전이 초래할 수 있는 도덕적 해이에 대한 우려와 정치적 부담이 강한 저항 요인으로 작용했다.

2012년, 유럽중앙은행 총재 마리오 드라기Mario Draghi는 "유로화를 지키기 위해서라면 무엇이든 하겠다"는 강력한 발언과 함께 OMTOutright Monetary Transactions 프로그램을 도입했고,[119] 이는 시장의 신뢰를 회복시키며 유로존의 붕괴를 가까스로 막아냈다. 그러나 그 이후에도 유로 체제가 지닌 구조적 취약성은 근본적으로 해소되지 않은 채 지속되고 있다.

결국 유로화는 정치적 이상주의와 제도적 현실주의가 교차하는 지점에서 탄생한 통화 실험이었다. 이 실험은 통화가 단순한 기술적 장치나 교환 수단을 넘어, 신뢰와 연대, 제도적 기반 위에 구축되어야 한다는 근본적인 사실을 다시금 환기시킨다.

달러 스테이블코인과 달러라이제이션: 트릴레마의 심화

유로화가 겪은 어려움은 곧, 달러 스테이블코인에 의해 심화될 글로벌 달러라이제이션이 직면한 문제이기도 하다. 달러 스테이블코인은 기존의 달러보다 훨씬 빠르고 광범위하게 확산될 수 있는 잠재력을 지니고 있다. 이는 특정 국가의 시민들이 자국 통화 대신 달러 스테이블코인을 일상적인 거래 및 가치 저장 수단으로 사용하는 현상을 가속화시킬 것이다.

달러라이제이션이 심화될수록, 각국은 고유한 경제정책을 유지하는 데 점점 더 큰 제약을 받게 된다. 경제학에서 말하는 '트릴레마Trilemma', 또는 '먼델-플레밍Mundell-Fleming 트릴레마'는 개방경제하에서 국가가 동시에 달성할 수 없는 세 가지 정책 목표, 즉 자본의 자유로운 이동, 고정 환율, 독립적인 통화 정책을 제시한다.[120] 이 이론에 따르면, 한 국가는 이 중 두 가지만을 선택할 수 있으며, 나머지 하나는 포기해야 한다.

달러 스테이블코인의 사용이 광범위하게 확산되면, 해당 국가는 공식적으로 고정환율제를 채택하지 않았더라도 경제 내부에서 달러 가치가 사실상의 기준으로 작동하게 된다. 많은 국민과 기업이 자국 통화 대신 달러 스테이블코인으로 거래하거나 저축하려 하면 할수록, 해당 국가 외환 당국의 선택지는 협소해진다. 달러 대비 자국 통화의 가치를 평가절하하려 할 경우, 국민과 기업은 자국 통화 대신 달러를 비축하려 할 것이고, 이 때문에 자국 통화는 지나치게 절하되어 결과적으로 인플레이션을 촉발할 가능성이 커진다. 환율을 변경할 필요가 있더라도 외환 당국은 시도조차 하기 어렵게 된다. 다시 말해, 디지털 달러에 대한 수요가 증가할수록 해당 국가는 사실상 비공식적인 고정환율 체제에 편입된 것과 유사한 상황에 놓이게 된다.

이러한 환경에서는 정부가 금리나 통화량 조절을 통해 자국 통화의 안정성을 확보하려 해도, 그 정책 수단의 실효성이 크게 저하된다. 예컨대 금리를 인상하더라도 달러 스테이블코인을 통한 자본의 자유로운 이동이 가능하다면 자본 유출을 억제하기 어렵고, 통화정책의 파급 효과는 제한적일 수밖에 없다. 결과적으로 중앙은행은 통화 공급을 조절할 수 있는 고유 권한을 상실하게 되며, 정부는 재정 정책만으로 거시경제를 운용해야 하는 상황에 내몰릴 수 있다.

이는 통화 주권의 실질적 상실을 의미한다. 유로존이 통화 통합 이후 재정 통합의 부재와 개별 국가의 통화정책 상실로 인해 위기를 겪었던 것처럼, 달러 스테이블코인의 사용이 광범위해진 국가들 또한 실질적인 통화정책의 제약 속에서 외부 충격에 취약해질 수밖에 없다. 결국 달러 스테이블코인은 국가 주권과 경제적 자율성에 대한 근본적인 도전으로 작용하며, 각국 정부와 중앙은행에 새로운 형태의 거시경제적 대응을 요구하게 될 것이다.

The
Philosophy
of
Bitcoin
is Money

Chapter 6

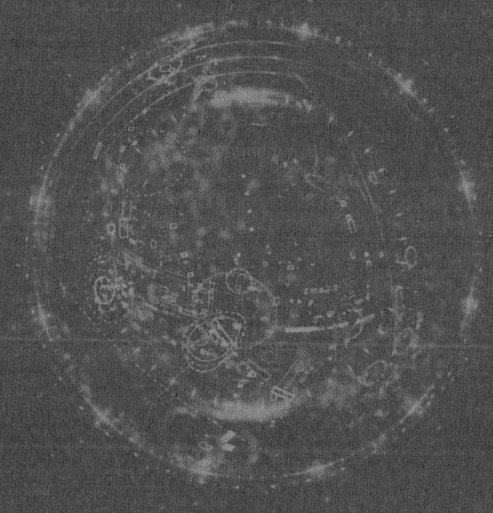

중립적 화폐

국제통화질서의 오랜 과제 중 하나는, 특정 국가의 정치경제적 이해로부터 독립된 '중립적 화폐'를 구축하는 일이었다. 세계는 줄곧 공정한 결제 수단, 편향되지 않은 가치 저장 수단, 그리고 어느 한 나라의 재정·통화정책에 종속되지 않는 글로벌 자산을 꿈꿔왔다. 이러한 꿈은 시대마다 다른 형태로 반복되었다. 그것은 1960년대 '특별인출권SDR'이라는 제도적 상상력으로, 냉전기 '유로달러'라는 비공식 금융 질서로 구현되었다. 그리고 오늘날 그 이상은 '비트코인'이라는 기술적 실험으로 다시 우리 앞에 등장했다.

　이 '중립성'이라는 개념은 인류의 오랜 이상이다. 영화 〈존 윅John Wick〉 시리즈에 등장하는 '콘티넨털 호텔The Continental Hotel'은 이러한 중립성의 이상을 흥미롭게 보여준다. 그곳은 살인 청부업자들조차 무기를 내려놓고 규칙을 준수해야 하는 성역이다. 호텔 내에서는 어떠한 '업무'도 허용되지 않으며, 모두가 중립적인 규칙 아래 평화를 유지한다. 그러나 이 중립적인 규칙을 준수하기 위해서 호텔은 무지막지한 폭력으로 위반자를 응징한다. 이는 사실 중립적 질서가 압도적인 힘과 권위를 가진 초월적 존재, 즉 그 질서를 강제할 수 있는 궁극적인 권위자를 가정한다는 점을 시사한다. 콘티넨털 호텔의 중립성은 강력한 권위와 합의된 규칙이 있을 때만 유지되는, 지극히 취약한 이상향인 셈이다.

　더 나아가, 영화 〈스타워즈Star Wars〉 시리즈 속 '제다이 평의회'는 중립성의 딜레마를 더욱 심각하고 현실적인 문제로 제기한다. 제다이는 공화국

[그림 17] 영화 〈존 윅〉 시리즈에 등장하는 '콘티넨털 호텔'의 촬영지

콘티넨털 호텔은 무기 사용이 금지된 성역이자, 중립성이라는 이상이 구현된 공간이다. 그러나 이 질서를 유지하기 위해서는 절대적 권위와 폭력적 응징이 전제되어야 한다. 영화는 중립성이란 자연 발생하는 평화가 아니라, 강제된 합의와 권력 위에 세워진 허약한 균형임을 보여준다.
(출처: Jim.henderson, CC BY-SA 3.0)

의 정치에는 직접 간섭하지 않으면서도, 공화국을 수호하는 중립적인 조직으로 존재했다. 그들은 평화와 정의를 위해 봉사하는 수호자였다. 그러나 이 시리즈가 던지는 심각한 질문은 "제다이는 공화국을 지키지만, 제다이로부터 공화국을 어떻게 지킬 수 있을까?"이다. 결국 제다이 평의회는 스스로 공화국의 숨통을 끊는다. 한때 공화국의 수호자였던 아나킨 스카이워커는 타락하여 제다이 평의회를 장악하고 공화국 세력을 진압하

[그림 18] 영화 〈스타워즈 에피소드 1: 보이지 않는 위험〉 중
제다이 평의회 장면을 형상화한 이미지

제다이 평의회는 정치에 직접 개입하지 않으면서도 공화국의 질서를 수호하는 중립적 권위의 상징이었다. 그러나 이 중립성은 끝내 붕괴된다. 제다이는 공화국의 수호자였지만, 동시에 그 몰락의 방아쇠이기도 했다.
(출처: ChatGPT 생성 이미지)

며 제국의 길을 열었다. 이는 '누가 수호자를 감시하는가Quis custodiet ipsos custodes?'라는 고전적인 질문을 상기시킨다.

이러한 중립성의 딜레마는 현실 세계의 '경찰'과 '사법부'에도 그대로 적용된다. 이들은 사회 질서와 법의 공정성을 수호하는 중립적인 존재여야 하지만, 그들 스스로가 권력을 남용하거나 특정 정치적 이해관계에 종

속될 때 사회는 심각한 위기에 직면한다. 국제 질서도 마찬가지다. 과연 특정 국가, 특히 오늘날 세계 질서를 주도하는 미국으로부터 중립된 질서의 수호가 가능할까? 미국 달러가 기축통화로서 전 세계 유동성을 책임지는 동시에, 미국 정부의 대외 정책과 금융 제재의 도구로 활용될 때, 그 '중립성'은 근본적인 도전에 직면한다.

이러한 맥락에서 '중립적 화폐'라는 이상은 추상적 관념이 아니라, 기축통화 체제가 안고 있는 내적 모순, 즉 '트리핀 딜레마'에서 비롯된 실천적 요청이었다. 세계의 유동성을 책임지는 동시에 자국의 대외수지를 관리해야 했던 미국이 직면한 근본적인 제도적 역설은, 미국으로부터 중립적인 국제 통화 질서에 대한 갈증을 낳았다.

이러한 요청에 대한 응답으로, 국제 사회는 여러 시도를 해왔다. 국제통화기금이 1969년 브레턴우즈 체제가 구조적 한계를 드러내기 시작하던 시점에 공식 도입한 특별인출권SDR은 다수의 주요 통화 바스켓으로 구성된 국제 준비자산으로서, 특정 국가의 통화에 대한 의존도를 줄이려는 첫 번째 제도적 시도였다. 이 시기 미국의 재정적자 확대는 금태환 능력에 대한 신뢰를 흔들었고, 그 여파로 1967년에는 달러와 연동되어 있던 파운드화와 프랑화의 평가절하가 발생했다.[121] 금과 달러의 연동 체계가 점차 균열을 일으키면서 국제 유동성 부족이라는 현실적 위기로 이어졌고, 이러한 불안정은 결국 1971년 닉슨 대통령의 금태환 중단 선언으로 현실화되었다.

한편, 냉전기에는 미국 달러의 국제화가 낳은 또 다른 비공식적 실험인 유로달러Eurodollar 시장이 의외의 방식으로 성장했다. 이는 미국 외 은행에 예치된 달러 예금을 의미하며, 미국의 통화 정책으로부터 상대적으로 자유로운 역외 시장을 형성함으로써 국제 유동성 공급에 기여했다. 유로달러는 의도된 중립 화폐는 아니었지만, 특정 국가의 통제에서 벗어나 자율적으로 성장한 금융 질서의 한 형태였다.

그리고 오늘날, 이러한 중립적 화폐의 계보를 잇는 가장 급진적인 실험이 바로 비트코인이다. 비트코인이 특별한 이유는, 그것이 단일 국가의 통제 바깥에 존재한다는 점이다. 국가 주도의 통화 권력을 벗어난 이 화폐는 지정학적으로 중립적인 자산이 될 가능성을 내포하고 있다. 그것은 중앙은행도, 발행자도 없이 네트워크 위에서 자율적으로 작동하는 통화 실험이며, '국가 없는 화폐 질서'라는 오랜 계보를 계승하는 존재다.

이 챕터는 바로 이러한 중립성의 이상과 현실 간의 간극, 그리고 그 속에서 국제통화질서가 어떻게 진화해왔는지를 SDR, 유로달러 그리고 비트코인이라는 세 가지 핵심 사례를 통해 심층적으로 탐구할 것이다. 과연 인류는 특정 권력으로부터 자유로운 진정한 '중립적 화폐'를 구축할 수 있을 것인가? 아니면 제다이 평의회의 비극처럼, 수호자를 자처하는 새로운 권력이 또 다른 지배를 낳을 것인가? 이 질문은 오늘날 세계 질서의 가장 중요한 화두 중 하나이다.

기축통화의 역설과
제도화의 실패

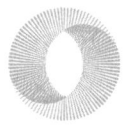

트리핀 딜레마와 달러 패권의 구조적 모순

국제 통화 질서에서 기축통화의 지위는 분명한 이점을 제공한다. 자국 통화가 국제 무역과 금융 거래의 기준이 된다는 것은 단지 상징적 우위를 넘어 실질적인 권력으로 작동한다. 기축통화국은 안정적인 외환 수요, 낮은 조달 금리, 그리고 글로벌 금융시장에서의 우선권이라는 세 가지 혜택을 누린다. 그러나 이러한 특권은 결코 무상으로 주어지지 않는다. 오히려 그것은 구조적 긴장을 수반하는 이중 과제를 부여한다. 자국의 통화 질서를 유지하면서도 세계의 유동성 수요를 충족시켜야 하는 이 과제는 근본적으로 충돌을 내포하고 있다. 이와 같은 구조적 모순을 개념화한 것이 '트리핀 딜레마'다.

벨기에 출신의 경제학자 로버트 트리핀Robert Triffin은 1960년 미국 의회 청문회에서 브레턴우즈 체제에 내재된 구조적 결함을 지적했다.[122]

당시에는 달러가 금 1온스당 35달러에 고정되고, 다른 모든 통화는 달러에 연동되는 이중 연결 구조가 작동하고 있었다. 이 체제에서 미국은 달러로 세계에 유동성을 공급하면서도, 그 달러의 금태환을 보장해야 했다. 트리핀은 이 두 가지 책무가 장기적으로 양립 불가능하다고 보았다. 세계가 더 많은 달러를 요구할수록 미국은 유동성을 확대해야 했고, 이는 금 보유량을 초과하는 달러 발행으로 이어져 금태환 약속의 신뢰 기반을 약화시켰다. 결국 신뢰가 무너지면, 통화 체제 역시 붕괴될 수밖에 없었다.

트리핀 딜레마는 단지 통화정책의 기술적 문제에 그치지 않는다. 그것은 글로벌 통화 질서의 설계 원리 자체에 대한 존재론적 질문이었다. 즉, 기축통화국이 자국의 안정성과 세계의 유동성 수요 사이에서 어떻게 균형을 이룰 수 있는가의 문제다. 미국은 한편으로는 통화 가치와 신뢰를 유지해야 하는 '국민국가'이면서, 동시에 글로벌 유동성을 공급해야 하는 '발행국'이라는 이중 역할을 수행해야 한다. 하나는 절제와 균형을, 다른 하나는 팽창과 과잉을 전제로 한다. 이 모순은 결국 1971년 닉슨 대통령의 금태환 중단 선언과 함께 현실화되었고, 브레턴우즈 체제는 종언을 맞이했다.

그러나 브레턴우즈 체제가 무너졌다고 해서 트리핀 딜레마가 해소된 것은 아니었다. 금이라는 물리적 담보는 사라졌지만, 그 자리를 '신뢰'라는 비물질적 조건이 대신하게 되었다. 미국은 여전히 경상수지 적자를 감수하면서 세계에 달러를 공급하고 있으며, 국제사회는 여전히 그 달러를 필요로 한다. 이제 금태환의 약속은 사라졌지만, 달러의 가치는 미국의 정치적 안정성과 금융 시스템에 대한 신뢰 위에 놓이게 되었다. 신뢰가 새로운 담보가 된 것이다. 이로써 트리핀 딜레마는 물리적 한계를 둘러싼 문제에서, 정치적·사회적 정당성의 한계를 논하는 문제로 전이되었다고 할 수 있다.

문제는 이러한 구조가 미국 내부의 사회경제적 균열을 더욱 심화시킨다는 점이다. 기축통화국인 미국은 세계에 달러를 공급해야 하기 때문에, 그 대가로 상품과 서비스의 수입이 수출을 초과하는 적자 구조를 감수할 수밖에 없다. 이로 인해 미국 경제는 만성적인 무역적자 상태에 놓이게 되었고, 값싼 외국산 제품의 지속적인 유입은 국내 제조업의 입지를 점차 약화시켰다. 무역적자와 제조업의 해외 이전은 미국 중서부와 북동부, 이른바 러스트벨트Rust Belt 지역의 산업 기반을 붕괴시켰고, 이는 전통적인 노동계층의 몰락과 지역사회의 공동화로 이어졌다. 일자리를 잃은 노동자들은 중산층에서 밀려났으며, 그들의 자녀 세대는 부모보다 더 가난한 삶을 예감하게 되었다. 대도시와 농촌, 해안과 내륙, 지식 노동과 육체 노동 사이의 격차는 점점 벌어졌다. 그리고 이러한 분열은 단지 경제적 차원을 넘어 가치관의 분열과 사회적 소속감의 해체로 확산되었다.

이와 같은 균열은 정치적 전환으로 이어졌다. 기존 정당 체제와 엘리트 정치에 대한 환멸은 급기야 '반세계화', '반이민', '반기득권'을 핵심 기조로 하는 새로운 정치적 흐름을 부상시켰다. 이 흐름은 2016년 도널드 트럼프의 당선으로 정점을 찍었고, 이후 '트럼피즘Trumpism'이라는 이름으로 제도정치 내부에 안착하게 되었다. 트럼피즘은 단지 한 정치인의 스타일이 아니라, 달러 패권이라는 글로벌 구조가 내부 사회에 전가한 비용에 대한 대중적 반응이었다.

오늘날의 트리핀 딜레마는 과거보다 더욱 복합적인 양상을 띠고 있다. 미국은 여전히 글로벌 유동성 공급자로서의 역할을 수행하고 있지만, 그 대가는 사회 내부의 양극화, 금융 불균형, 정치적 불확실성이라는 구조적 비용으로 돌아온다. 국제사회는 달러를 신뢰하지만, 그 신뢰는 더 이상 금에 기반하지 않는다. 이제 그것은 미국의 통치 구조, 정치 시스템, 금융 인프라, 법치에 대한 기대 위에 세워져 있다. 만약 이 기반이 흔들릴 경우, 국제 질서는 새로운 대안을 모색할 수밖에 없다. 디지털 유로, 위안화, SDR, 비트코인과 같은 다양한 통화 실험은 모두 이 딜레마에 대한 시대적 응답이며, 단일 기축통화 체제의 한계를 극복하려는 시도들이다.

결국 트리핀 딜레마는 과거의 기술적 실수가 아니라, 기축통화국이 감내해야 하는 구조적 숙명이다. 세계는 여전히 달러를 원하지만, 미국은 그 수요를 충족할수록 더 깊은 내적 균열을 겪는다. 그리고 그 긴장이 임계점을 넘어서기 시작할 때, 우리는 또다시 통화 질서의 전환기를 맞이하게 될 것이다. 그리고 그 전환은 외형적 붕괴가 아니라 신뢰의 재구성을 통해 이루어질 것이다.

SDR의 탄생

트리핀 딜레마가 가시화되고 달러 패권의 구조적 긴장이 심화되자, 국제사회는 그 대안을 모색하기 시작했다. 다극적 통화 체제, 디지털 통화 그리고 특별인출권Special Drawing Rights, SDR과 같은 실험들은 모두 달러 중심 질서의 불안정성을 완화하거나 대체하려는 시도에서 출발했다. 그 가운데 SDR은 가장 제도적이고 정교한 형태의 '위로부터의 대안 질서'였다. 이는 국가 없는 기술 통화로서의 비트코인과는 대조적으

로, 국제기구인 IMF를 중심으로 기획된 '합의된 중립 통화'의 모델이었다.[123]

SDR은 1969년, 브레턴우즈 체제가 구조적 한계를 드러내기 시작하던 시점에 IMF가 공식 도입한 국제 준비자산이다.

IMF는 SDR을 기존 준비자산(금과 달러)을 보완하는 새로운 유동성 단위로 정의했다. SDR은 금 1온스당 35달러라는 고정환율 체제하에 '금과 동등한 장부상의 자산'으로 간주되었고, 1970년 1월에는 SDR 30억 단위가 최초로 회원국들에 배분되었다. SDR은 미국이 무역과 자본거래에서 적자를 통해 세계에 달러를 공급하는 구조에 대한 불안정을 보완하고자 기획된 것이었다.[124] IMF는 이를 통해 국제 금융시장에서 보다 예측 가능하고 안정적인 준비자산을 공급할 수 있기를 기대했다.

SDR은 기존 화폐들과 근본적으로 다른 성격을 지닌 인공적 통화 단위다. 그것은 특정 국가가 발행하거나 뒷받침하는 법정통화가 아니며, 실물자산처럼 물리적 실체를 갖는 것도 아니다. SDR은 오직 IMF를 통해 회원국 간 장부상으로만 배분되고 사용되는 회계상의 자산이다. 이러한 점에서 SDR은 실물 결제망이나 민간 유통 시스템과는 철저히 분리되어 있으며, 일반적인 의미의 화폐와는 구조적으로 구분된다.

SDR의 가치는 미국 달러, 유로, 위안, 엔, 파운드로 구성된 5개 주요 통화 바스켓을 기준으로 산정된다. 이러한 구조는 SDR이 개별 통화의 변동성을 흡수하고 상대적인 안정성을 유지할 수 있도록 설계되었음을 보여준다. 그러나 이러한 구조에도 불구하고 SDR의 실질적 사용 범위는 제한적이다. SDR은 민간 경제 주체가 직접 보유하거나 사용할 수 없으며, 상품 거래나 금융 투자, 개인 간 송금과 같은 민간 부문에서 활용되지 않는다. 유일한 사용처는 IMF 회원국 간의 자금 교환, IMF 대출의 상환, 외환보유고 구성의 다변화 등 공공 목적에 국한된다.

SDR은 자연물인 금에 기초한 금본위제로의 회귀 대신, 달러체제의 대안으로 새롭게 인공적으로 설계된 화폐단위라는 점에서 구성주의적이다. 제2차 세계대전 이후, 이성이 평화를 이룩할 수 있다고 믿은 이상주의적 실험이기도 했다. 그것은 단일국가의 정치경제적 이해관계로부터 독립된 초국가적 합의 기반의 중립 통화를 지향했으며, 국가 간 힘의 불균형을 초월한 '기획된 화폐 질서'의 구현 가능성을 타진했다.

금본위제와 달러 중심 체제가 가진 물리적·정치적 한계를 넘어서기 위한 이 실험은, 기술보다는 제도, 발행 권력보다는 국제적 합의에 기반한 새로운 질서를 지향했다. SDR은 글로벌 화폐 질서가 정치적 상상력과 제도적 설계에 의해 형성될 수 있다는 희망을 담고 있었다. 그러나 이 설계는 완결된 체제가 되기에는 결정적인 한계를 지니고 있었다.

기획된 중립 통화의 한계

2009년 글로벌 금융위기와 2021년 코로나19 팬데믹이라는 전 지구적 위기 상황에서 SDR은 각각 2,500억 달러,[125] 6,500억 달러[126] 규모로 대규모 배분되며, 단기적 유동성 공급 수단으로 일시적 주목을 받았다. SDR이 설계 당시 지녔던 이상은 위기의 순간마다 현실적인 대응 수단으로 소환되었고, IMF는 이를 통해 중립적이고 예측 가능한 국제 준비자산으로서의 SDR의 기능을 재확인하려 했다. 그러나 이러한 일시적 역할에도 불구하고, SDR은 여전히 제도적 선언에 머물러 있으며, 실질적인 국제 통화로 기능하지 못하는 구조적 한계를 드러내고 있다.

화폐는 상상만으로 작동하지 않는다. 아무리 정교하게 설계된 제도라 하더라도, 실제로 기능하려면 세 가지 조건이 필요하다. 작동 가능한 기술 구조, 유통 가능한 네트워크, 그리고 시장 참여자의 자발적 신뢰이다. SDR이 직면한 핵심적 한계는 바로 이 세 요소의 부재였다.

무엇보다 SDR은 민간 경제 주체의 영역에서 철저히 단절되어 있다. SDR은 IMF가 회원국 정부에 장부상으로 배분하는 준비자산일 뿐이며, 일상적인 상품 거래나 금융 투자, 개인 간 송금에 사용되지 않는다. 달러나 유로처럼 실시간 결제망을 통한 민간 유통 기능을 갖추지 못한 SDR은, 화폐라기보다는 국제 회계 단위에 가깝다. 그 결과 SDR은 국제 금융 시스템의 '보완재'로 머물 뿐, '주권 없는 통화'로서의 실질적 지위를 획득하지 못했다.

또한 SDR은 그 구조상 정치적 중립성을 확보하기 어렵다. IMF는 각국의 출자금에 따라 의결권을 배분하는 구조를 취하고 있는데, 미국은 최대 출자국으로서 사실상 거부권을 행사할 수 있는 지분을 갖고 있다. 이는 SDR이 특정 국가의 이해관계로부터 자유롭지 않다는 점을 명확히 보여준다. 실제로 트럼프 행정부는 SDR의 신규 배분에 반대하여 SDR의 확장적 활용을 차단한 바 있다. 결국 SDR은 달러의 대안이 아니라, 달러 패권 체제 내부에 종속된 도구로 기능하게 되었다. 이는 제도적 중립성을 표방하면서도 실질적으로는 힘의 정치에서 벗어나지 못한 결과였다.

달러체제에서 소외된 대다수 국가들 입장에서 볼 때, SDR의 배분 방식은 구조적 불균형을 안고 있다. IMF는 회원국의 경제 규모를 기준으로 출자 비율을 책정하고, 이에 따라 SDR을 비례 배분한다. 이로 인해 실제로 외화 유동성이 절실한 저소득 국가는 전체 SDR 배분액 중 극히

소량만을 할당받게 되며, 이를 단기 생존 수단처럼 활용하는 데 그치는 경우가 많다. 더욱이 경제력이 취약한 국가일수록 유동성 확보를 위해 SDR을 사용하는 과정에서 되레 상환 부담을 떠안는 역설적 상황에 직면한다. SDR 보유액이 할당액보다 적은 경우 그 차액에 대해 이자가 부과되는데, 이는 SDR을 사용하는 국가에게 실질적인 채무 부담으로 작용할 수 있기 때문이다. '안정적 유동성 공급 수단'이라는 SDR의 설계 목적과 달리, 수령국에게는 유동성 확보의 대가로 이자 비용이 가중되는 잠재적 부채 구조가 형성되는 것이다. 이러한 구조적 제약 속에서 SDR은 위기 시 유용한 단기 유동성 지원 수단이 될 수는 있지만, 진정한 의미에서의 '안정적인 국제 통화'로 작동하기에는 뚜렷한 한계를 보인다.

SDR은 IMF의 전통적인 대출 프로그램과 달리 정책 조건이 수반되지 않는다는 점에서, 수령국의 자율성을 보장하는 장점이 있다. 그러나 바로 이 점 때문에 SDR 사용의 투명성과 책임성이 떨어진다. 운용에 있어서 도덕적 해이의 소지가 큰데, 비효율적이거나 부패한 정부가 SDR을 자의적으로 운용할 가능성을 통제할 제도적 장치가 미비하기 때문이다. 이로 인해 SDR은 경우에 따라 국가 재정의 건전성을 훼손하거나, 정치적 불안징싱을 심화하는 계기가 될 수도 있다. 즉, 안정직 통화 질서를 구현하려는 제도적 설계가 역설적으로 제어 불가능한 정치적 리스크를 초래하는 아이러니를 낳고 있는 셈이다.

이러한 복합적 한계는 SDR이라는 시도가 왜 살아 있는 통화 질서로 진화하지 못했는지를 설명해준다. SDR은 위로부터의 합의와 제도 설계를 통해 구축된 통화 실험이었지만, 그것을 뒷받침할 기술 인프라, 네트워크 유통 구조, 민간 신뢰 기반이 결정적으로 결여되어 있었다.

결국 SDR이라는 이상주의적 실험은 냉정한 현실의 힘의 정치를 제대로 반영하지도 못할뿐더러 힘의 정치에 번번이 부딪히면서 존재의의를 잃어버리고 방황하기 일쑤였다. 국제 통화 질서는 단지 법적 선언이나 협약에 의해 구성되지 않는다. 화폐는 현실의 거래망 속에서, 시장 참여자들의 자발적 수용과 반복되는 사용을 통해 형성된다. 제도가 설계하는 것이 아니라, 실천이 구성하는 것이다.

최근에는 디지털 SDR 또는 스테이블코인과의 결합과 같은 제안이 등장하고 있지만, 미국의 정치적 반대, 법적·제도적 제약, 민간 시장의 낮은 수요로 인해 실현 가능성은 여전히 제한적이다. SDR은 오늘날에도 IMF 내부의 회계 단위에 머물고 있으며, 국제 통화 시스템의 대안으로 자리잡지 못하고 있다. 그 결과 SDR은 '중립 통화'를 제도화하려는 실험이 정치권력, 기술 현실, 시장 메커니즘과 충돌할 때 어떤 한계를 드러내는지를 보여주는 상징적 사례로 남게 되었다.

자생적 질서와
탈영토 통화의 진화

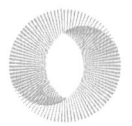

유로달러의 기원과 규제 회피의 금융 질서

국가의 통화 주권을 전제로 작동해온 근대 금융 질서 속에서 유로달러는 하나의 기이한 존재로 등장했다. '유로달러'라는 이름은 유럽연합이나 유로화와는 아무런 관련이 없으며, 특정 지역의 통화를 가리키는 것도 아니다. 유로달러란 미국 이외의 지역에 위치한 은행 계좌에 예치된 달러를 의미한다. 즉, 미국 연방준비제도의 직접적인 통제나 금융 당국의 규제·감독을 받지 않으면서도 여전히 달러로 기능하는 화폐인 셈이다.

유로달러 시스템은 제도적 설계나 정책적 의도에 따라 만들어진 것이 아니라, 1950년대 후반 냉전기의 지정학적 긴장 속에서 자생적으로 형성되었다.[127] 당시 소련과 동유럽 국가들은 미국의 자산 동결 조치를 우려하여 자국의 달러 보유분을 미국 본토 대신 유럽의 중립국 은행에 예치하기 시작했다. 특히 취리히, 파리, 런던 등은 이들 국가들에게 정치적 위험이 적고, 달러 예치와 대출이 가능한 안전한 금융 공간으로 간주되었다. 이러한 회피저 선택은 곧 새로운 비공식 거래 시스템의 토대를 이루었고, 단순한 예치 관행은 금융 중개 기능을 포함하는 자생적 생태계로 진화하게 되었다.

유로달러의 중심지는 런던으로 수렴했다. 제국의 쇠퇴 이후 국제 금융 중심지로서의 위상이 흔들리던 런던은 오히려 이 비규제 영역을 새로운 기회로 전환시켰다. 1960년대 영국 정부는 외환 규제를 점차 완화하였고, 런던의 은행들은 미국, 유럽, 제3세계 자본을 연결하는 중개 플랫폼으로 재부상했다.[128] 이곳에서는 미국 내에서 불가능한 고금리 대출, 자유로운 자본 이동, 파생상품 거래가 가능했으며, 실질적으로는 미국 통화를 사용하면서도 미국 금융 규제를 우회하는 역외Offshore 금융 공간이 구축되었다.

특히 미국은 당시 자본 유출을 억제하기 위해 이자율 상한제Regulation Q와 해외 투자 제한 조치를 시행하고 있었는데, 이는 유로달러 시장의 성장을 촉진하는 결정적 계기가 되었다.[129] 미국 은행들이 본토에서 직접 자금을 해외로 이동할 수 없게 되자, 런던에 자회사나 현지법인을 설립하여 유로달러 거래를 수행했다. 이는 형식상 미국 자금이 국외로 유출되지 않은 채, 실질적으로는 국제 거래를 활성화하는 방식이었다.* 그 결과 미국의 금융 규제를 우회하는 병렬 시스템이 형성되었다.

---

* '유로달러'는 미국 본토 은행이 아닌, 해외(주로 유럽) 은행에 예치된 달러 예금이다. 이 달러 예금은 물리적인 달러 지폐가 해외로 나간 것이 아니라, 미국 은행의 장부상에만 존재하는 '청구권'의 형태다. 즉, 런던의 은행이 달러를 예금 받으면, 해당 달러 지폐는 뉴욕의 은행에 그대로 둔 채, 런던의 은행은 '뉴욕 은행에 예치된 달러를 언제든 받을 수 있다'는 청구권만 갖게 된다. 런던 은행들은 이 청구권을 바탕으로 다른 해외 은행에 대출을 해주거나 거래를 하는데, 이 모든 거래는 뉴욕의 물리적 달러를 움직이지 않고 장부상의 기록만으로 이루어진다.

미국 안에 있으면서도 미국 밖에 있는 달러라는 '탈영토적 화폐 시스템'이 출현한 것이다.

이러한 구조는 1970년대 이후 더욱 공고해졌다. 이 시기 석유 거래가 달러로만 결제되는 페트로달러 체제가 제도화되면서, 중동 산유국들은 석유 판매로 획득한 막대한 달러를 유로달러 시장, 특히 런던에 재투자하기 시작했다. 이른바 '페트로달러의 순환'은 유로달러 시장의 유동성을 비약적으로 확대시켰고, 미국 외부에서 형성된 달러 금융 생태계의 자생성을 강화하는 계기가 되었다. 이러한 자금은 유럽 은행을 통해 미국 국채, 국제 대출, 채권 상품 등에 재배치되면서, 달러를 중심으로 한 글로벌 금융 질서에 새로운 역학을 부여했다.

유로달러는 단지 하나의 금융 기술이 아니었다. 그것은 미국 중앙은행이 발행하거나 보증하지 않음에도 불구하고, 전 세계 금융시장에서 신뢰받는 결제 수단으로 기능했다. 물리적 화폐가 아니라, 은행 계좌에 기록된 잔고, 전산망을 통해 관리되는 계정 기반 Account-Based 통화였던 유로달러는 지급준비율, 예금자 보호, 금리 통제 등 중앙은행의 전통적인 제도 장치 없이도 안정적으로 유통되었다. 대신 은행 간 계약과 신용 평가, 반복된 거래를 통한 신뢰의 축적이 그 기반을 이루었다. 이러한 구조 속에서 유로달러는 법의 경계를 벗어나 있으면서도 정교한 계약 네트워크에 의해 유지되는, 비공식 글로벌 통화 질서로 자리 잡았다.

그림자 통화와 '지배 없는 지배'

　흥미로운 점은, 유로달러 시스템이 미국 정부의 제도적 규제를 받지 않았음에도 불구하고 오히려 미국의 경제 질서와 금융 패권을 강화하는 방향으로 작동했다는 사실이다. 유로달러는 단순히 미국 외부에서 유통되는 또 다른 형태의 달러가 아니었다. 표면적으로는 미국의 통제를 벗어난 야생의 통화처럼 보였지만, 실제로 이 시스템은 미국 중심의 금융 질서를 세계적으로 확장시키는 촉매로 기능했다.

　그 핵심에는 달러에 대한 글로벌 수요의 확대가 있었다. 유로달러 시장에서 거래되는 대규모 자금은 최종적으로 안전자산을 향한 선호에 따라 미국 국채로 유입되었고, 이는 미국 정부가 통화공급을 급격히 증가시키지 않으면서도 국제적 자금조달을 지속할 수 있는 재정 기반이 되었다. 다시 말해, 달러 유동성의 중심은 미국 바깥에 있었지만, 그 자금 흐름은 여전히 미국 금융 시스템의 안정성과 지속 가능성을 지탱하고 있었던 것이다.

　여기에 미국 금융기관들의 전략적 개입이 더해졌다. 다수의 미국 은행들은 자회사나 현지 법인을 설립해 런던 등 유로달러 시장에 적극적으로 진출했다. 이를 통해 국내 금융 규제를 우회하면서도 국제 자본 흐름에 실질적인 영향력을 행사할 수 있었다. 그 결과 미국은 유로달러를 직접 규율하거나 법적으로 통제하지 않으면서도, 전 지구적 금융 네트워크의 중심에 계속 머무를 수 있었고, 이는 공식 통제를 포기함으로써 비공식적 영향력을 극대화하는 독특한 패권 구조로 작동했다.

　유로달러 시스템은 국가의 영토적 통제와 법적 권한의 바깥에서 작동하는 새로운 통화 질서의 출발점이었다. 그리고 그것은 곧 '그림자 통화Shadow Currency'라는 보다 일반화된 개념으로 확장된다. 기존 금융 체계에서 '그림자 금융'은 은행 시스템 외부에서 유사한 기능을 수행하는 비제도적 장치를 뜻하고, '그림자 통화'는 그 하위에서 작동하는 탈제도적 화폐 질서를 가리킨다. 유로달러는 이 계보의 시초로서, 국가의 법적 권위에 의존하지 않으면서도 거래 수단, 가치 저장, 회계 단위의 기능을 충실히 수행한 글로벌 통화였다.

'그림자'라는 표현은 단순한 비가시성이나 음지를 의미하지 않는다. 그것은 국가의 통화 규제, 중앙은행의 발행 메커니즘, 영토 주권의 테두리를 넘어서는 회색 지대에서 새로운 질서가 생성될 수 있음을 뜻한다. 그림자 통화란 국가에 의해 설계된 것이 아니라, 시장 참여자들 사이의 계약과 신용, 그리고 반복된 교환이라는 실천적 네트워크 속에서 스스로 구성된 자생적 통화 체계다.

이러한 유로달러 시스템은 이후 조세 회피, 자산 은닉, 규제 우회 등을 목적으로 발전한 '역외 금융Offshore Finance'이라는 더 넓은 금융 생태계의 기폭제가 되었다. 역사적으로 유로달러와 역외 금융은 종종 동의어처럼 사용되어 왔으며, 실제로도 그 구조와 작동 원리는 밀접하게 맞닿아 있다. 그러나 구조적으로 볼 때, 유로달러는 특정한 통화(달러)를 중심으로 형성된 제한적 질서인 반면, 역외 금융은 이를 포함하여 다양한 통화, 상품, 법인을 아우르는 탈국가적 금융 네트워크로 진화해왔다. 유로달러는 역외 금융 질서의 원형이자, 국가 주권의 경계를 넘는 비가시적 금융 흐름의 출발점이었다.

중요한 점은, 유로달러가 미국의 통화정책과 자본 규제를 우회하는 방식으로 작동하면서도, 역설적으로 미국 금융기관과 글로벌 자본의 이익을 극대화하는 경로로 진화했다는 사실이다. 그것은 미국 본토로 환류하지 않는 달러 풀Pool을 형성함으로써, 전 세계적 달러 수요를 확대시키면서도 미국 내 인플레이션 압력을 야기하지 않는 효율적인 구조를 가지고 있었다. 미국은 이를 규제하지 않음으로써 오히려 더 넓은 범위의 금융 흐름을 장악할 수 있었다. 이는 결과적으로 '지배 없는 지배'라는 권력의 새로운 양식을 가능케 했다.

1970년대, 독일과 프랑스 등 주요 동맹국들은 유로달러 시장이 자국 통화의 안정성과 금융 주권에 위협이 된다며 미국에 규제를 요구했다.[130] 하지만 미국은 이 시장을 방임하는 편이 자국의 이익에 더 부합한다고 판단했다. 유로달러는 미국 자본의 글로벌 운용을 가능하게 했으며, 냉전기에는 동구권의 비공식 자금과 지하자본이 달러 경제권 내로 유입되는 경로로도 활용되었다. 유로달러는 단순한 금융 흐름이 아니라, 자유진영의 전략적 영향력을 확장시키는 비공식 수단으로도 작동했던 것이다.

유로달러의 역사적 의의는 단순히 새로운 유동성 수단을 창출한 데 있는 것이 아니다. 유로달러 시스템은 금융의 탈영토화를 촉발하고, 근대 국가가 전제로 삼아온 통화 주권 개념 자체를 재구성한 결정적 전환점이었다. 다시 말해, 그것은 '영토 주권과 통화 발행권의 일치'라는 근대 통화 체제의 핵심 원리를 구조적으로 해체한 것이다. 유로달러는 '국가 밖의 달러', '법 밖의 신용', '규제 밖의 질서'라는 역설적인 원리를 실험함으로써, 제도적 틀 없이도 작동 가능한 자율적 통화 생태계의 가능성을 보여주었다.

결국 유로달러는 하나의 체계로서 근대 통화 이론의 전제를 무력화하고, 21세기 디지털 통화 실험들, 즉 비트코인과 스테이블코인 등이 상상하고 있는 새로운 통화 질서의 철학적 토대를 선취했다. 그것은 발행 주체의 통제 없이 작동하는 화폐 시스템, 규제 없는 네트워크에 기반한 자율적 신뢰의 구조를 시험한 선구적 사례였다.

비트코인과 스테이블코인, 기술이 만들어낸 중립성

유로달러 이후의 전환점: 비트코인의 기술적 상상력

금융의 탈영토화와 그림자 통화의 확산은, 궁극적으로 비트코인이라는 전혀 새로운 통화 질서가 등장할 수 있는 역사적 토양을 마련했다. 유로달러가 보여주었듯이, 화폐는 반드시 중앙 발행자에 의해 만들어질 필요가 없으며, 실물이라는 물리적 기반 없이도 존재할 수 있고, 국가의 법적 질서 바깥에서도 자생적으로 유통되고 신뢰받을 수 있다. 비트코인은 이러한 전례를 기술적으로 계승하면서, 화폐란 무엇인가라는 근본적인 질문을 다시 제기하는 존재로 등장했다. 이 전환의 의미를 가장 먼저 감지하고 제도적 반응을 시도한 국가들이 스위스, 영국, 룩셈부르크와 같은 전통적인 역외 금융 허브들이었다는 사실은 결코 우연이 아니다.

이들 국가는 이미 유로달러라는 그림자 통화를 경험함으로써, 국가 주권과 통화 질서가 반드시 일치하지는 않는다는 현실을 인지해왔다. 더 나아가, 규제의 경계를 넘나드는 금융 시스템이 자생적 질서를 구축할 수 있다는 현실을 실천적으로 이해하고 있었다. 비트코인의 등장은 이들 국가로 하여금 과거의 역외 금융 질서가 이제 기술이라는 새로운 기반 위에서 다시 출현하고 있음을 인식하게 했다. 또한 그것이 역외 금융의 다음 단계를 보여주는 진화된 형태일 수 있다는 가능성을 제시했다.

사실 비트코인의 등장을 전후하여, 글로벌 그림자 금융 질서는 이미 구조적 균열을 겪고 있었다. 2008년 금융위기 이후, 미국은 역외 금융이 자금 세탁과 규제 회피의 온상이라는 정치적 프레임을 강화했다. 그 공격의 정점에는 스위스 은행의 '비밀주의'가 있었다.* 2009년, 스위스 최대 은행 UBS는 미국 정부로부터 7억 8,000만 달러의 벌금을 부과받았고, 미국인 고객의 계좌 정보를 넘겨주는 초유의 사태를 겪었다.[131] 이는 역외 금융이라는 이름 아래 축적된 탈국가적 금융 질서가 국가 주권이라는 현실 정치 앞에서 얼마나 쉽게 무력화될 수 있는지를 보여준 결정적 장면이었다. 게다가 2022년 러시아-우크라이나 전쟁 이후 지정학적 긴장이 고조되면서, 역외 금융은 더욱 노골적으로 '불법 자금의 회랑'으로 낙인찍혔다. 이렇듯 역외 금융의 공간은 규제와 제재

---

* 스위스 은행의 비밀주의는 1934년 제정된 은행법에 의해 확립되었다. 이는 나치 정권의 탄압을 피해 자산을 숨기려 했던 유대인 고객들을 보호하려는 목적으로 시작되었으며, 고객 정보를 누설하는 은행원에게 형사처벌까지 내릴 만큼 강력한 보호 장치였다. 그러나 2008년 UBS 비밀계좌 사건 이후, 미국이 해외금융계좌신고법(FATCA)을 제정하고, OECD 주도의 금융정보자동교환(AEOI) 협정이 확산되면서 스위스 비밀주의의 위상은 크게 흔들렸다. 스위스 정부는 결국 2017년부터 이 협정을 공식적으로 채택하며, 외국인 고객의 탈세 목적 비밀계좌는 더 이상 보호하지 않겠다는 원칙을 밝혔다.

의 압력 속에서 점차 폐쇄되어 가고 있다.

바로 이 역사적 흐름 속에서, 비트코인의 등장은 과거 역외 금융을 실천적으로 경험했던 국가들에게 특별한 의미로 다가왔다. 이전에는 국경이라는 제약을 전략적으로 활용하며 번영을 추구했던 이들 국가들이, 이제는 국경 자체가 제거된 비트코인 기반의 탈지정학적 질서에 주목하고 있다. 국가의 법적 통제를 피하면서도 완전히 벗어나지 않고, 기존 세계 금융 질서와 연결되면서도 그 질서를 재구성하는 이 새로운 통화 실험은, 이들에게 단순한 위험이나 회피의 대상이 아닌 지속 가능한 금융 미래를 위한 제도적 기회로 인식되었다.

비트코인은 기존 그림자 통화의 원리를 기술적으로 극대화한 다음 단계다. 실물 없이도 존재할 수 있고, 중앙은행 없이도 유통될 수 있으며, 발행 주체가 없이도 신뢰를 획득할 수 있는 화폐 구조. 그것은 코드와 네트워크, 알고리즘 위에 구축된 자생적 질서이며, 화폐의 존재 조건을 근본적으로 재정의하는 새로운 실험이다.

오늘날 금융은 더 이상 영토, 물리적 공간, 정치적 경계 위에만 존재하지 않는다. 법적 주권, 발행 권한, 제도적 보증, 중앙 통제라는 근대 화폐 질서의 네 기둥은 점차 흔들리고 있으며, 그 틈 속에서 비트코인은 하나의 작동하는 대안 체계로 모습을 드러내고 있다. 알고리즘이 유지되고, 네트워크가 연결되며, 코드가 변조되지 않는 한 화폐는 존재할 수 있다는 믿음이 지금, 기술적 신뢰를 통해 실현되고 있는 것이다.

디지털 유로달러의 부상: 스테이블코인의 구조와 계보

스테이블코인은 단순한 암호자산이 아니다. 그것은 그림자 금융의 논리를 블록체인 위에서 다시 호출한, 기술적 재구성이자 전략적 계승자다. 유로달러가 국가의 규제를 우회하며 미국 외부에서 작동한 탈영토적 통화였다면, 스테이블코인은 그 원리를 분산 네트워크 기반에서 구현하려는 '디지털 자생 화폐'의 실험이다. 달러에 연동되어 있으면서도 미국 정부의 직접 통제 밖에서 유통되는 이 새로운 형태의 화폐는, 그 궤도 끝에서 비트코인과 맞닿는다.

유로달러는 전통적 은행 시스템을 인프라로 삼아 운영되었지만, 스테이블코인은 전혀 다른 기술 환경 위에서 작동한다. 달러 자산이라는 담보가 신뢰의 기반이 되는 것은 동일하지만, 은행의 계좌망 대신 블록체인의 분산원장이 거래를 기록하며, 예금 통장 대신 디지털 지갑이 보유와 전송의 매개가 된다. 스마트 콘트랙트는 약속을, 알고리즘은 실행을, 네트워크는 중개를 대체한다. 그 결과, 스테이블코인은 국가 밖에서 작동하는 달러라는 유로달러의 핵심 명제를 디지털 질서 속에서 정교하게 재현하는 데 성공하고 있다.

특히 달러 스테이블코인은 유로달러와 마찬가지로 달러를 기반으로 하면서도 미국 외부에서 운용된다. 많은 스테이블코인 발행사가 미국 이외의 관할권에서 운영되며, 미국 국채나 은행 예치금으로 담보를 구성하면서도 법적 책임의 영역은 분산되어 있다. 이는 유로달러와 마찬가지로 미국 달러의 국제적 위상을 넓히면서도, 통화 주권의 부담 없이 달러 시스템의 외연을 확장할 수 있는 구조를 제공한다. 달러 스테이블코인은 그 자체로 디지털 유로달러이며, 미국이 발행하지 않지만 미국 중심 질서를 강화하는 그림자 통화의 새로운 양태다.

　더 중요한 전환은 접근성과 유통 구조에서 드러난다. 유로달러가 금융기관과 대형 자본에 한정된 '엘리트의 통화'였다면, 스테이블코인은 스마트폰과 인터넷만 있으면 누구나 접근할 수 있는 '열린 달러'로 재정의되고 있다. 이는 단순한 기술의 진보를 넘어, 달러 유동성의 민주화이자 글로벌 지급결제 인프라의 수평화를 의미한다. 유로달러가 일부 계층만을 위한 것이었다면, 스테이블코인은 실질적으로 '모두를 위한 유로달러'다. 기존 금융 시스템에 접근할 수 없었던 사람들에게 새로운 경제적 참여의 기회를 제공하며, 글로벌 금융의 문턱을 낮추는 포용적 화폐 인프라로 자리매김하고 있는 것이다. 이는 스테이블코인이 단순히 암호화폐 시장을 위한 결제 수단을 넘어, 탈중심적이고 탈국가적인 통화 질서를 구성하는 실험장이 되고 있음을 의미한다. 스테이블코인은 유로달러가 그랬던 것처럼 '탈영토 금융'이라는 구조적 토대를 디지털 질서 속에서 새롭게 재편하고, 화폐의 경계를 재정의하고 있다.

지정학적 전략 자산으로서의 스테이블코인

　스테이블코인의 지정학적 함의는 갈수록 분명해지고 있다. 과거 유로달러가 미국의 공식 통제를 벗어난 상태에서 미국 중심 질서를 비가시적으로 확장시킨 통화 장치였다면, 스테이블코인은 이 기능을 한층 정교하고 강력한 방식으로 계승하고 있다. 미국의 'GENIUS 법안'은 이러한 전환을 제도화한 실질적 계기로 평가된다. 이 법안은 스테이블코인을 제도권 금융 인프라에 편입하려는 최초의 포괄적 입법 시도로, 미국은 이를 통해 블록체인 기반 디지털 달러 유통 체계를 자국의 전략적 자산으로 공식 규정하고 있다. 유로달러가 과거 미국의 방임 속에서 자생적으로 성장했다면, 스테이블코인은 이제 미국의 명시적 전략 아래 제도화되고 있다. 미국은 더 이상 그림자 시스템에 기대지 않는다. 스테이블코인을 통해 디지털 공간에서 달러의 영향력을 주도적으로 확장해가고 있는 것이다.

이러한 움직임은 단순한 기술 채택이나 규제 정비의 차원을 넘어선다. 그것은 글로벌 통화 패권의 미래를 둘러싼 전략적 주도권 경쟁의 일환이다. 스테이블코인은 이미 유로달러 시장이 수행해온 기능의 상당 부분을 대체하기 시작했다. 미국 학계와 정책기관, 전현직 고위 관료들 사이에서는 이러한 전환을 '차세대 유로달러'로 해석하는 흐름이 힘을 얻고 있다. 뉴욕대학교의 오스틴 캠벨Austin Campbell 교수는 "앞으로 약 20년 내 전체 유로달러 시장이 스테이블코인으로 이동할 가능성이 높다"며, 달러 스테이블코인이 글로벌 유동성의 중심축으로 부상할 것이라고 진단했다.[132] 전 미국 상품선물거래위원회CFTC 의장 티머시 매사드Timothy Massad 역시 2024년 브루킹스 연구소Brookings Institution 기고문에서 스테이블코인이 유로달러의 구조를 계승하고 있으며, 이를 통해 미국의 통화 패권이 디지털 질서 속에서 재편되고 있다고 평가했다.[133] 특히 그는 유로달러 확산 초기 미국 정부가 이를 과소평가하며 규제 공백을 방치한 전례를 언급하며, 스테이블코인에 대해서는 보다 선제적이고 통합적인 규제 체계가 필요하다고 경고했다. 이는 스테이블코인이 더 이상 실험적인 기술이 아니라 전략적 자산으로 간주되고 있음을 시사한다.

이러한 인식은 실제 정치권의 대응으로도 이어지고 있다. 예를 들어, 2024년 6월, 폴 라이언Paul Ryan 전 하원의장은 『월스트리트 저널』 기고문에서 달러 스테이블코인이 미국 부채 문제의 해법이 될 수 있다고 주장했다.[134] 그는 스테이블코인을 "블록체인 위에서 기능하는 국채 담보 디지털 외환보유체계"로 규정하며, 향후 미국의 달러 패권 전략에서 핵심적인 역할을 수행할 수 있음을 강조했다.

스테이블코인의 확장은 미국 내부의 전략적 수용을 넘어, 전 지구적 지정학 구도 전반에 새로운 파장을 일으키고 있다. 스위스, 홍콩, 싱가포르 등 전통적인 역외 금융 허브들은 스테이블코인을 자국의 탈영토 금융 역량을 디지털 인프라로 전환할 수 있는 기회로 간주하고 있다. 따라서 이들은 기술 중립성과 규제 유연성을 무기로 삼아, 이 새로운 흐름을 선점하려는 전략을 구사하고 있다. 반면 러시아, 중국, 이란 등 반미 성향의 국가들은 스테이블코인을 미국 달러의 또 다른 무기로 인식하며 경계심을 드러내고 있다. 스테이블코인은 단순한 민간 기술을 넘어, 디지털 시대의 금융 패권을 둘러싼 핵심 자산으로 자리매김하고 있는 것이다.

이러한 전략적 잠재력은 스테이블코인의 기술적 구조에 기반한다. 스테이블코인은 블록체인 네트워크상에서 발행되고 전송되며, 스마트폰 앱, 웹 지갑, 탈중앙화 거래소 등 다양한 디지털 인터페이스를 통해 누구나 전 세계 어디서든 접근하고 사용할 수 있다. 이러한 구조는 물리적 국경과 제도적 장벽을 넘어서는 글로벌 접근성을 가능하게 하며, 기존의 금융 제재나 국가 중심 통제를 우회하는 유동성 회랑을 형성한다. 미국의 군사력이나 외교적 개입 없이, 디지털 기술만으로 달러를 확산시킬 수 있다는 점에서 스테이블코인은 전통적 통화 패권 전략의 새로운 도구로 작동하고 있다.

이 기술적 기반은 이미 현실에서 뚜렷한 효과를 나타내고 있다. 베네수엘라, 아르헨티나, 레바논처럼 자국 통화가 붕괴한 국가들에서는 스테이블코인이 사실상 비공식 법정통화로 기능하고 있다. 이러한 나라의 국민들은 물가 상승과 통화 불안정에 대응하기 위해 달러 스테이블코인을 실질적인 가치 저장 수단이자 결제 수단으로 활용하고 있다. 특히 스테이블코인은 송금 비용을 평균 6.4%에서 1달러 이하로 낮추고, 며칠이 걸리던 거래 시간을 몇 초 이내로 단축시킴으로써, 기존 금융 시스템의 주변부에 머물던 개인과 기업들을 빠르게 디지털 달러 질서로 편입시키는 동력으로 작용하고 있다.

나아가 스테이블코인은 새로운 글로벌 금융 인프라의 핵심 구성 요소로 부상하고 있다. 스마트 콘트랙트를 기반으로 한 자동 담보 거래 및 결제 시스템은 기존 레포 시장의 복잡한 구조를 간소화하고, 중앙 기관의 개입 없이도 실시간으로 유동성을 조절할 수 있는 기술적 메커니즘을 제공한다. 이러한 구조는 과거 유로달러가 수행하던 전 지구적 달러 순환 기능을 더 빠르고 투명하며 개방적인 방식으로 계승하는 것이다. 스테이블코인은 이처럼 유동성 공급 구조를 재편하고, 국제 송금 시스템을 혁신하며, 디지털 시대의 단기 자금 시장에서 새로운 표준으로 자리잡아가고 있다.

이러한 구조 속에서 설령 특정 국가의 정부가 스테이블코인을 금지하더라도 국민과 기업은 실용성과 접근성을 이유로 이를 지속적으로 사용할 수밖에 없다. 이는 탈달러화를 시도하는 국가들의 전략과 달리, 보이지 않는 방식으로 미국 금융 인프라에 대한 의존도를 심화시키는 결과를 낳을 것이다.

스테이블코인은 유로달러가 열어놓았던 '국가 밖의 달러', '제도 밖의 신용'이라는 패러다임을 디지털 환경에 맞게 재구성하고 있다. 그것은 유로달러가 그랬듯, 아니 어쩌면 그보다 더 정교하게, 미국 권력이 국경을 넘는 새로운 방식을 제시하고 있다.

비트코인 시대, 새로운 힘의 균형

트리핀 딜레마, SDR의 한계, 그리고 유로달러의 확산은 공통된 사실을 드러낸다. 국제 통화 질서는 단지 국가의 정책 결정이나 제도적 합의만으로 형성되지 않는다. 그것은 정치적 의지, 기술적 조건, 시장의 역학, 그리고 사용자들의 실질적 선택이 교차하는 복합적 장에서 끊임없이 조정되고 재구성된다.

그동안 '중립 화폐'라는 오랜 과제를 둘러싸고 세 가지 상이한 접근이 시도되어 왔다. 첫째는 국제기구를 중심으로 한 합의 통화의 시도(SDR), 둘째는 국가 규제를 우회한 비제도적 유동성의 팽창(유로달러), 셋째는 분산 기술을 바탕으로 한 새로운 디지털 화폐의 실험(비트코인과 스테이블코인)이다. 이들은 서로 다른 메커니즘을 통해 작동하지만, 공통적으로 국가 권력을 벗어난 통화 질서의 가능성을 탐색했다는 점에서 하나의 계보를 형성한다.

비트코인은 이 흐름의 최전선에 위치한 '중립 자산'이며, 통화 질서의 미래를 둘러싼 실천적 질문 그 자체다. SDR이 제도적으로 지향했던 '초국가적 화폐'는 정치적 합의의 한계와 기술 인프라의 미비로 인해 그 가능성을 실현하지 못했다. 반면 비트코인은 정치로부터의 거리, 탈중앙화된 기술에 대한 신뢰, 그리고 자발적인 생태계 참여를 바탕으로, 아래로부터의 질서 형성이라는 새로운 길을 모색하고 있다.

유로달러가 국가 규제 밖에서 달러 패권을 확장했던 비공식 그림자 통화였다면, 비트코인과 스테이블코인은 디지털 환경에서 작동하는 새로운 유형의 그림자 금융 인프라를 형성하고 있다. 이들은 국가의 통제력이 미치지 않는 탈영토적 공간에서 실질적인 통화 기능을 수행함으로써, 기존 국제 질서에 점진적 균열을 만들어내고 있다.

미국은 이러한 변화에 수동적으로 대응하지 않는다. 중앙은행 중심의 발권 구조를 유지하는 동시에, 민간 주도의 스테이블코인을 제도화하고 이를 통해 디지털 달러화를 전략적으로 추진하는 모습은, 미국의 통화 패권 전략이 디지털 시대에 맞게 진화하고 있음을 보여준다. 이는 '힘의 균형'이라는 고전적 국제 정치의 원리가, 디지털 코드와 네트워크를 매개로 재구성되고 있음을 시사한다.

결국 비트코인은 새로운 디지털 자산을 넘어, 국제 통화 질서와 지정학의 근본 원리에 도전하는 존재다. SDR이 구현하지 못한 '중립 화폐'의 이상이 비트코인을 통해 실현될 수 있을지는 아직 미지수지만, 최소한 비트코인과 스테이블코인의 상호작용 속에서 형성되고 있는 새로운 형태의 니시딜 역외 금융 질서는 이미 현실이 되었다.

이 새로운 질서는 국가를 통치 단위로 전제하지 않으며, 중앙은행의 발권 권한에도 의존하지 않는다. 그것은 기술적 알고리즘, 개방형 네트워크, 글로벌 사용자들의 자율적 선택 위에서 작동한다. 그리고 바로 그 점에서, 이 디지털 통화 생태계는 세계 경제와 지정학의 구도를 다시 그려 나가는 결정적 변수로 작동하고 있다.

비트코인과 같은 디지털 자산의 부상은 우리가 국제 질서를 이해하는 방식을 근본적으로 변화시키고 있다. 앞서 언급했듯이, 21세기의 세계는 더 이상 단일한 중심이 존재하지 않는, 다층적이고 분절된 '패치워크 질서'로 이행하고 있다. 이렇게 중심이 옅어진 체제는 역설적으로 중립적인 중심을 열렬히 갈망할 가능성이 높다. 비트코인은 중립적인 금융 시스템을 향한 기나긴 여정의 첫 번째 도약대가 될 가능성이 높다.

한 걸음 더 1

기축통화국의 숙명: 수식으로 풀어보는 트리핀 딜레마

국가의 거시경제를 설명하는 기본 항등식은 다음과 같다.

국내총생산(GDP) = 민간 소비 + 순수출* + 정부 지출 + 투자

* 순수출 = 수출 - 수입

위 식의 양변에 세금 항목을 빼주면 다음 식이 도출된다.

GDP - 세금 = 민간 소비 + 순수출 + 정부 지출 + 투자 - 세금

위 식에서 민간 소비를 좌측으로 넘기면 다음 식이 도출된다.

GDP - 민간 소비 - 세금 = 순수출 + 정부 지출 + 투자 - 세금

여기서 (GDP - 민간 소비 - 세금)은 민간 저축과 동일하다. 따라서 식은 다음과 같이 바뀐다.

민간 저축 = 순수출 + 정부 지출 + 투자 - 세금

이 식을 순수출에 대해 정리하면 다음과 같다.

순수출 = (민간 저축 - 투자) + (세금 - 정부 지출)

여기서 (민간 저축 - 투자)는 민간 부문의 재정수지를, (세금 - 정부 지출)은 정부의 재정수지를 의미한다. 결국 이 둘의 합이 순수출, 즉 무역수지가 된다.

민간 부문의 재정수지 + 정부의 재정수지 = 무역수지

이 수식을 통해 국제통화질서의 핵심 딜레마를 살펴보자. 한 국가가 지속적인 무역적자(순수출 <0)를 유지한다면, 민간 부문 또는 정부가 재정적자를 감수해야 한다. 민간 부문의 장기적 적자는 현실적으로 유지하기 어렵기 때문에, 결국 정부가 재정적자를 떠안게 된다.*

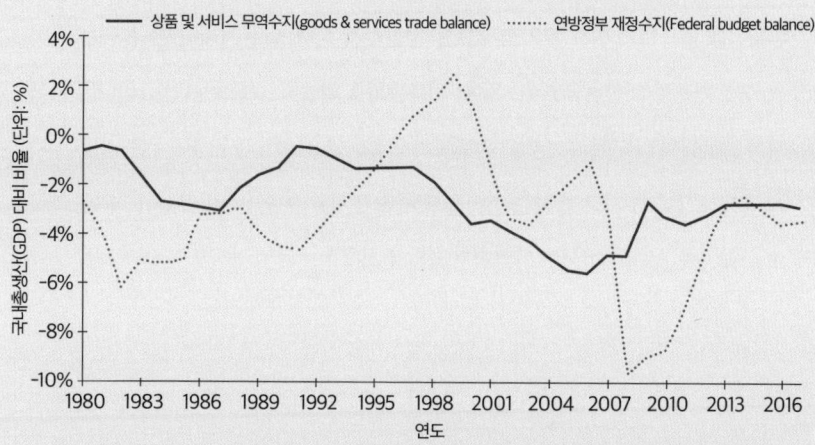

[그림 19] 미국의 쌍둥이 적자: 재정적자와 무역적자의 동조화 현상

이 그래프는 미국의 재화 및 서비스 무역수지(파란 실선)와 연방 재정수지(갈색 점선)가 국내총생산(GDP) 대비 몇 퍼센트 수준에서 변화해왔는지를 보여준다. 1980년대 이후 미국은 지속적으로 쌍둥이 적자(Twin Deficits) 상태를 유지해왔다.
(출처: Zulauf, Carl, and David Orden. "America's Twin Deficits since 1980." farmdoc daily, vol. 9, no. 14, Department of Agricultural and Consumer Economics, University of Illinois at Urbana-Champaign, 25 Jan. 2019, www.farmdocdaily.illinois.edu/2019/01/americas-twin-deficits-since-1980.html.)

---

* 민간 부문의 재정 적자(민간 저축 < 투자)는 가계와 기업이 버는 돈보다 더 많이 지출하고 있다는 의미다. 이는 주로 은행 대출이나 신용카드 등 부채를 통해 소비와 투자를 늘리는 방식으로 나타난다. 단기적으로는 경제 활성화 효과를 가져올 수 있지만, 이것이 장기화되면 가계의 부채가 감당할 수 없을 정도로 불어나게 된다. 이러한 과도한 부채는 결국 금융 시스템의 취약성을 키운다. 2008년 서브프라임 모기지 사태가 대표적인 예다. 미국 가계가 소득 수준을 넘어서는 주택 담보 대출(서브프라임 모기지)을 감당하지 못하면서 대규모 연체가 발생했고, 이는 금융 시스템 전체의 붕괴로 이어졌다. 이처럼 민간 부문의 지속적인 적자는 금융위기를 초래할 수 있기 때문에 장기적으로 방치될 수 없다.

그러나 재정적자의 지속 가능성은 '기축통화국' 여부에 따라 달라진다. 기축통화국은 자국 통화에 대한 국제적 수요로 인해 국채를 안정적으로 발행하고 전 세계에서 거래할 수 있다. 이는 재정적자를 비교적 쉽게 유지할 수 있게 한다. 반면, 기축통화국이 아닌 국가는 통화의 국제적 수요가 낮아 과도한 재정적자는 자본 유출, 통화가치 하락, 외환위기로 이어질 가능성이 크다. 따라서 지속적인 무역적자를 유지하기 어렵다.

이 수식은 트리핀 딜레마의 구조를 명확히 보여준다. 기축통화국은 세계 경제에 유동성을 공급하기 위해 무역적자(또는 경상수지 적자)를 유지해야 한다. 이는 각국이 국제 거래와 외환보유고로 사용할 기축통화를 확보하도록 돕는다. 그러나 무역적자가 심화되면 자국 통화의 대외 신뢰도가 약화되고, 통화체계 자체가 위협받는다. 세계 유동성 공급과 자국 통화 안정성을 동시에 유지할 수 없는 이 모순이 기축통화국의 숙명이며, 현재도 여전히 해결되지 않은 문제다.

한 걸음 더 2

중상주의와 경제적 합리성의 대립

기축통화국의 구조적 모순은 금융 시스템 내부의 기술적 딜레마를 넘어선다. 그것은 무역정책, 산업전략, 대외관계를 관통하는 정치경제적 조건이며, 국가의 장기적 방향성과 인식의 지형에도 깊이 연결되어 있다. 특히 미국이 트리핀 딜레마에 직면할 때마다 반복적으로 호출되는 논리는 '무역수지의 균형'이며, 그 이면에는 '흑자가 곧 선'이라는 중상주의적 사고가 자리하고 있다.

중상주의Mercantilism는 16~18세기 유럽에서 형성된 경제사상으로, 국부는 금·은의 축적에 달려 있고, 무역 흑자를 통해 국가 권력을 강화할 수 있다는 믿음에 기반했다. 이에 따라 자국 산업 보호와 수입 억제를 중심으로 한 보호무역이 핵심 전략으로 자리잡았다. 이 사상은 오늘날에도 다양한 형태로 되살아나고 있으며, 미국조차 일부 전략 산업에 대해 무역 흑자와 산업 보호를 국가 경쟁력 유지의 수단으로 활용하고 있다. '흑자는 선, 적자는 악'이라는 직관은 여전히 정책 결정과 대중적 설득의 언어로 작동하고 있다.

그러나 무역 흑자를 경제적 이상으로 상정하는 태도는, 개인 회계의 논리를 국가에 그대로 적용한 결과라 할 수 있다. 개인이나 기업의 경우 수입에서 지출을 뺀 순이익이 무엇보다 중요하다. 아무리 돈을 많이 벌어도 계속해서 그 이상 쓰게 된다면 장기적인 생존을 담보할 수 없기 때문이다. 그러나 국가는 다르다. 무역수지가 흑자라도 무역 규모가 작다면 개인과 기업들의 경제활동이 그만큼 적다는 뜻이고, 무역수지가 비록 적자라 하더라도 무역 규모 자체가 엄청나게 크다면 그만큼 개인과 기업들의 경제활동이 활발하다는 의미가 된다. 국민 생활에 직결된 양질의 일자리가 전자의 흑자국보다 후자의 적자국에 훨씬 더 많을 가능성이 높다.

그렇다고 해서 자국 산업을 보호하기 위한 무역장벽을 곧바로 중상주의로 단정하는 것은 옳지 않다. 아무리 무역의 규모를 키우는 것이 바람직하다 하더라도, 산업적 파급효과가 작은 1차 산업에만 특화된 나라와 제조업 기반을 지키며 2차 산업을 육성한 나라 사이에는 국민의 교육 수준과 국가 전체의 산업 역량에서 큰 차이가 발생할 수밖에 없다. 따라서 비교우위에 따른 합리적 국제무역 일변도를 넘어, 자원 배분·기회비용·장기 생산성 구조 등 사회 전체의 정치경제적 맥락도 함께 고려해야 한다.

국제무역 이론도 이제 무역수지 흑자 그 자체보다는 산업 내재화, 고용 창출, 미래 성장 기반 마련에 더 비중을 두는 방향으로 변화하고 있다. 특히 오늘날 세계경제에서는 단순한 흑자 여부보다 전체 무역 규모와 글로벌 가치사슬 속에서의 위치가 훨씬 더 중요한 의미를 갖는다.

주류경제학이 자유무역 일변도에서 보호무역의 장점을 포용하는 쪽으로 전환된 데에는 한국의 산업화가 크게 영향을 미쳤다. 박정희 정부 시절, 많은 경제학자들은 한국의 경제 구조가 중화학공업 육성에는 부적합하며, 농업과 경공업 중심 전략이 현실적이라 보았다. 그러나 정부는 당장의 무역 흑자보다는 산업 고도화에 주력했다. 미성숙한 제조업 기반을 보호하기 위해서 강력한 보호주의를 선택했다. 관치금융을 통한 선별적 자금 지원 등 기업에 대한 강력한 정책 개입과 사회적 자원을 지원해서 기업들의 성장을 정부가 주도했다. 이는 자본주의의 발달이 민간과 시장의 효율성에 기반한 계산만으로는 이루어지지 않는다는 가장 강력한 역사적 증거가 된 셈이다.

당시 한국은 국가 주도의 수출 전략, 저리 대출, 저축 장려, 여성 노동 동원 등 시장 원리를 넘어서는 방식으로 산업화를 추진했다. 이 과정은 자유무역의 이상과는 다소 거리가 있었지만, 국내 산업 역량을 키우고 국제 경쟁력을 확보하는 데 결정적인 역할을 했다. 물론 노동 강도 증가, 소득 불균형, 금융 자원의 편중 등 사회적 비용도 뒤따랐고, 그 여파는 오늘날까지 구조적 갈등으로 이어지고 있다. 그럼에도 불구하고 한국은 그 대가를 감내하며 압축 성장을 실현했고, 그것이 국가 기획과 집합적 노력의 결과였다는 사실은 부인할 수 없다.

결국 산업 전략은 기술적 선택이 아니라 역사적 결단과 정치적 선택의 산물이다. 중상주의는 단지 과거의 이론이 아니라, 오늘날에도 여전히 정책 형성의 무의식직 전제가 되는 현실의 일부다.

The
Philosophy
of
Bitcoin
as Money

Chapter 7

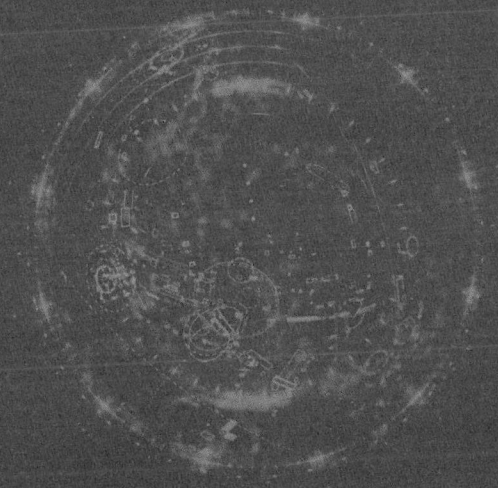

프로그래머블 머니

2024년 미국 대선을 앞두고, 한 웹사이트가 유독 시장의 주목을 받았다. 바로 블록체인 기반 예측시장 플랫폼, 폴리마켓Polymarket 이다. 도널드 트럼프라는 인물을 둘러싸고 미국 내 여론조사 기관과 전통 미디어는 번번이 혼선을 빚어왔지만, 폴리마켓은 놀라운 적중률을 통해 대중의 신뢰를 획득했다.

대선을 앞두고 주요 언론과 여론조사 기관들은 카멀라 해리스Kamala Harris 부통령과 도널드 트럼프 전 대통령 간 지지율 격차가 오차범위 내 접전이라고 분석했다. 일부는 오히려 해리스의 우세를 점치기도 했다. 그러나 폴리마켓은 전반적으로 트럼프의 승리를 점쳤으며, 중간에 일시적 변동이 있었지만 선거 막바지까지 트럼프가 우세하다는 전망이 유지되었다. 결국 결과는 폴리마켓의 예측대로였다.

폴리마켓에는 "트럼프가 복귀할 것인가?", "조 바이든Joe Biden 대통령이 후보직을 유지할 것인가?" 같은 정치적 질문부터, "2025년까지 미국의 기준금리가 6%를 넘을 것인가?"와 같은 거시경제 이슈에 이르기까지, 수백 개의 예측 시장이 동시에 개설된다. 참가자들은 단순히 의견을 표명하는 것이 아니라, 실제 자금을 걸고 예측에 참여한다. 이는 '말의 무게'를 경제적으로 담보하는 구조로, 기존 여론조사의 비일관성과 신뢰 부족 문제를 효과적으로 보완하는 메커니즘으로 주목받고 있다. 익명 전화 응답에 의존하는 조사 방식과 달리, 자기 자산을 직접 투입해야 하는 예측시장에서는 참여자들이 보다 신중하고 객관적인 태도를 유지할 가능성이 높다는

[그림 20] 블록체인 기반 예측시장 '폴리마켓'의 2024년 미국 대선 예측

Source: Polymarket

2024년 미국 대선을 앞두고, 전통적 여론조사와 달리 폴리마켓에서는 도널드 트럼프가(빨간 실선) 카멀라 해리스(파란 실선)를 크게 앞섰다.
(출처: https://coinness.com/news/1110649)

가설이 설득력을 얻고 있다.

폴리마켓의 참여자들은 정치, 경제, 스포츠 등 실시간 사건에 '실제 돈'을 걸며 시장 기반 확률을 형성해간다. 예를 들어, "트럼프의 당선 확률은 몇 퍼센트인가?"라는 질문에 대해 트럼프의 승리를 예측하고 자금을 투입하는 사람이 많아질수록 해당 확률은 올라간다. 이 수치는 단순한 여론을 넘어, 경제적 이해관계에 기반한 '합리적 기대치'로서 의미를 가진다. 실제로 폴리마켓은 2024년 미국 대선을 비롯해 2022년 중간선거, 코로나

19 백신 승인, 미 연준의 금리 결정 등 주요 정치·경제 이벤트에서 기존 미디어나 여론조사보다 높은 예측 정확도를 보여왔다.

이 플랫폼의 기술적 기반은 이더리움과 호환되는 폴리곤Polygon 블록체인이다. 각 거래는 스마트 콘트랙트를 통해 자동 정산되며, '오라클Oracle'이라 불리는 제3의 데이터 제공자가 실제 사건 결과를 감지해 이를 시스템에 반영한다. 또한 예측 결과에 따라 토큰이 분배되는데, 이 모든 과정은 중앙 중개자 없이 자동으로 이루어져 높은 투명성과 신뢰성을 동시에 확보한다. 이처럼 예측시장과 블록체인 기술의 결합은 단순한 베팅의 영역을 넘어, 새로운 금융 질서의 실험장으로 진화하고 있다.

폴리마켓을 단순한 도박 플랫폼으로 치부할 수 없는 이유도 여기에 있다. 탈중앙화된 방식으로 구현된 예측시장은 실제 세계의 사건들과 긴밀하게 연결되며, 빠르고 깊게 현실에 침투하고 있다. 처음에는 도박처럼 보였던 이 현상은 점차 탈중앙화된 금융 계약Decentralized Financial Contract의 한 형태로 발전하고 있다. 그리고 이 '탈중앙화된 계약'이라는 개념은 바로 비트코인의 등장과 함께 시작된 거대한 여정의 연상선 위에 있다. 회의와 의심, 그리고 도박에 대한 사회적 경계 속에서 출발한 이 여정은 본격적으로 세계 금융 질서를 다시 쓰기 시작했다.

비트코인 장부혁명
기술이 질서가 될 수 있는가?

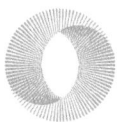

장부의 혁명과 신뢰 구조의 전환

비트코인이 인류 문명사에 던진 충격은 단지 화폐의 디지털화에 그치지 않는다. 그것은 근대 이후 지속되어온 '신뢰의 구조'를 전복하는 기술적 실험이자, 사회 질서 형성의 방식 자체를 다시 쓰는 문명사적 전환의 출발점이었다. 특히 비트코인이 제안한 '프로그래머블 머니 Programmable Money'는 법과 제도, 중앙 권위를 대체할 수 있는 새로운 질서의 원형 Prototype 이다.

비트코인의 구조적 혁신은 '장부'에 대한 근본적인 재설정에서 비롯된다. 전통적으로 장부는 단순한 기록의 수단이 아니라, 사회적 신뢰를 구성하는 핵심 인프라였다. 개인 간 거래, 기업의 회계, 국가 간의 정산과 결제까지, 거의 모든 경제 활동은 일정한 기록체계를 매개로 제도화되어 왔다. 그러나 이 장부는 언제나 특정한 권위의 개입을 필요로 했다. 공증인, 회계사, 법원, 중앙은행 등은 모두 장부의 정당성을 보증하는 존재들이었고, 장부는 언제나 공권력에 의해 인증된 기록이라는 조건 아래 신뢰를 얻었다. 결국 신뢰는 권위에 대한 신뢰였고, 질서는 권력의 뒷받침을 통해 비로소 제도화될 수 있었다.

그러나 비트코인의 블록체인은 이 모든 전제를 근본적으로 뒤흔들었다. 블록체인은 중앙의 권위를 제거한 채, 다수의 네트워크 참여자들이 동일한 장부를 분산된 형태로 유지하고 상호 검증하는 시스템이다. 수천, 수만 개의 장부가 네트워크 전체에 복제되어 존재하고, 거래 기록은 합의 알고리즘을 통해 자동으로 반영된다. 이 시스템에는 공증인도, 행정관도, 법원도 존재하지 않는다. 오직 수학적 검증과 코드에 기반한 규칙만이 존재하며, 그 자체로 신뢰를 구성한다. 이처럼 블록체인은 '제도 없이도 질서가 유지될 수 있는가'라는 질문에 대한 가장 강력한 기술적 응답이다.

하버드 로스쿨의 로런스 레식Lawrence Lessig은 1999년 "코드가 곧 법이다Code is Law"라는 명제를 통해, 디지털 환경에서 법은 점차 코드로 대체될 것이라고 주장했다.[135] 하지만 그가 말하던 '코드'는 여전히 플랫폼 기업, 인터넷 서비스 제공자Internet Service Provider, ISP, 포털 등 중앙 주체의 통제 아래 있었다. 다시 말해, 디지털 규범은 법률이 아니라 기술에 의해 형성되기 시작했지만, 여전히 그 기술은 특정 기관의 의도와 재량에 종속되어 있었다.

비트코인은 이 권위 구조 자체를 제거함으로써, 레식의 통찰을 전면적으로 구현한 첫 사례가 되었다. 누구나 네트워크의 노드가 될 수 있으며, 장부는 전체에 공개되고, 거래는 네트워크의 자율적 합의에 따라 자동으로 기록된다. 여기에는 법정의 강제력도, 국가의 인가도, 운영 주체의 재량도 없다. 오직 스스로 실행되는 알고리즘과 그 알고리즘에 의해 형성된 규칙만이 존재한다.

이러한 구조는 단순한 기술을 넘어, 사회적 신뢰와 법적 규범의 작동 방식을 근본적으로 재구성하는 실험이다. 법률 없이도 규범이 작동하고, 사람 없이도 신뢰가 형성되며, 제도 없이도 권리 이전이 이루어지는 이 구조는 '프로그램을 할 수 있는 돈'이라는 단순한 개념이 가져올 파급력의 본질을 일깨운다. 기술이 질서를 어떻게 구현할 수 있는지를 실질적으로 증명한 최초의 사례이자, 현재까지 가장 정교하게 작동하는 구현체가 바로 비트코인이다.

기술로 구현된 규범, 신뢰 없는 신뢰

비트코인은 블록체인 기술 위에 구축된 새로운 형태의 분산 시스템이며, 법과 제도를 전제하지 않으면서도 질서를 유지할 수 있다는 가능성을 기술적으로 입증했다. 이 블록체인 기반의 질서는 네 가지 특징을 통해 기존 장부 시스템과의 근본적인 단절을 드러낸다.

첫째, 탈중앙성이다. 비트코인의 네트워크에는 단일한 운영 주체가 존재하지 않으며, 수많은 노드들이 동시에 동일한 장부 상태를 유지하고 이를 상호 검증하는 방식으로 작동한다. 비트코인의 장부는 특정 기관이나 개인이 전체 시스템을 통제하거나 변경할 수 없도록 설계되어 있다. 또한 하나의 지점이 훼손되더라도 네트워크 전체가 지속적으로 작동할 수 있는 복원력Resilience을 제공한다. 이는 신뢰의 근거를 권위가 아닌 구조에 두는 핵심 기반이다.

[그림 21] 전 세계에 흩어져 있는 2만여 개의 비트코인 풀노드 현황

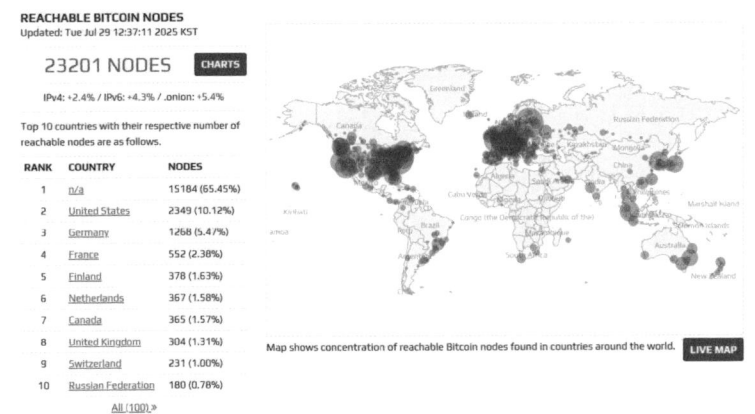

비트코인을 파괴하려는 세력이 있다면 이 모든 노드를 동시에 파괴해야 한다. 하나만 놓쳐도 다시 퍼져 나가기 때문이다.
(출처: https://bitnodes.io/)

둘째, 불변성이다. 비트코인의 블록체인에 한 번 기록된 거래는 되돌릴 수 없으며, 누구도 과거의 거래 내역을 수정하거나 삭제할 수 없다. 이는 네트워크 전체가 동일한 기록을 공유하고 있다는 사실에서 비롯된다. 블록 생성 이후 일정 수의 블록이 추가되면 해당 거래는 사실상 되돌리는 것이 불가능하다. 이 속성은 신뢰가 인간의 성실성이나 약속이 아닌, 시스템의 설계와 합의 메커니즘에 기반함을 의미한다.

셋째, 검열 저항성이다. 누구도 특정 사용자의 거래를 임의로 차단하거나 삭제할 수 없으며, 네트워크는 그 어떤 권력에게도 예외를 허용하지 않는다. 거래는 유효한 서명과 입력 조건을 만족하면 자동으로 네트워크에 반영되는데, 이를 막기 위해서는 전체 합의 구조를 통제해야 하는 수준의 과도한 자원이 필요하다. 따라서 비트코인은 정보의 자유로운 이동과 재산권 보호에 있어 강력한 방어선을 형성한다.

넷째, 개방성과 투명성이다. 비트코인의 거래 내역은 누구에게나 열려 있으며, 전체 블록체인 기록은 누구나 다운로드하고 검토할 수 있다. 비트코인의 소스코드 또한 오픈소스로 제공되기 때문에, 누구든지 시스템의 작동 방식과 규칙을 분석하고 그에 대한 의견을 제시하거나 대안을 제안할 수 있다. 이 구조는 내부자나 특권 계층의 개입 없이, 외부 감시와 자율적 검증 기능을 가능하게 하며, 기술적 신뢰를 제도적 투명성으로 전환한다.

이 네 가지 특성은 법적 강제 없이도 질서가 작동할 수 있다는 사실을 보여주며, 기술에 의한 신뢰가 제도에 의한 신뢰를 대체할 수 있다는 가능성을 증명한다. 기존 질서가 '믿을 수 있는 사람'을 전제로 구성되었다면, 비트코인은 정반대의 전략을 채택했다. 믿음의 필요 자체를 제거하는 것이다. 신뢰는 인간이 아니라 알고리즘에서, 권위가 아니라 코드에서, 해석이 아니라 실행에서 형성된다. 이것이 바로 프로그래머블 머니의 질서가 작동하는 방식이다.

비트코인은 진실의 개념마저 전환시킨다. 전통 사회에서 진실은 언어적 선언과 법적 판결, 제도적 인증을 통해 구성되었다. 그러나 블록체인 위에서 진실은 발화되는 것이 아니라 계산되고 저장되며 실행된다.* 수만 개의 노드가 독립적으로 동일한 결과를 검증하고 공유하는 구조는 진실을 외부 권위가 아니라 시스템 내부의 작동 논리로부터 도

---

* 비트코인 블록체인에서 진실 판명 기준은 말 그대로 계산 가능하다. 때때로 네트워크의 지연으로 인해 동시에 두 개의 다른 블록이 생성되어 일시적으로 두 갈래의 체인(포크)이 경합을 벌이는 일이 발생한다. 이때, 시스템이 진실이라고 판단하는 기준은 '더 많은 에너지를 소비하여 구축된 체인'이다. 즉, 더 많은 연산 자원(컴퓨팅 파워)을 투입해 더 길게 성장한 체인을 진실로 인정하는 것이다.

출한다. 비트코인에서 진실은 해석의 대상이 아니라 검증의 대상이며, 이처럼 무수히 반복되는 검증 과정 자체가 새로운 형태의 진실을 구성한다.

비트코인은 예외를 허용하지 않는다. 발행량은 2,100만 개로 고정되어 있으며, 누구도 이를 변경하거나 초과 발행할 수 없다. 법률은 해석되거나 유예될 수 있지만, 코드는 위반 자체가 불가능하다. 블록체인은 신뢰가 아니라 불신을 전제로 설계되었기에, 인간의 개입 없이도 작동하는 자기완결적 구조를 갖추고 있다. 이로써 비트코인은 법보다 강한 구조로서, '법 없는 법'의 질서를 구현한다. 그것은 특권을 부여하지 않으며, 면제도 허용하지 않는다. 모든 참여자는 동일한 코드의 지배를 받는다. 바로 이 점에서 비트코인은 가장 급진적인 평등의 형식을 드러낸다. 누구에게도 특례가 허락되지 않는 이 구조는, 기술이 규범을 대체할 수 있다는 주장을 가장 극단적으로 구현한 사례다.

비트코인의 핵심은 인간을 신뢰하지 않는 구조다. 기존의 질서는 '믿을 수 있는 사람'을 전제로 작동했고, 모든 제도는 일정 수준의 도덕성과 책임감을 요구했다. 그러나 비트코인은 전면적으로 다른 전략을 선택했다. 그것은 '믿지 않아도 되는 구조'를 설계함으로써 역설적으로 더 강력한 신뢰를 창출한다. 여기서 신뢰는 개인의 윤리나 의지, 약속이나 맹세로부터가 아니라, 기술적 구조의 예측 가능성과 자동성, 검증 가능성과 불가역성으로부터 발생한다. 이는 신뢰의 기반이 완전히 이동했음을 의미한다. 즉, 신뢰는 인간이 아니라 알고리즘에서, 권위가 아니라 코드에서, 해석이 아니라 실행에서 생겨난다. 이것이 바로 신뢰 없는 신뢰 trustless trust, 인간 없는 윤리 ethics without subjects가 작동하는 방식이며, 프로그래머블 머니가 구현하는 사회적 조정의 새로운 패러다임이다.

계약의 자동화와
제도의 재편

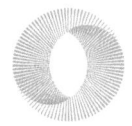

이더리움과 스마트 콘트랙트의 탄생

비트코인이 재구성한 것은 거래의 신뢰 구조였다. 즉, 거래의 유효성을 검증하고 장부에 기록하는 전 과정을 기술적으로 자동화함으로써, 비트코인은 제3자의 개입 없이도 '신뢰할 수 있는 거래'를 가능하게 만들었다. 그러나 이 자동화는 거래의 성립과 검증에 국한되어 있었고, 계약이라는 제도적 관계 전반을 포괄하지는 못했다. 물론 비트코인도 자체 스크립트 언어를 통해 다중 서명, 시간 잠금 등 제한된 조건부 거래를 구현할 수는 있다. 하지만, 계약의 내용을 복잡하게 정의하고 자동으로 실행하는 범용 환경은 제공하지 않는다. 비트코인의 등장 이후에도 계약은 여전히 인간의 해석, 법적 판단, 권력의 집행력을 필요로 했다. 이런 상황에서 블록체인 기술이 거래의 매개를 넘어, 계약의 성립과 집행이라는 제도적 기능 자체를 기술화할 수 있는지에 대한 질문이 자연스럽게 등장하게 되었다.

프로그래머블 머니에서 프로그램 계약으로의 도약은 이러한 흐름 속에서 이어진 자연스러운 진화였다. 2015년, 비탈릭 부테린Vitalik Buterin이 주도한 이더리움 메인넷Mainnet의 출시는 바로 그 전환을 기술적으로 구현한 결정적인 사건이었다. 이더리움은 단순히 거래를 기록하는 시스템을 넘어서, 누구나 조건 기반의 코드를 작성하고 이를 블록체인 위에 게시할 수 있는 범용 계산 환경을 제공한다. 이 환경은 '튜링 완전성Turing-Completeness'을 갖추고 있어 사실상 모든 형태의 논리 구조를 구현할 수 있으며, 이를 통해 계약뿐만 아니라 복잡한 탈중앙화 애플리케이션 제작도 가능해진다.*

이 시스템 위에서 작동하는 것이 바로 스마트 콘트랙트Smart Contract다. 스마트 콘트랙트는 블록체인에 탑재된 자율 실행형 프로그램으로, 사전에 정의된 조건이 충족되면 별도의 중재나 명령 없이 자동으로 특정 작업을 수행하도록 설계된 계약이다. 한 번 배포된 이후에는 누구도 이를 임의로 수정하거나 중단할 수 없으며, 법원의 판결이나 행정기관의 인가 없이 기술적으로 완결된다. 여기서 계약의 집행력은 더 이상 법적 권위나 인간의 의지에 의존하지 않는다. 그것은 코드의 자동성과 불변성, 그리고 탈중앙화된 네트워크 구조에 기반한다.

---

* 튜링 완전성은 충분한 시간과 메모리가 주어진다면 어떤 계산 가능한 알고리즘이든 실행할 수 있는 계산 능력을 의미한다.

비트코인(튜링 불완전): 비트코인은 의도적으로 튜링 불완전하게 설계되었다. 이는 네트워크의 예측 가능성과 안정성을 최우선으로 하기 위함이다. 비트코인 스크립트는 'X월 Y일 이후에만 이 비트코인을 사용할 수 있다'와 같은 매우 제한적이고 단순한 조건만 처리할 수 있다. 마치 간단한 계산기처럼 정해진 기능만 수행한다.

이더리움(튜링 완전): 이더리움은 튜링 완전성을 갖추고 있다. 이 덕분에 이더리움은 복잡한 논리와 무한 루프를 포함한 어떤 프로그램 코드라도 실행할 수 있다. 예를 들어, '특정 주식의 가격이 100달러를 넘으면 자동으로 보험금을 지급하라'와 같은 복잡한 스마트 콘트랙트가 가능하다. 이는 비트코인이 할 수 없는 기능으로, 이더리움을 단순한 '디지털 화폐'를 넘어선 '디지털 컴퓨터'로 만든 핵심적인 차이점이다.

스마트 콘트랙트라는 개념은 1994년경 암호학자 닉 자보Nick Szabo에 의해 처음 제안되었다. 그는 이 개념을 설명하기 위해 자동판매기를 비유로 들었다.[136] 자판기에 동전을 넣으면, 사전에 정해진 조건에 따라 상품이 자동으로 나온다. 이 과정에는 해석도, 감정도, 신뢰도 개입하지 않는다. 오직 조건과 실행만이 존재한다. 자보는 이러한 자동화된 상호작용이 계약의 핵심 구조에 적용될 수 있다고 보았다. 스마트 콘트랙트는 바로 이 자판기 모델을 디지털 세계의 계약 구조로 확장한 것이다.

스마트 콘트랙트는 기술적 혁신을 넘어, 규범이 작동하는 방식 자체를 전환시킨다. 전통적으로 계약은 인간의 신의성실과 법적 제재를 전제로 이행되었다. 그러나 스마트 콘트랙트는 계약 위반이라는 선택지를 구조적으로 제거함으로써, 계약을 '지켜야 하는 것'이 아니라 '어길 수 없는 것'으로 만들었다. 규범의 기반은 법에서 코드로, 권위에서 자동화로 이동하며, 규율은 인간의 해석이 아닌 시스템의 작동에서 발생한다. 이 구조에서 계약의 주체는 신의를 가진 개인이 아니라, 전기적 신호에 따라 작동하는 논리 회로이며, 계약의 집행자는 의지가 아니라 알고리즘이다.

결과적으로 계약은 해석의 대상이 아니라, 실행의 결과가 된다. 텍스트가 아닌 코드, 약속이 아닌 조건, 의무가 아닌 연산으로 구성된 이 질서는 계약과 제도의 형식을 다시 쓰고 있다. 이더리움은 이 전환을 가장 먼저 구현한 시스템으로, 계약의 기술화를 통해 블록체인을 새로운 사회적 기반 구조로 진화시키는 출발점을 제시하였다.

제도로서의 이더리움 생태계

이더리움은 스마트 콘트랙트를 누구나 작성하고 실행할 수 있도록 구현한 범용 컴퓨팅 플랫폼이다. 이를 가능케 하는 핵심 구조가 바로 이더리움 가상머신Ethereum Virtual Machine, EVM이다. EVM은 블록체인 네트워크 위에 구현된 하나의 추상적 컴퓨터로, 전 세계 누구나 접근할 수 있는 탈중앙화된 계산 환경이자, 스마트 콘트랙트를 실행하는 기반 시스템이다. 개발자들은 '솔리디티Solidity'라는 전용 언어를 통해 계약 조건을 코드로 작성하고, 이를 블록체인상에 영구히 기록한다. 한 번 배포된 스마트 콘트랙트는 원칙적으로 변경이 불가능하며, 그 실행은 누구도 임의로 중단시킬 수 없다. 이러한 불변성과 자율성은 스마트 콘트랙트를 법률이나 계약서가 아닌, 하나의 실행 가능한 프로토콜로 기능하게 만든다.

이 프로토콜 위에서 작동하는 애플리케이션이 바로 디앱Decentralized Application, DApp이다. 디앱은 중개자 없이도 자산이나 조직을 운영하며, 사전에 설정된 조건에 따라 자동으로 의사결정을 수행하는 구조를 갖는다. 이 가운데 가장 빠르게 성장한 영역이 탈중앙화 금융, 즉 디파이DeFi다. 디파이는 스마트 콘트랙트를 기반으로 대출, 예금, 파생상품, 보험 등 다양한 금융 서비스를 자동화하며, 전통적인 금융기관의 역할을 코드로 대체했다. 예를 들어 Aave, MakerDAO, Compound와 같은 프로토콜은 담보 기반 대출과 청산 메커니즘을 스마트 콘트랙트로 구현함으로써, 자금의 중개 기능을 사람이나 제도적 중개자가 아닌 알고리즘에 위임했다.[137] 이러한 시스템들은 중앙은행 없이도 신용을 창출하고, 법원 없이도 담보를 집행하며, 은행 없이도 금융 질서를 조직할 수 있다는 가능성을 보여주고 있다.

스마트 콘트랙트는 법과 규범의 작동 방식을 자동화하려는 기술적 장치이며, 계약의 윤리를 근본적으로 재구성하려는 철학적 실험이다. 이더리움 생태계에서 "코드가 곧 법이다"라는 명제는 단순한 선언을 넘어, 실제로 규범을 코드로 구현하고 집행하는 시스템 구조로 작동해 왔다. 그러나 이 명제가 실제 세계에서 어떤 긴장과 한계를 동반하는지는 2016년 발생한 '더 다오The DAO' 해킹 사건에서 극적으로 드러난 바 있다.[138]

당시 이더리움 기반의 탈중앙화 투자조직인 DAO는 스마트 콘트랙트를 통해 약 1,170만 ETH, 당시 시가로 수천만 달러에 해당하는 규모의 자금을 모았다. 이는 참여자들이 직접 ETH를 DAO 스마트 콘트랙트에 예치한 것으로, DAO는 이를 바탕으로 탈중앙화된 방식의 투자 결정을 수행하고자 했다. 하지만 이 계약 구조의 허점을 이용한 공격자가 대규모 자금을 탈취하면서 커뮤니티는 커다란 윤리적 딜레마에 직면했다. 문제의 핵심은 분명했다. 스마트 콘트랙트가 스스로 실행되었기에, 이는 규약 위반이 아니라 설계된 대로의 실행이었다. 하지만 많은 사용자들은 이 사건을 '정의롭지 않다'고 느꼈다. 탈중앙 시스템 내부에 존재해야 할 정외의 기준을 둘러싸고 공동체는 깊은 갈등에 빠졌다.

일부는 "코드의 결함 또한 계약의 일부"라며, 설계된 대로의 실행을 존중해야 한다고 주장했고, 다른 일부는 "정의는 인간의 판단과 개입 없이는 성립할 수 없다"며 개입을 촉구했다. 결국 이더리움 커뮤니티는 하드포크를 통해 해당 거래를 무효화하기로 결정했고, 이 결정을 받아들인 다수는 새 체인으로 이동했다. 반면 포크를 거부하고 원래 블록체인을 그대로 유지한 진영은 '이더리움 클래식Ethereum Classic'이라 불리며 독립적인 네트워크로 남게 되었다.

이 사건은 단순한 해킹 그 이상이었다. 그것은 "코드가 법이다"라는 기술 중심 규범 구조와 "법은 인간의 해석과 책임에서 비롯된다"는 전통 규범 구조가 충돌하는 현장이었다. 이는 기술이 규범을 대체할 수 있는지에 대한 근본적인 질문을 다시 제기하게 만들었다. 이로써 스마트 콘트랙트는 자동화된 계약을 넘어, 기술과 법, 코드와 윤리가 충돌하는 규범적 쟁점의 중심에 놓이게 되었다.

이러한 가운데에서도 이더리움은 기술적 진화의 의지를 굳건히 이어나갔다. 2022년에는 작업증명PoW 방식에서 지분증명PoS 방식으로의 전환인 '더 머지The Merge'를 성공적으로 완료함으로써, 블록체인 시스템의 에너지 소비를 약 99.95% 줄이는 데 성공했다.[139] 이는 기술적 전환인 동시에 블록체인이 지속 가능한 인프라로 남기 위한 제도적 재설계였다.

그러나 이더리움의 복잡한 실행 환경은 여전히 여러 한계를 드러내고 있다. 거래 수수료의 급등, 네트워크 혼잡, 복잡한 콘트랙트 구조로 인한 진입 장벽은 확장성과 접근성을 동시에 저해하고 있으며, 기술적 진보가 곧 더 나은 시스템을 의미하지는 않는다는 사실을 일깨운다. 복잡성(확장성)과 안정성(보안성) 사이의 균형은 여전히 이더리움 생태계가 풀어야 할 난제다.

이에 따라 2025년, 비탈릭 부테린은 이더리움의 거버넌스를 단순화하고, 기능의 복잡성은 레이어2로 분산시키는 새로운 로드맵을 제시하였다.[140] 이더리움 본체는 핵심 프로토콜만을 유지하고, 확장 기능은 별도의 네트워크에서 처리하도록 구조를 분화함으로써, 네트워크의

[그림 22] 이더리움의 가격 변화(2024년 7월~2025년 7월)

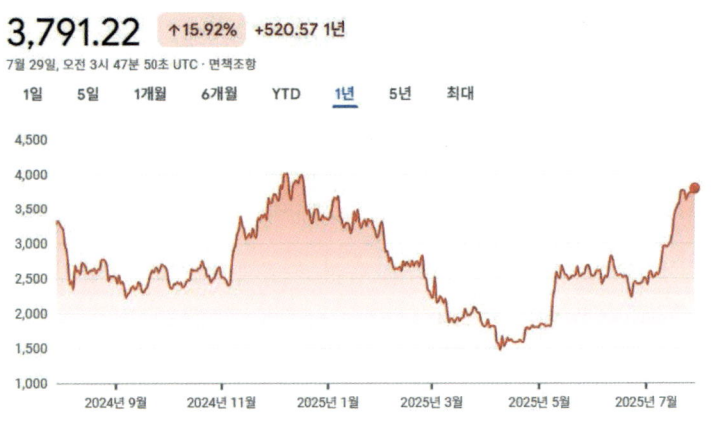

비탈릭 부테린이 2025년 5월 3일에 '레이어1 단순화하기(Simplifying the L1)' 글을 게시한 이후, ETH는 약 6개월간의 하락을 마무리하고 강력한 상승장으로 전환되었다.
(출처: https://www.google.com/finance/quote/ETH-USD?sa=X&ved=2ahUKEwjB_8rIlOGOAxX 3slYBHetzKiMQ-fUHegQIChAX&window=1Y)

효율성과 안정성을 동시에 확보하고자 한 것이다. 이더리움이 다시금 '권한 없는 구조'로 회귀하고자 하는 철학적 시도라 할 수 있다. 스마트 콘트랙트를 둘러싼 기술적 진화는 결국 "신뢰 없이도 질서를 구현할 수 있는가"라는 비트코인의 원초적 질문에, 보다 복합적이고 제도적인 방식으로 응답하고 있는 셈이다.**

** 이더리움은 처음부터 비트코인보다 저렴하고 빠른 거래를 통해 '일상적 결제 수단'이 되겠다는 목표를 지향했다. 이는 비트코인의 높은 가격과 비싼 수수료가 일상적인 사용성을 제한한다는 판단 때문이었다. 그러나 가격이 낮아지면 단순한 거래 수단에 머물러 자산으로서의 가치를 잃고 시장의 관심에서 멀어지는 딜레마가 있었다. 비탈릭 부테린의 새로운 로드맵은 이러한 딜레마를 돌파하려는 전략적 선회로 해석된다. 핵심 기능만 남겨 비트코인처럼 단순하고 강력한 '결제 보증 레이어'로 이더리움 본체의 정체성을 재정립하고, 사용성과 저비용 문제는 레이어2에 위임하자는 것이다. 이는 곧 이더리움 본체의 가치를 높여 비트코인과 유사한 '고가 자산'의 위치로 끌어올리겠다는 의도로 읽힌다. 발표 직후에 시장이 이더의 가격 상승으로 화답한 것은 이러한 전략적 변화를 긍정적으로 평가했음을 의미한다.

속도 중심 블록체인 3.0의 도전

이더리움의 한계를 보완하려는 시도는 그 외부에서도 나타났다. 솔라나Solana는 고속 거래와 낮은 수수료를 앞세우며, 이더리움의 느린 처리 속도와 높은 가스비에 대한 대안으로 등장했다. 이더리움이 레이어 2 확장 솔루션이나 샤딩Sharding과 같은 복잡한 외부 확장 기법에 의존하는 반면, 솔라나는 레이어1 자체의 구조를 근본적으로 재설계함으로써 확장성 문제를 정면으로 해결하고자 했다. 2020년, 전 퀄컴 출신의 소프트웨어 엔지니어 아나톨리 야코벤코Anatoly Yakovenko가 주도한 솔라나 메인넷의 출시는 '속도'와 '처리량'을 최우선 지표로 내세우며, 블록체인 3.0 시대의 개막을 선언한 사건이었다.

솔라나의 기술적 핵심은 '역사증명Proof of History, PoH'이라 불리는 독창적인 시간 동기화 메커니즘에 있다. 이 방식은 트랜잭션을 암호화된 시간 지문에 기록해 순서를 검증함으로써, 네트워크의 모든 노드가 동일한 시간 흐름을 공유하고 병렬 처리를 수행할 수 있게 한다.*** 그 결과 블록 생성과 합의 과정이 병렬적으로 진행될 수 있으며, 지분증명 방식과 결합되어 이론상 초당 65,000건 이상의 트랜잭션을 처리할 수 있다. 이러한 구조 덕분에 솔라나는 복잡한 레이어2 솔루션에 의존하지 않고도 빠르고 저렴한 거래 환경을 제공하며, 사용자 경험 측면에서 높은 완성도를 보여준다.

*** 일반적인 블록체인 네트워크는 모든 노드가 서로 소통하며 트랜잭션 순서를 합의하는 데 많은 시간을 쓴다. 반면, 솔라나의 역사증명(PoH)은 모든 사건에 미리 시간 도장(타임스탬프)을 찍어두는 방식이다. 마치 모든 행사를 녹화하여 순서를 편집한 비디오 기록처럼, 네트워크는 이미 순서가 증명된 기록을 보게 된다. 노드들은 이 기록만 보고 각자 작업을 병렬적으로 처리하면 되기 때문에, 합의에 드는 시간을 획기적으로 줄일 수 있다. 이 덕분에 솔라나는 빠른 속도와 높은 처리량을 달성한다.

이러한 성능을 바탕으로, 솔라나는 NFT_{Non-fungible Token}****와 디앱 생태계를 빠르게 확장하며 주목받았다. 누구나 손쉽게 토큰을 발행하고 커뮤니티를 구성할 수 있는 구조는 초기 사용자 유입에 강력한 동력이 되었다. 특히 밈코인_{Memecoin}*****과 NFT 프로젝트가 활발히 전개되면서 거래량 또한 빠르게 증가했다.

그러나 이러한 확장은 기술적 효율성을 극대화한 반면 네트워크의 탈중앙화 수준과 구조적 민주성을 희생한 결과였다. 솔라나의 고성능 설계는 높은 처리 속도와 낮은 수수료를 가능케 했지만, 동시에 네트워크에 참여하기 위한 하드웨어 사양의 문턱을 높였다. 이는 전체 노드 수에 비해 실질적으로 블록 생성과 합의에 참여하는 노드가 소수에 집중되는 현상을 초래했다. 이와 같은 구조는 블록체인의 핵심 가치인 분산성과 참여성의 원리를 약화시킬 수 있다는 비판을 불러왔다.

더욱이 속도 중심의 설계는 예기치 않은 취약성으로 이어졌다. 빠른 처리 속도는 스팸성 트랜잭션 유입을 용이하게 만들었고, 과도한 처리량은 네트워크 안정성을 위협했다. 실제로 솔라나는 2021년과 2022년에 걸쳐 수차례의 네트워크 중단 사태를 겪으며, 안정성과 신뢰도 면에서 심각한 도전을 받았다.****** 결국 솔라나의 사례는 확장성과 탈

**** NFT는 '대체 불가능 토큰'으로, 블록체인상에서 고유성과 희소성을 갖는 디지털 자산을 의미한다. 각 NFT는 고유한 식별 정보를 포함하고 있어 동일한 가치로 대체될 수 없으며, 디지털 예술품, 수집품, 게임 아이템, 인증서 등 다양한 형태로 활용된다.

***** 밈코인은 인터넷 밈(Meme)에서 영감을 받아 만들어진 암호화폐로, 실질적인 사용 목적보다는 유머, 패러디, 커뮤니티 중심의 참여와 유통을 중시하는 디지털 자산이다. 대표적으로 도지코인(Dogecoin)이나 시바이누(Shiba Inu) 등이 있다. 온라인 커뮤니티의 유행과 투자자들의 주목에 따라 급격한 가격 변동을 보이며 투기적 성격이 강하다.

****** 솔라나의 '역사증명(PoH)' 기술은 모든 노드가 연속적인 단일 시간 기록을 공유한다는 전제하에 작동하며, 이를 통해 속도를 극대화한다. 그러나 이 기록에 오류가 발생하면, 비트코인이나 이더리움처럼 프로토콜이 자체적으로 문제를 해결하고 복원하는 것이 불가능하다. 모든 검증자(Validator)들이 네트워크를 강제로

중앙성, 성능과 안정성 사이의 균형을 어떻게 설정할 것인가라는 블록체인 거버넌스의 근본적 과제를 다시금 제기하는 시험대가 되었다.

솔라나가 해결해야 할 과제는 적지 않다. 첫째는 지속적인 네트워크 안정성 확보다. 반복적인 서비스 중단은 탈중앙화 인프라로서의 신뢰를 저해하기에, 기술적 보완과 검증인 구조의 정비가 필수적이다. 둘째는 생태계의 질적 내실 강화이다. 밈코인 중심의 과열 현상은 사용자 경험을 단기적 투기에 편향시키며, 책임 있는 개발과 장기 지속성을 지닌 프로젝트의 기반을 약화시킬 수 있다. 셋째는 거버넌스 측면의 탈중앙성 보완이다. 역사증명 기반의 성능 중심 구조는 효율성을 강화하지만, 소수의 노드가 네트워크를 지배하게 될 가능성을 배제하기 어렵다. 이는 블록체인 철학의 핵심인 '분산적 권한'과 상충할 여지를 남긴다.

솔라나는 이더리움의 실험을 이어받으면서도, 전혀 다른 방향에서 탈중앙 시스템의 가능성을 실험하고 있다. 각기 다른 구조와 가치 기준은 이 생태계가 단일한 정답을 갖지 않는 개방된 실험의 장임을 보여준다. 솔라나의 실험은 "속도와 탈중앙성은 공존 가능한가?", "참여성과 효율성 사이의 균형은 어떻게 설계되어야 하는가?"라는 질문을 던지며, 블록체인 3.0 시대의 윤곽을 구성하고 있다.

멈춘 뒤, 오류 발생 이전의 상태로 되돌아가 수동으로 기록을 재정렬해야 한다. 이러한 복구 절차가 네트워크 중단 사태의 주요 원인이 되었다.

신뢰의 구조를 다시 쓰는 금융 실험

자동화된 계약, 보험을 다시 설계하다

계약이 자동화될 때, 가장 먼저 구조적 재편을 겪는 영역은 금융이다. 금융은 오랫동안 신뢰를 제도화하는 방식으로 작동해왔으며, 그 신뢰는 제도와 권위, 그리고 중개자라는 매개를 통해 유지되어 왔다. 그러나 스마트 콘트랙트는 이 전제 자체를 근본적으로 뒤흔든다. 계약은 코드가 되고, 집행은 자동화되며, 신뢰는 알고리즘과 네트워크 구조로부터 발생한다. 이 전환이 가장 먼저 실질적인 제도적 변화를 일으킬 금융 영역이 바로 '보험'이다.

보험은 계약의 집합체다. 위험을 사전에 정의하고, 사고 발생 여부를 판단하며, 손해를 산정하고, 보상을 지급하는 일련의 절차는 모두 계약의 성립과 이행을 통해 작동한다. 그러나 이 과정은 복잡성과 불확실성, 시간 지연과 해석의 여지를 동반해왔다. 예를 들어 항공 지연

보험을 떠올려보자. 사용자는 항공편이 지연되었다는 사실을 입증하기 위해 각종 문서를 제출해야 하고, 보험사는 이를 검토한 후 보상의 적정 여부를 판단한다. 이 절차는 며칠, 길게는 몇 주에 걸쳐 진행되는데, 인간의 해석과 판단이 개입된다. 보험은 보호 장치인 동시에 불확실성의 상징이기도 했다.

이 문제에 대한 가장 급진적인 해법이 '파라메트릭 보험Parametric Insurance'이다. 이 방식은 손해의 규모나 실질적 피해 여부를 따지지 않는다. 대신, 사전에 정의된 특정 조건이 충족되었는지만을 판단 기준으로 삼는다. 예를 들어 "항공편이 2시간 이상 지연되었는가?", "해당 지역의 강우량이 50mm 이하로 기록되었는가?"와 같은 객관적이고 측정 가능한 조건만을 확인한다. 조건이 충족되면 별도의 청구나 해석 과정 없이, 보험금은 자동으로 지급된다.

파라메트릭 보험은 조건 기반의 자동화를 통해 계약 실행의 논리를 완전히 재편한다. 스마트 콘트랙트에 의해 구현되는 이러한 구조 속에서 보험은 위험을 관리하기 위한 금융 상품을 넘어, 계약의 의미와 작동 방식을 다시 쓰는 새로운 제도로 진화하게 된다.

2017년, 프랑스의 보험사 AXA는 'Fizzy'라는 실험적 서비스를 통해 이러한 구조를 구현한 바 있다.[141] 사용자는 항공편 정보를 입력하고 소액의 보험료를 지불하면, 해당 항공편이 2시간 이상 지연될 경우 별도의 청구나 확인 절차 없이 자동으로 보험금을 수령할 수 있었다. 이 계약은 스마트 콘트랙트를 통해 구현되었고, 항공편의 지연 여부는 공신력 있는 외부 데이터 제공자, 즉 오라클을 통해 실시간으로 확인되었다. 해석도, 판단도, 개입도 없는 구조 속에서 계약은 문자 그대로 '작동'하였다. 이후 이 서비스는 종료되었지만, 파라메트릭 보험의 실현 가능성을 입증한 대표 사례로 남아 있다.*

이후 미국의 레모네이드 재단은 Etherisc, Acre Africa 등과 협력하여 케냐에서 기후 기반 파라메트릭 보험 실험을 진행했다.¹⁴² 이 시스템은 농민을 대상으로 하며, 일정 기간 특정 지역의 강우량이 기준 이하로 떨어질 경우 자동으로 보험금이 지급된다. 손해조사관이 피해 규모를 확인할 필요도, 가입자가 서류를 제출할 이유도 없다. 계약은 '데이터의 조건' 위에서 자동으로 작동하며, 금융 제도가 미치지 못했던 지역과 계층에까지 보험의 구조를 확장하는 기술적 경로를 제시했다. 이런 구조는 자연재해, 농업, 항공 지연, 감염병 발생 등 피해 규모 산정이 어려운 영역에서 특히 유용하다. 청구 절차가 간소화되고, 지급 속도는 빨라지며, 보험 가입자와 보험자 간의 갈등 가능성도 현저히 줄어든다.

이러한 자동화된 계약 시스템은 오라클이라는 외부 데이터 제공자에 의해 작동한다. 오라클은 날씨, 항공, 지진, 수자원 등 다양한 공신력 있는 외부 데이터를 블록체인상의 스마트 콘트랙트에 전달하는 역할을 한다. 예컨대 항공편이 2시간 이상 지연되었다는 정보가 항공 데이터 오라클을 통해 스마트 콘트랙트에 입력되면, 조건이 충족되었다는 사실을 바탕으로 사전에 약정된 보험금이 사동으로 지급된다. 오라클은 스마트 콘트랙트가 외부 세계의 정보를 인식하고 반응할 수 있도록 연결해주는 기술적 인터페이스이자, 데이터 기반 계약 집행의 핵심

---

* AXA의 Fizzy 서비스는 2017년에 시작되어 2019년 말에 공식적으로 중단되었다. 기술적 실패 때문이 아니었다. 스마트 콘트랙트와 오라클 시스템은 문제없이 작동하여 파라메트릭 보험의 가능성을 성공적으로 입증했다. 그러나 Fizzy는 3년간의 운영 기간 동안 충분한 고객을 확보하지 못했고, 상업적 성공을 거두지 못해 결국 시장에서 철수한 것이다. 이는 기술적으로는 완벽한 탈중앙화 서비스일지라도, 시장 수요와 비즈니스 모델이 뒷받침되지 않으면 지속되기 어렵다는 현실을 보여주는 사례로 남았다.

장치다.

　파라메트릭 보험은 사람의 판단을 최소화함으로써 사기 가능성을 낮추고, 시간과 비용을 절감하며, 전체 보험 계약의 투명성과 예측 가능성을 크게 높인다. 가입자 입장에서는 언제 어떤 조건에서 보험금이 지급되는지 명확하게 알 수 있으며, 보험사는 관리 비용을 획기적으로 줄일 수 있다. 무엇보다 이 구조는 금융 시스템 내부의 신뢰 개념을 다시 정의한다. 신뢰는 더 이상 인간 관계나 사회적 명성에 의존하지 않는다. 그것은 사전에 정의된 조건, 자동화된 코드, 그리고 검증 가능한 외부 데이터라는 기술적 기반 위에서 새롭게 형성된다.

오라클과 신뢰의 인프라

　스마트 콘트랙트의 핵심은 단순한 자동화에 있지 않다. 핵심은 계약의 집행이 아니라, 계약의 집행 조건을 어떻게 신뢰할 수 있는 방식으로 정의하고 전달할 것인가에 있다. 특히 보험이나 기후 데이터와 같이 외부 세계의 사건에 기반한 계약은, 스마트 콘트랙트의 자율성과 완결성만으로는 작동할 수 없다. 스마트 콘트랙트는 블록체인이라는 닫힌 체계 안에서는 완전하지만, 외부의 현실 데이터를 인식하고 반응하는 능력은 갖고 있지 않다. 따라서 이러한 계약 구조가 실제로 작동하기 위해서는 외부 세계의 정보를 블록체인 내부로 안전하게 가져오는 기술적 매개, 즉 오라클의 개입이 필수적이다.

　오라클은 블록체인 외부에서 발생하는 사건을 인지하고, 이를 스마트 콘트랙트가 처리 가능한 형식으로 변환해 블록체인 네트워크에 전달하는 인터페이스다. 스마트 콘트랙트가 외부 세계와 연결되기 위해 반드시 거쳐야 하는 창慇이자, 계약 구조 전체의 현실성과 신뢰 가능성을 결정짓는 핵심 인프라다. 오라클은 데이터를 수집하는 기술적 장치이기도 하지만, 동시에 기존 금융기관이 담당하던 정보 확인과 해석, 판단의 기능을 기술적으로 분해하고 재배열하는 구조적 장치이기도 하다. 즉, 스마트 콘트랙트는 기존 금융기관을 단순히 제거하는 것이 아니라, 그 기능을 코드와 프로토콜로 다시 조직하고, 새로운 분업 질서를 구성한다.

오라클의 유형은 다양하다. 특정 웹사이트의 데이터를 주기적으로 조회하는 소프트웨어 오라클, 센서를 통해 외부 물리적 정보를 감지하는 하드웨어 오라클, 다수의 정보원으로부터 데이터를 수집해 합의를 통해 전달하는 탈중앙화 오라클 등이 있다. 특히 탈중앙화 오라클은 오라클 자체에 대한 신뢰 문제를 줄이기 위한 구조로 주목받고 있다.

스마트 콘트랙트와 오라클이 결합된 계약 구조는, 보험이라는 제도를 완전히 새로운 방식으로 재구성할 수 있는 가능성을 열어준다. 계약은 더 이상 단지 보장의 약속이 아니라, 디지털 자산의 형태로 발행될 수 있다. 스마트 콘트랙트를 기반으로 한 보험 계약은 NFT 형태로 구현될 수 있으며, 이는 제3자에게 이전되거나 거래소에서 사고팔 수 있는 유동적인 자산이 된다. 보험은 이제 단순히 위험을 헤지하는 수단이 아니라, 위험 자체를 거래하고 투자할 수 있는 금융 자산으로 진화하고 있다.

이러한 자산화는 지역의 위험을 전 지구적 자본 흐름과 연결하는 구조를 가능하게 한다. 예컨대 케냐의 농민이 가입한 기후보험이 NFT 형태로 발행되어 글로벌 투자자에게 판매된다면, 투자자는 기후 사건 발생 시 보상 지급 가능성을 고려하여 위험을 분산하거나 감수하며 수익을 추구할 수 있다. 이는 전통적 재보험 시장이 수행하던 글로벌 위험 분산 기능을, 블록체인 기반의 분산형 네트워크가 대신하려는 시도이다. 보험은 이제 국지적 계약이 아니라, 전 세계를 연결하는 거래 가능한 구조로 작동한다. 더 이상 국경은 계약의 단위가 아니다.

그러나 이 계약 구조가 실제로 작동하기 위해서는 몇 가지 중요한 조건이 충족되어야 한다. 계약의 조건은 해석의 여지를 최소화할 수 있을 만큼 명확하고 객관적으로 정의되어야 하며, 오라클은 해당 조건의 충족 여부를 신뢰할 수 있는 방식으로 검증하고 정확히 전달할 수 있어야 한다. 또한 스마트 콘트랙트는 이 데이터를 바탕으로 사전에 설정된 논리에 따라 자동으로 실행될 수 있도록 설계되어야 한다. 이 세 요소가 긴밀하게 결합될 때, 계약은 더 이상 해석과 분쟁의 대상이 아니라, 기술적으로 실행되는 결과로 기능하게 된다.

나아가 보험 계약이 디지털 자산으로서 실질적으로 유통되기 위해서는, 글로벌 투자자들이 손쉽게 접근하고 거래할 수 있는 시장 환경이 뒷받침되어야 한다. 표준화된 계약 구조, NFT나 토큰화된 보험 상품을 지원하는 마켓플레이스, 관할권 간의 법적 정합성, 그리고 규제 준수 메커니즘이 결합될 때, 계약은 자산으로 기능하며 디지털 금융 시스템 내부로 통합될 수 있다.

결국 자동화된 보험은 단지 편리함의 기술이 아니라, 신뢰의 구조와 계약의 유통 가능성 자체를 재설계하는 문제로 확장된다. 스마트 콘트랙트 기반 금융 인프라는 기술이 아니라 제도이며, 그것을 통해 우리는 계약을 다시 쓰고, 신뢰의 구조를 재배열하며, 제도의 유통 방식 자체를 새롭게 설계해나갈 것이다. 프로그래머블 머니는 단순한 화폐의 재설계를 넘어, 제도가 작동하는 방식 그 자체를 기술적으로 사유하는 정치철학적 기획이다. 그리고 보험은 그 물음이 가장 먼저 구조화되고 실험되고 있는 영역이다.

멀티체인과
토큰화된 세계

비트코인 맥시멀리즘 vs. 멀티체인

비트코인이 열어젖힌 디지털 금융의 세계는 아직 누구도 완전히 이해하지 못한 미지의 영역이다. 이 새로운 세상의 미래를 상상할 때, 비트코인에 대한 낙관적인 시각을 가진 이들 사이에서도 크게 두 가지 갈래가 존재한다. 하나는 '비트코인 맥시멀리스트Bitcoin Maximalist'의 비전이다. 이들은 궁극적으로 비트코인만이 유일하게 중요한 블록체인(메인넷)으로 남을 것이며, 현재 시도되는 수많은 다른 코인 프로젝트들은 비트코인의 사이드체인Sidechain이나 레이어2 솔루션으로 통합되거나 사라질 것이라고 주장한다. 즉, 비트코인이 모든 디지털 자산의 기축이자 최종 정착지가 되는 단일하고 통일된 시스템을 꿈꾼다.

다른 하나는 '멀티체인Multichain'을 주창하는 이들의 관점이다. 이들은 비트코인뿐만 아니라 이더리움, 솔라나 등 다양한 메인넷이 각자의 특성과 강점을 바탕으로 공존하며, 이들이 비트코인을 중심으로 한 거대한 생태계를 이룰 것이라고 본다. 마치 열대우림처럼 다양한 생명체가 공존하며 복잡한 상호작용을 통해 진화하듯이, 여러 블록체인 네트워크가 서로 연결되고 협력하며 디지털 금융의 미래를 만들어갈 것이라는 관점이다.

비트코인이 열어젖힌 세상은 아직 누구도 밟아 보지 않은 미답의 땅이며 그 여정 또한 이 두 관점을 초월한 방식으로 전개될 수 있다. 그럼에도 불구하고 이 글은 멀티체인의 관점에서 비트코인의 미래를 풀어보고자 한다. 그 이유는 멀티체인 생태계가 비트코인 맥시멀리즘보다 훨씬 현실적이며, 오히려 비트코인의 가치를 더욱 증폭시킬 잠재력을 지니기 때문이다.

비트코인 맥시멀리스트들의 주장은 비트코인의 독보적인 보안성, 탈중앙성, 그리고 최초라는 상징성에 기반한다. 그들은 비트코인이 '디지털 금'으로서의 가치 저장 기능을 넘어, 모든 거래와 금융 활동의 '최종 정산 계층Final Settlement Layer'이 되어야 한다고 믿는다. 다른 모든 암호화폐는 비트코인의 존재 이유를 흐리게 하거나, 불필요한 복잡성을 더할 뿐이라고 비판한다. 그들의 관점에서는 비트코인 하나면 충분하며, 다른 블록체인은 보안과 탈중앙성을 희생하면서까지 복잡한 기능을 추가하려는 불필요한 시도일 뿐이다.

하지만 이러한 단일 체제 중심의 비전은 현실의 복잡성과 기술 발전의 다양성을 충분히 포용하지 못할 수 있다. 비트코인 블록체인은 의도적으로 단순하고 견고하게 설계되어, 높은 보안성과 탈중앙성을 유지하는 데 최적화되어 있다. 그러나 이로 인해 거래 처리 속도나 스마트 콘트랙트 기능의 유연성 등에서는 한계가 있다. 모든 종류의 디지털 활동과 금융 서비스를 단 하나의 블록체인 위에서 처리하기에는 기술적 제약이 따르는 것이다. 예를 들어, 수많은 소액 결제, 복잡한 탈중앙 금융DeFi 프로토콜, NFT 발행, 게임 아이템 거래 등은 비트코인 메인넷의 설계 목적과는 거리가 멀고, 효율적으로 처리하기도 어렵다.

이러한 한계를 극복하기 위해 등장한 것이 바로 멀티체인 생태계이다. 멀티체인의 비전은 각기 다른 목적과 특성을 가진 블록체인들이 상호 보완적으로 연결되고 협력하면서 전체 생태계를 풍요롭게 만든다는 아이디어에 기반한다.

멀티체인 생태계는 첫째, 확장성Scalability 측면에서 강점을 갖는다. 비트코인 메인넷이 최종 정산의 기반으로서 안정성을 담당한다면, 다른 블록체인들은 더 빠른 거래 처리와 복잡한 애플리케이션 구동을 가능하게 하여 전체 시스템의 처리 능력을 향상시킨다. 둘째, 기능적 다양성Functional Diversity 또한 중요한 요소다. 이더리움처럼 스마트 콘트랙트에 특화된 블록체인은 탈중앙 금융, NFT와 같은 혁신적 금융 서비스를 구현하는 데 적합하며, 반면 솔라나처럼 높은 속도를 지향하는 네트워크는 대규모 게임이나 실시간 결제 서비스에 더욱 알맞다. 셋째, 이러한 구조는 기술 혁신의 촉진에도 기여한다. 각 블록체인이 특정 기능에 집중함으로써 그 분야의 실험과 개발이 더욱 빠르게 이루어지면, 기술의 진화에 가속도가 붙고 블록체인 생태계 전체의 역동성이 강화된다. 마지막으로, 탄력성Resilience이라는 측면에서도 멀티체인 구조는 단일 체제가 가지는 취약점을 보완한다. 모든 기능이 하나의 체인에 집중될 경우 단일 실패 지점Single Point of Failure이 생길 수 있지만, 여러 블록체인이 분산된 방식으로 역할을 나눌 경우 전체 시스템의 안정성과 복원력이 높아진다.

인터넷의 발전은 탈중앙성과 효율성 사이에서 균형을 찾으려는 블록체인 기술에 중요한 선례가 된다. 인터넷의 근간인 TCP/IP 프로토콜은 중앙화된 서버 없이도 신뢰성 있는 데이터 전송을 가능하게 하며, 분산된 통신 구조의 기초를 마련했다. 그러나 이후, 콘텐츠 전송 네트워크Content Delivery Network, CDN와 사용자 데이터그램 프로토콜User Datagram Protocol, UDP과 같은 다양한 기술들이 덧붙여지며 인터넷은 효율성과 속도를 중심으로 진화해왔다. 이와 유사하게, 블록체인 생태계도 비트코인이 탈중앙화된 '최종 정산층'의 역할을 맡고, 그 위에 이더리움, 솔라나 등의 다양한 블록체인들이 각자의 목적에 맞는 효율성을 추구하며 발전하고 있다. 이처럼 멀티체인 생태계는 비트코인이 가진 '가치 저장'과 '최종 정산'이라는 핵심적인 역할을 더욱 공고히 하면서, 다른 블록체인들이 다양한 기능과 서비스를 덧붙이는 구조를 가능하게 한다. 마치 인터넷이 TCP/IP라는 핵심 프로토콜 위에 수많은 웹사이트와 애플리케이션이 구축되어 있는 것처럼 말이다.＊

＊ 인터넷의 기반 프로토콜인 TCP/IP는 데이터를 패킷 단위로 나누어 전송하고, 수신 측에서 누락된 데이터가 없는지 확인하여 완전하게 복구하는 방식을 사용한다. 이 덕분에 전송의 신뢰성과 안정성이 보장되지만, 확인 및 재전송 과정에서 필연적으로 지연(Latency)이 발생한다. 따라서 실시간성이 중요한 음성·영상 통화나 실시간 스트리밍에는 적합하지 않다. 이러한 한계를 보완하기 위해 인터넷은 UDP(User Datagram Protocol)와 같은 다른 전송 방식을 활용해왔다. UDP는 패킷 도착 여부를 확인하지 않아 일부 손실이 발생하더라도 속도를 우선시하므로, 실시간 스트리밍 환경에 적합하다. 이처럼 현대의 인터넷은 신뢰성보다는 즉시성과 연속성을 중시하는 응용에 맞추어 다양한 프로토콜을 병행하는 방향으로 진화해왔다.

아토믹 스와프: 멀티체인 생태계의 핵심 연결고리

멀티체인 생태계가 성공적으로 작동하기 위한 가장 중요한 기술적 기반은 바로 '상호운용성Interoperability'이다. 서로 다른 블록체인들이 각자의 방식으로 작동하면서도, 자산과 정보가 자유롭게 오갈 수 있어야 한다. 이 상호운용성을 구현하기 위한 핵심 기술 중 하나가 바로 '아토믹 스와프Atomic Swap'이다.

아토믹 스와프란, 서로 다른 블록체인 위에 존재하는 이종異種 코인 간의 거래를, 우리가 '거래소'라고 부르는 중앙화된 중개자 없이 블록체인 위에서 직접 이루어지게 하는 기술이다. 이는 2016년 비트코인과 라이트코인 사이에서 처음 성공적으로 구현되면서, 이론적으로만 가능했던 '신뢰 없는Trustless 거래'의 가능성을 현실로 만들었다. 아토믹 스와프의 작동 원리는 HTLCHash Time-Locked Contract라는 비교적 단순하지만 혁신적인 메커니즘에 기반한다. 이 기술은 '해시'와 '시간 잠금'이라는 두 가지 요소를 결합해 거래의 신뢰성과 자동화를 동시에 확보한다. 비트코인을 보유했으나 이를 이더와 교환하고자 하는 A와 이더를 가지고 있으나 이를 비트코인과 교환하고자 하는 B의 거래 과정은 다음과 같은 단계로 이루어진다.

1. 비밀 정보를 조건으로 한 자산 잠금: 먼저 거래 당사자 중 한 명인 A는 자신의 비트코인을 일정 조건 아래 블록체인에 잠금Lock 상태로 올려둔다. 이 잠금을 해제하려면 특정한 '비밀 정보(프리이미지)**'가 필요하다.

** 프리이미지(Preimage)는 해시 함수의 입력값을 의미한다. 아토믹 스와프에서는 비밀 정보(프리이미지)의

2. 해시값 전달로 조건 공유: A는 이 비밀 정보 자체는 공개하지 않은 채, 그것으로부터 계산한 '해시값'을 상대방인 B에게 전달한다. 해시는 단방향 암호화 방식이기 때문에, 해시값만으로는 원래의 비밀 정보를 유추하기 매우 어렵다.
3. 상대방 자산의 동일 조건 잠금: 이제 B는 이 해시값을 이용해 자신의 이더를 역시 조건부로 블록체인에 잠근다. 이때도 같은 비밀 정보가 있어야만 이 잠금을 해제할 수 있다.
4. 비밀 정보 공개와 자산 교환 완료: 거래는 A가 B의 이더를 인출하면서 본격적으로 시작된다. 이때 A는 B가 설정해둔 조건, 즉 비밀 정보의 해시값과 일치하는 프리이미지를 입력해야 한다. A가 이더를 가져가는 순간, 이 프리이미지는 블록체인에 자동으로 공개된다. 이제 B도 이 정보를 확인할 수 있게 되며, 이를 이용해 A의 비트코인을 잠금 해제하고 인출할 수 있다. 결과적으로 두 사람은 서로를 신뢰하지 않아도, 동일한 비밀 정보를 기준으로 각자의 자산을 안전하게 교환할 수 있게 된다.
5. 실패 시 자동 복구를 위한 시간 제한: 만약 일정 시간 안에 거래가 완료되지 않으면, 두 사람이 잠가놓은 자산은 자동으로 원래 소유자에게 반환된다. 이는 거래가 중간에 무산되더라도 어느 한쪽이 자산을 일방적으로 손해 보지 않도록 설계된 안전장치다.

이러한 구조 덕분에 거래소와 같은 제3자를 신뢰할 필요가 없어진다. 해킹, 횡령, 자산 동결 등 중앙화 시스템이 가진 위험 요소들이 제

해시값만 상대방에게 공유하고, 실제 프리이미지는 거래 완료 시점에 블록체인에 노출된다. 해시값은 프리이미지로부터 계산되지만, 해시값만으로는 원래의 프리이미지를 역산하기 어렵기 때문에, 두 거래 당사자는 서로를 신뢰하지 않아도 안전하게 거래를 진행할 수 있다.

거되고, 동시에 거래 비용도 낮아진다. 뿐만 아니라, 이 구조를 조금만 확장하면 단순한 코인 교환을 넘어, 신뢰 없는 방식으로 자산을 담보화하거나 새로운 토큰을 생성하는 등의 응용도 가능해진다. 즉, 아토믹 스와프는 단순한 교환 기술이 아니라, 멀티체인 생태계 전반을 관통하는 분산형 금융 인프라의 핵심 연결고리가 될 수 있는 것이다.

모든 자산의 토큰화: 래리 핑크의 비전

아토믹 스와프는 실물 자산의 토큰화Tokenization of Real-World Assets가 실질적인 시장 기능을 갖추는 데 중요한 역할을 한다. 실물 자산의 토큰화란 주식, 채권, 부동산, 예술품 등 다양한 자산을 디지털 토큰 형태로 전환해 블록체인 위에서 거래할 수 있도록 만드는 과정이다. 토큰화는 자산의 소유권과 교환 방식을 근본적으로 바꾸며, 금융의 경계를 기술적으로 다시 그리는 시도이기도 하다. 그러나 이러한 토큰화가 실제로 작동하기 위해서는 토큰이 단일 블록체인 안에 갇히지 않고, 서로 다른 네트워크 간에서도 자유롭게 교환될 수 있어야 한다. 바로 이 지점에서 아토믹 스와프가 핵심적인 연결고리로 작용한다. 이를 통해 토큰화된 자산은 별도의 중개기관 없이도 블록체인 상에서 비트코인이나 다른 암호화폐와 직접 교환될 수 있다. 이 과정에서 기존의 복잡하고 비용이 많이 드는 증권사, 은행, 법률 사무소 등의 중개자가 필요 없어진다. 거래 비용은 획기적으로 절감되고, 거래는 24시간 국경 없이 이루어지며, 블록체인의 투명성 덕분에 거래 내역은 위변조가 불가능하다. 이는 자산의 유동성을 극대화하고, 전 세계 누구나 접근할 수 있는 새로운 형태의 글로벌 자산 시장의 탄생을 가능하게 한다.

　세계 최대 자산운용사 블랙록BlackRock의 래리 핑크Larry Fink 회장이 "우리가 상상하는 모든 자산이 토큰화될 것"이라고 말한 비전은 바로 이러한 아토믹 스와프와 멀티체인 생태계가 결합될 때 비로소 현실성을 띤다. 비트코인 단일 체제만으로는 세상의 모든 복잡한 자산들을 효율적으로 토큰화하고 거래하기 어렵다. 하지만 비트코인이 가치 저장의 핵심 역할을 하고, 이더리움이나 솔라나 같은 다른 메인넷들이 각자의 특화된 기능으로 다양한 자산의 토큰화와 복잡한 스마트 콘트랙트를 담당하며, 이 모든 체인들이 아토믹 스와프와 같은 기술로 유기적으로 연결될 때, 핑크 회장이 말한 '모든 자산의 토큰화'는 거대한 '정글'과 같은 멀티체인 생태계 속에서 비로소 실현될 수 있는 것이다.***

　한국의 부동산 현실을 들여다보면, 토큰화가 지닌 잠재력이 얼마나 거대한지 가늠할 수 있다. 한국 사회에서 '강남 아파트'는 단순한 주거 공간을 넘어, 자산 증식의 수단이자 사회적 지위의 상징이다. 하지만 천정부지로 치솟는 가격과 정부의 강력한 규제(대출 제한, 다주택자 세금 중과 등)로 인해, 강남 아파트 소유는 소수의 사람들만이 가능한 특권이 되어버렸다. 특히 자산 축적 기회가 부족했던 MZ세대에게는 '내 집 마련'조차 버거운 상황에서, 강남 아파트의 가격 상승으로 인한 자산 증

　*** 래리 핑크 회장의 블랙록(BlackRock)은 자산 토큰화를 이미 시작했다. 그리고 그 첫걸음은 미국채를 토큰화하는 것이었다. 그것이 바로 BUIDL(BlackRock USD Institutional Digital Liquidity Fund) 프로젝트다. BUIDL은 미국 국채와 같은 금융 자산을 토큰화하여 블록체인 네트워크에서 유통시키는 실험이다. 이 펀드는 2024년 3월 출시 이후 급성장하여, 현재 시가총액은 28억 9천만 달러에 달한다. 다만 BUIDL은 일반 투자자가 아닌 자격을 갖춘 기관투자자를 대상으로 하며, 최소 투자 금액이 10만 달러 이상인 고액 자산 전용 상품이다.
　하지만 규제 환경이 명확해지면 이러한 흐름은 일반 시장으로 확장될 수 있다. 고가의 BUIDL 토큰을 분할하여(Fractionalize) 더 작은 단위로 나누면 누구나 쉽게 사고팔 수 있게 된다. 이는 일반 투자자들도 고액 자산에 소액으로 투자할 수 있는 길을 열어주며, 전통 금융 자산의 접근성을 획기적으로 높이는 혁신적인 변화로 이어질 수 있다. 토큰화는 금융의 '직접', '분할'의 가능성을 실현시키는 도구이다.

식 효과를 누린다는 것은 더욱 요원한 꿈처럼 느껴진다.

그러나 아토믹 스와프 기술을 통해 아파트의 소유권을 토큰화한다면 상황은 달라질 수 있다. 예를 들어, 강남 아파트 한 채의 소유권을 100만 개의 토큰으로 분할하여 발행하고, 이 토큰들을 비트코인이나 다른 암호화폐와 직접 교환할 수 있게 된다고 상상해보자. 이 경우, 기존 규제의 적용 범위 밖에서 거래가 이루어질 수 있다. 정부가 부동산 거래에 대한 규제를 강화하더라도, 블록체인 위에서 이루어지는 토큰 간의 아토믹 스와프는 중앙화된 금융 시스템을 통하지 않기 때문에 실시간으로 감시하거나 규제하기가 매우 어려워진다. 마치 달러 스테이블코인이 블록체인 위에서 유통될 때, 기존 금융 시스템의 감시망이 무력화되는 것과 유사하다. 현찰이 부족한 아파트 구입 희망자가 정부의 대출 규제를 토큰 판매로 우회할 수 있다는 이유로 정부는 아파트 소유권 토큰의 거래에 일일이 간섭하려 할 수도 있다. 그러나 토큰은 여러 플랫폼에서 다양한 형태로 변신할 수 있다. 소유권 토큰의 '그림자 토큰'을 거래할 경우, 정부 입장에서는 아파트 소유권이 여전히 특정 지갑에 묶여 있는 것처럼 보이지만, 실상은 다른 형태의 소유권 토큰이 블록체인 위에서 자유롭게 유통될 수 있다. 이러한 구조는 기존 규제 체계에 균열을 일으키며, 규제 당국으로 하여금 전혀 새로운 방식의 감시와 통제를 모색하게 만들 것이다.

한편, 아파트 소유권의 토큰화는 MZ세대와 같은 젊은 세대에게 새로운 가능성을 열어준다. 지금까지는 강남 아파트를 통째로 소유하는 것이 사실상 불가능했던 이들도, 이제는 100만 원 혹은 10만 원 단위로 아파트 토큰을 구매함으로써 그 가격 상승에 따른 자산 증식의 혜택을 일부나마 누릴 수 있게 되는 것이다. 이는 자산 시장에 대한 진입 장벽을 낮추고, 세대 간 자산 격차를 줄이는 데 하나의 대안이 될 수 있다. 물론 토큰화된 자산의 법적 지위, 규제 체계, 실제 소유권 행사 방식 등 아직 해결해야 할 과제는 많다. 그러나 기술적 가능성은 이미 확보되어 있다.

에르난도 데 소토의 통찰과 개발도상국의 '죽은 자본'을 살리는 토큰화

자산의 토큰화는 지나친 정부 규제를 무력화할 수 있다는 점에서 파괴력을 가진다. 특히 정치가 제 기능을 못해서 토호 세력이나 관료들이 국민들을 상시적으로 착취하는 저개발 국가에서는 그 의미가 더욱 크다. 페루의 경제학자 에르난도 데 소토Hernando de Soto는 그의 저서 『자본의 미스터리The Mystery of Capital』에서 저개발 국가가 가난한 근본적인 이유는 자산이 없어서가 아니라, 등기된 자산이 없어서라고 통찰했다.[143] 즉, 수많은 사람들이 무허가 주택이나 비공식적인 방식으로 소유한 토지, 등록되지 않은 소규모 사업체 등 꽤나 큰 규모의 자산을 가지고 있지만, 이러한 자산들은 법적 문서화가 되어 있지 않아 금융 시스템 내에서 '죽은 자본Dead Capital'으로 남아있다는 것이다. 무허가 주택은 은행의 금융 담보가 될 수 없으며, 이는 곧 빈곤층이 자산을 활용하여 대출을 받거나 투자를 할 수 있는 기회를 박탈당하는 결과를 낳는다.

데 소토는 서구 자본주의가 성공할 수 있었던 핵심 요인이 바로 명확하고 보편적인 '재산권 시스템'의 확립에 있었다고 주장한다. 이 시스템은 자산을 공식적으로 등기함으로써 그것을 쉽게 거래하고 담보

[그림 23] 죽은 자본의 풍경

자본화할 수 없는 자산들, 무허가 집들이지만 실제로 시장에서 거래가 된다. 하지만 정부가 등기를 인정해주지 않아서 금융권에서 담보로 쓰일 수 없다. 이 자산들을 토큰화하면 글로벌 투자자들을 대상으로 자본을 끌어올 수 있다.
(사진 출처: Stefan Magdalinski, CC BY 2.0)

로 활용할 수 있게 만들었다. 그러나 저개발 국가에서는 이러한 공식적인 시스템이 부재하거나 비효율적이며, 종종 부패와 결탁되어 있어 대다수의 국민들이 자신의 자산을 자본으로 전환할 수 없는 상황이다.

바로 이 지점에서 자산의 토큰화가 혁명적인 가능성을 제시한다. 강남 아파트의 소유권을 토큰화하는 사례를 확장하면, 에르난도 데 소토가 언급한 저개발 국가의 무허가 주택, 비공식적인 토지, 임시변통 자산들도 블록체인 위에서 토큰화될 수 있다.

이러한 변화는 무엇보다 '죽은 자본'을 다시 살아 움직이게 만든다는 점에서 중요하다. 블록체인 기반의 토큰화는 정부나 사법 시스템의 개입 없이도 자산을 디지털로 정의하고 교환 가능한 형태로 바꾸는 과정을 가능하게 한다. 그 결과, 기존에는 법적 소유권이 불명확하거나 제도적 뒷받침이 없어 금융 담보물로 활용될 수 없었던 자산들이 명확하게 기록되고 분활되어 유통될 수 있게 된다. 이는 자산을 기반으로 한 소액 투자 유치, 또는 대출 확보의 문을 연다. 예를 들어, 비공식 농지를 가진 농민 공동체가 해당 토지를 토큰화해 외부 투자자에게 일부를 판매하고, 그 자금으로 농업 생산성을 높이는 데 활용하는 모델이 가능해지는 것이다.

또한 블록체인의 가장 큰 장점 중 하나인 불변성과 투명성은 저개발 국가에서 상시적으로 발생하는 재산권 분쟁이나 부패 문제를 줄이는 데 기여할 수 있다. 모든 거래 내역이 블록체인상에 시간 순서대로 자동 기록되므로, 소유권의 이전이 명확해지고 조작의 여지가 사라진다. 이렇게 되면 기존의 비효율적이고 불신 가득한 등기 시스템을 대체하는 보다 신뢰할 수 있는 대안이 등장하는 셈이다.

무엇보다 중요한 점은 이러한 토큰화가 포용적 금융의 가능성을 실질적으로 확장한다는 것이다. 은행 계좌조차 없는 수많은 개발도상국 국민들이 스마트폰과 블록체인 지갑만으로 자신이 가진 자산을 디지털화하고, 이를 통해 글로벌 자본 시장에 접근할 수 있게 된다. 이는 단지 기술적 연결을 넘어, 정부와 제도가 제공하지 못했던 '자산의 자본화'와 '자본의 금융화', 그리고 '거래의 안정성'을 실현하는 새로운 수단이 된다. 열악한 제도와 환경 속에서도 성실히 경제 활동을 이어가던 이들에게, 토큰화는 새로운 기회의 문을 열어주는 열쇠가 될 수 있다.

물론, 이러한 기술이 완벽한 해답은 아니다. 토큰화된 자산의 법적 지위, 국제적 표준의 부재, 각국 정부의 규제 대응 등 넘어야 할 과제는 여전히 많다. 그러나 기술적 기반은 이미 마련되어 있으며, 이것이 향후 글로벌 자본의 흐름과 빈곤 문제 해결에 대한 기존의 인식을 근본적으로 뒤흔들 수 있는 잠재력을 지니고 있음은 분명하다.

달러 스테이블코인의 아토믹 스와프: 새로운 금융 질서의 촉매제

이러한 토큰화의 파괴력을 가장 극명하게 보여주는 사례는 바로 달러 스테이블코인과 아토믹 스와프의 결합이 될 것이다. 예를 들어, 어떤 국가가 달러 스테이블코인의 거래나 사용을 불법화하고 그 유통을 실시간으로 감시하기 위한 시스템을 구축했다고 가정해보자. 이는 국가가 금융 통제권을 유지하려는 당연한 시도이다.

그러나 달러 스테이블코인이 아토믹 스와프를 통해 '토큰화'되어 유통된다면, 이러한 감시 시스템은 무용지물이 될 수 있다. 달러 스테이블코인 1만 개를 가진 누군가가 자신의 지갑을 블록체인상에서 '동결'하고, 그 동결을 풀 수 있는 열쇠(비밀키)를 활용하여 블록체인상에서 새로운 '토큰'을 만들어 유통한다고 해보자. 정부 관점에서는 해당 달러 스테이블코인 지갑에서 아무런 거래 흔적이 없기 때문에 자산이 가만히 묶여 있다고 판단할 수밖에 없다. 하지만 실상은, 사용자가 그 자산의 가치를 토큰 형태로 재구성해 다른 체인에서 자유롭게 사용하고 있는 것이다.

이는 마치 은행에 예치된 달러를 담보로 발행된 지폐가 유통되는 것과 유사하지만, 그 전 과정이 블록체인 위에서 탈중앙화된 방식으로 이루어진다는 점에서 근본적으로 다르다. 이러한 토큰화는 규제의 사각지대를 만들거나, 혹은 규제 당국이 새로운 형태의 감시 및 통제 방안을 모색하게 만들 것이다. 이는 자산 통제에 대한 국가의 욕구와 유연하고 탈중앙화된 블록체인 기술 간의 끊임없는 줄다리기를 예고한다.

비트코인의 막강한 힘은 기존의 금융망을 거치지 않음으로써 정부 규제를 무력화할 수 있다는 데 있다. 이러한 힘이 가장 극대화되는 시나리오는 바로 다양한 메인넷들이 수만 가지 토큰들을 생산하고, 이들이 비트코인을 중심으로 유기적으로 연결된 '멀티체인 생태계'가 구축될 때이다. 정부 관료의 입장에서는 이러한 예측 불가능하고 통제 불가능한 생태계가 재앙처럼 느껴질지도 모른다.

반면, 비트코인 맥시멀리즘이 주장하는 단일 체제는 비트코인 ETF의 승인과 중앙화된 거래소의 확산으로 오히려 기존 시스템에 흡수될 가능성이 있다. 이는 비트코인이 본래 지니고 있던 혁명적 잠재력이 희석될 수 있음을 의미한다.**** 그러나 멀티체인이 상상하는 세계는 다르다. 이 세계는 결국 정부까지 포함한 거대한 생태계를 비트코인 맥시멀리스트들이 진정으로 꿈꾸던 이상, 즉 인플레이션과 착취적 규제로부터 자유롭고, 태어난 국가에 상관없이 누구나 동등하게 접근할 수 있는 금융 포용의 실현으로 이끌 것이다.

**** 미국에서 비트코인 현물 ETF가 승인된 것은 단순히 시장 확대를 넘어, 비트코인의 야생성을 순치(馴致)하려는 전략적 포석으로 해석되기도 한다. 이 견해에 따르면, 미국 금융범죄단속국(FinCen)은 개인의 자기관리지갑(Self-Hosted Wallet)을 규제하려는 강력한 의지를 보여왔다. 이러한 맥락에서, ETF 승인은 대중에게 비트코인을 소유하는 '안정적이고 편리한' 방식을 제공하는 동시에, 정부의 감시와 통제하에 놓인 금융 시스템 내부로 비트코인을 편입시키는 효과를 낳는다. 다시 말해, 개인이 직접 프라이빗 키를 관리하는 비트코인의 본래 탈중앙적 성격을 희석시키고, 정부가 통제할 수 있는 금융 인프라 속으로 길들이는 제도화의 과정으로 볼 수 있다.

비트코인의 철학, 질서를 재편하다

기술로 재구성된 담보의 탄생

신용은 신뢰 위에 구축된다. 그리고 그 신뢰는 언제나 어떤 형태로든 담보를 통해 제도화되어 왔다. 금융은 본질적으로 위험을 다루는 기술이며, 그 위험을 이전하고 분산하는 일련의 계약 과정이다. 이 과정에서 담보는 불확실성을 견디게 해주는 구조적 장치로 작동한다. 은행은 자산을 담보로 신용을 공급하고, 법원은 계약의 집행 가능성을 담보로 판결하며, 중앙은행은 국가에 대한 신뢰를 기반으로 화폐를 발행한다. 결국 "담보란 무엇인가"라는 물음은 "우리는 무엇을 믿을 수 있는가"라는 보다 근본적인 질문으로 되돌아간다.

오랫동안 이 질문에 대한 사실상의 해답은 미국 국채였다. 미국 국채는 미국이라는 주권 국가의 정치적 신용과 법적 강제력을 기반으로, 글로벌 금융 시스템의 최종 담보로 기능해왔다. 그것은 국제 금융 질서 전반에서 신용 창출과 유동성 공급의 기초 재료였고, 글로벌 레포 시장에서 모든 유동성을 지탱하는 기반 자산이었다. 그러나 지금 이 담보 질서의 기초는 재정 건전성의 악화, 지정학적 불안, 통화 패권에 대한 도전 등 여러 요인으로 인해 근본부터 흔들리고 있다. 여기에 더해, 법적 권위나 정치적 약속이 아닌 알고리즘과 코드에 기반한 새로운 형태의 담보 실험이 등장하면서, 기존 질서의 균열은 더욱 선명하게 드러나고 있다.

비트코인은 어떤 법률의 보증도, 어느 국가의 약속에도 의존하지 않는다. 그것은 수학적으로 설계된 희소성과 탈중앙화된 네트워크 구조, 누구에게도 예외를 허용하지 않는 합의 알고리즘을 통해 신뢰를 스스로 발생시키는 자산이다. 오늘날 비트코인은 높은 가격 변동성, 규제 불확실성, 결제 리스크 등의 이유로 인해 전통 금융 시스템, 특히 레포 시장에서 공식적인 담보로 인정받지 못하고 있다. 그러나 탈중앙화된 네트워크 위에서는 이러한 실험이 이미 현실로 작동 중이다. 디파이 생태계는 비트코인을 하나의 '기술적 담보'로 받아들이고 있으며, 신용 창출과 유동성 공급은 더 이상 사람이나 기관이 아닌 코드에 의해 자동으로 집행된다.

이 실험의 핵심에는 '래핑Wrapping'이라는 기술적 중간 구조가 있다. 대표적인 예가 WBTCWrapped Bitcoin이다. 이는 비트코인을 이더리움 네트워크에서 사용할 수 있도록 만든 ERC-20 기반의 토큰으로, 비트코인과 이더리움 간 생태계를 연결하는 '다리Bridge' 역할을 수행한다. 사용자는 자신의 비트코인을 제3의 보관기관Custodian에 예치하고, 그 예치량만큼의 WBTC를 이더리움상에서 발행받는다. 그렇게 래핑된 비트코인은 스마트 콘트랙트를 통해 디파이 프로토콜 내에서 담보로 예치되거나 대출에 활용된다. 이 과정에서 담보는 법적 권리에 의해 보장되는 것이 아니라, 기술적으로 검증 가능한 위임 구조를 통해 기능한다.*

이 구조 위에 구축된 대표적인 시스템이 Aave, MakerDAO, Compound와 같은 디파이 프로토콜이다. 사용자는 WBTC를 비롯한 자산을 스마트 콘트랙트에 예치하고, 이를 담보로 스테이블코인을 대출받는다. 예를 들어 비트코인을 매도하지 않고도 유동성을 확보하고자 하는 사용자는 WBTC를 담보로 맡기고 스테이블코인을 대출받을 수 있다. 반면 유휴 자산을 보유한 사용자는 이 스테이블코인을 프로토콜에 예치함으로써 이자 수익을 기대할 수 있다. 이 모든 과정은 중개자의 개입 없이 자동으로 수행되며, 담보의 상태나 계약 조건의 충족 여부는 스마트 콘트랙트가 실시간으로 판단하고 집행한다.

이러한 디파이 환경에서의 담보는 인간의 해석이나 법적 권위가 아니라 코드의 실행 가능성과 예측 가능성에 의해 정당성을 획득한다. 거래 당사자들은 서로를 알 필요도, 신원을 확인할 필요도 없다. 중요한 것은 해당 자산이 시스템 내에서 기술적으로 통제 가능한 상태에 있느냐는 것이다. 담보란 더 이상 법적 소유권의 증명이 아니라, 비밀키를 통한 통제 권한과 스마트 콘트랙트의 실행 구조 안에서 유효하게 작

---

* 래핑과 아토믹 스와프는 모두 서로 다른 블록체인 간 자산을 교환하는 기술이다. 그러나 그 방식은 근본적으로 다르다. 래핑은 비트코인 보관기관(Custodian)이라는 중앙화된 제3자를 신뢰하여 자산을 묶고(Wrap), 다른 체인에서 토큰을 발행하는 방식이다. 이는 대규모 자산의 이동에 적합하지만, 중앙화된 주체에 대한 신뢰가 필요하다는 단점이 있다.
반면, 아토믹 스와프는 스마트 콘트랙트를 통해 중개자 없이 두 사용자가 서로 다른 코인을 직접 교환하는 기술이다. '원자적(Atomic)'이라는 이름처럼, 한 쌍의 거래가 동시에 성공하거나 동시에 실패하도록 보장함으로써 어느 한쪽이 자산을 잃지 않도록 한다. 이는 신뢰할 수 없는 당사자 간에도 안전한 거래를 가능하게 하지만, 래핑만큼 대규모 자산 이동에는 적합하지 않다. 따라서 래핑과 아토믹 스와프는 모두 블록체인 간 상호운용성을 목표로 하지만, '신뢰'와 '효율성'을 두고 서로 다른 방법론을 택한 기술적 해법이다.

동할 수 있는가라는 기술적 조건의 문제다.

이 점에서 비트코인은 담보 개념의 전환을 가장 극명하게 보여주는 자산이다. 비트코인은 특정한 사법 체계나 중앙기관의 승인 없이, 오직 암호학적 방식으로 소유와 통제가 입증된다. 비밀키를 보유한 사람만이 해당 자산을 지배할 수 있으며, 그 통제 권한은 어떤 국가나 제도도 대신하거나 무효화할 수 없다. 회수 가능성이나 법적 강제력 없이도 신뢰가 형성되는 이 구조는, 디지털 네트워크 안에서 '지금 이 자산을 누가 실질적으로 지배하고 있는가'라는 질문에 명확하게 답할 수 있게 한다. 이로써 비트코인은 디지털 금융 생태계에서 새로운 담보로 기능할 수 있는 자격을 갖추게 된다.

결국 담보의 정의가 바뀌면, 그 위에 구축된 신뢰의 구조도 함께 달라진다. 그리고 신뢰의 구조가 달라질 때, 금융 질서 전체는 그 기초부터 다시 쓰일 수밖에 없다. 비트코인은 바로 이 전환의 서막을 기술적으로, 그리고 존재론적으로 열어젖히고 있다.

비트코인은 비트코인을 넘어서는 생태계다

비트코인을 단지 하나의 기술로 설명하려 한다면 언제나 무언가를 놓치게 된다. 그것은 결제 시스템이자 가치 저장 수단이며, 동시에 법 없는 법이자 규범 없는 규범이다. 비트코인은 특정한 목적을 달성하기 위해 고안된 기능적 도구가 아니라, '질서는 어떻게 형성되는가'라는 보다 더 근원적인 질문에 대한 구조적 응답이다. 그것은 무엇을 할 수 있는가가 아니라, 어떤 방식으로 존재하는가를 묻는다.

비트코인은 스스로 완결된 질서다. 외부의 제도나 권위, 보증 없이 작동하며, 그 어떤 주권적 실체도 여기에 특권을 행사할 수 없다. 금은 자연적 희소성에 의존하고, 법정화폐는 국가의 채무와 중앙은행의 신용을 전제로 삼는다. 그러나 비트코인은 외부의 근거 없이도, 오직 자기 자신에 의해 정당화된다. 발행량은 고정되어 있으며, 누구도 이를 변경할 수 없다. 네트워크에 참여하는 모든 주체는 동일한 규칙을 따르며, 그 규칙은 인간의 해석이 아닌 코드의 실행으로 작동한다. 바로 이 자기참조적Self-Referential 구조 때문에, 비트코인은 하나의 화폐이자 동시에 하나의 질서가 된다.

그러나 비트코인은 그 자체에 머물지 않는다. 오히려 자신을 넘어서는 생태계를 생성한다. 이더리움은 비트코인이 제시한 '신뢰 없는 질서'를 계승하며, 계약을 자동화하고 조직을 프로그래머블한 구조로 재설계했다. 디파이는 은행과 증권사가 없는 금융의 가능성을 실험했고, 스테이블코인과 디지털 담보 시스템은 비트코인이 제시한 기술적 신뢰를 유동성의 언어로 번역했다. 스마트 콘트랙트는 계약 집행의 방식을 다시 쓰고, 담보 구조는 제도적 보증에서 기술적 검증으로 전환되었다. 이 모든 실험은 하나의 선행 조건 위에서 가능했다. 바로, 비트코인이라는 최초의 질서가 존재했기 때문이다.

비트코인은 단지 하나의 시스템이 아니다. 그것은 조건이자 기초이며, 이후 모든 프로그래머블 머니 생태계가 자라나는 토양이다. 오늘날 수많은 블록체인 프로젝트들이 성능, 확장성, 사용성을 앞세워 진화하고 있지만, 그 진화는 비트코인이 제시한 가장 단순한 구조, 즉 권력 없는 신뢰, 누구도 예외가 될 수 없는 규칙, 해석이 아닌 실행으로 유지되는 질서에서 출발했다. 역설적으로 기술이 복잡해질수록, 비트코인의 단순함은 더욱 빛난다. 그것은 정지된 기술이 아니라, 정지함으로써 질서를 창출하는 기술이다.

이제 우리는 화폐를 더 이상 단순한 교환의 매개나 가치의 저장 수단으로만 이해할 수 없다. 화폐는 질서의 형식이며, 신뢰의 구조이고, 제도가 작동하는 방식이다. 비트코인은 이 모든 개념을 다시 썼다. 국가 없이도 작동하고, 중앙은행 없이도 발행되며, 법 없이도 법처럼 집행되는 질서를 현실화한 것이다. 그 위에서 계약이 자동화되고, 금융이 재편되며, 담보가 새롭게 정의된다. 비트코인은 자신을 넘어 하나의 생태계를 만들었고, 그 생태계는 비트코인을 재구성한다.

그러므로 우리는 말할 수 있다.

비트코인은 비트코인을 넘어서는 생태계다.

한 걸음 더 1
블록체인 트릴레마와 각 블록체인의 선택

　블록체인 시스템은 탈중앙성Decentralization, 보안성Security, 확장성Scalability을 동시에 충족하기 어렵다는 기술적·철학적 과제, 즉 '블록체인 트릴레마Blockchain Trilemma'에 직면해 있다. 이 트릴레마는 세 가지 요소 중 둘을 우선하면 나머지 하나가 희생되는 현실을 반영하며, 각 블록체인 프로젝트의 철학과 우선순위가 무엇인지 드러낸다. 이는 단순한 기술적 문제가 아니라, 블록체인이 추구하는 사회적 가치와 정체성을 결정짓는 핵심적인 지표다.

　탈중앙성은 블록체인의 핵심 특성으로, 중앙 기관에 의존하지 않고 모든 참여자가 자율성과 독립성을 갖는 상태를 뜻한다. 블록체인은 단일 주체의 검열을 방지하고, 모든 거래와 데이터를 투명하게 검증할 수 있도록 하여 민주적 가치를 기술적으로 구현한다. 하지만 탈중앙성을 극대화하기 위해 진입 장벽을 낮추면 악의적 참여자의 접근 위험이 커져 보안성이 위협받는다.

　보안성은 블록체인이 금융 인프라로 기능하기 위한 필수 조건이다. 데이터 변조 불가능성과 외부 공격에 대한 저항력은 암호학, 경제적 인센티브, 분산 네트워크 설계를 통해 확보된다. 그러나 보안을 강화하기 위해 중앙화된 통제를 도입하면 탈중앙성이 훼손된다. 예를 들어, 검증인 수를 제한하거나 특정 주체가 네트워크를 과도하게 통제하면 블록체인은 사설 서버와 다를 바 없는 구조로 전락할 수 있다. 반대로, 비트코인처럼 탈중앙화를 추구하면 외부 공격에 취약해질 수 있고, 이를 방어하기 위해 개방성을 낮추면 내부자 공격에 노출되는 양면적 딜레마가 발생한다.

　확장성은 블록체인이 실용적 인프라로 자리잡기 위해 해결해야 할 과제다. 초당 수천 건의 거래 처리, 복잡한 애플리케이션 구동, 실시간 사용자 경험은 모두 확장성과 직결된다. 하지만 탈중앙성과 보안성을 유지하려는 설계는 필연적으로 시스템 속도를 저하시킨다. 모든 노드가 데이터를 검증하고 합의하는 구조는 속도보다 안정성에 초점을 맞추기 때문이다. 반대로, 속도를 높이기 위해 일부 기능을 중앙화하면 탈중앙성이 약화된다.

각 체인이 블록체인 트릴레마라는 제약 속에서 무엇을 우선시하고 무엇을 희생하는지를 살펴보면, 그 프로젝트의 철학과 가치 지향이 드러난다. 이러한 선택은 기술 설계와 운영 전략, 커뮤니티 문화, 그리고 프로토콜을 둘러싼 정치경제적 환경에 깊이 반영된다.

비트코인은 확장성을 희생하더라도 탈중앙성과 보안성을 극대화하는 설계를 선택했다. 작업증명Proof-of-Work 합의 메커니즘은 높은 연산 비용을 요구하지만, 외부 공격과 내부 조작에 강한 구조를 제공한다. 누구나 풀노드를 운영할 수 있는 네트워크는 검열 저항성을 보장하며, 비트코인을 '디지털 금'으로 불리는 신뢰할 수 있는 자산으로 자리잡게 했다. 낮은 확장성은 의도된 선택이었으나, 이를 보완하기 위해 라이트닝 네트워크Lightning Network와 같은 레이어2 솔루션이 도입되었다. 라이트닝 네트워크는 오프체인 거래로 속도를 높이고 수수료를 낮추며, 사이드체인은 메인체인과 독립적으로 다양한 기능을 처리해 확장성을 강화한다. 이러한 기술들은 비트코인의 핵심 가치를 유지하면서도 실용성을 높이려는 노력의 산물이다.

이더리움은 탈중앙성, 보안성, 확장성 간 균형을 추구한다. 초기 작업증명에서 지분증명으로 전환하며 에너지 효율과 유연성을 확보했고, 스마트 콘트랙트를 통해 디파이, NFT, DAO 같은 탈중앙화 애플리케이션 생태계를 구축했다. 하지만 높은 가스비와 느린 처리 속도라는 한계에 부딪히며, 레이어1의 안정성과 레이어2의 확장성을 병행하는 모듈형 구조로 전환하고 있다.

솔라나는 확장성을 최우선으로 삼아 초당 수만 건의 거래를 처리하는 고성능 네트워크를 구현했다. 이는 NFT, 밈코인, 실시간 게임 등에서 강점을 발휘하지만, 네트워크 마비, 제한된 검증자 참여, 밈코인 중심의 생태계 등은 해결해야 할 과제로 남아 있다.

블록체인 트릴레마는 단순한 기술적 문제가 아니라, 각 체인이 지향하는 사회 질서를 드러내는 선택의 지형도다. 비트코인은 탈중앙성과 보안성을 통해 신뢰 기반의 디지털 자산을, 이더리움은 기능성과 확장성을 조율하며 분산형 생태계를, 솔라나는 속도와 사용성을 강조하며 대중적 확산을 실험하고 있다. 이러한 차별적 지향은 블록체인이 열어갈 미래의 스펙트럼을 형상화한다. 그 미래는 단일한 해답으로 수렴되지 않고, 서로 다른 철학과 전략이 공존하는 실험들의 집합으로 구성될 것이다.

한 걸음 더 2
단순성과 안정성의 철학:
왜 비트코인은 '허술함' 속에서 견고한가?

비트코인의 시스템은 놀라울 정도로 단순하다. 채굴자는 연산 작업을 통해 블록을 생성하고, 네트워크는 이를 전파하며 가장 긴 체인을 정본으로 인정한다. 누구나 노드를 운영해 거래 내역을 검증할 수 있고, 단일 소프트웨어 코드가 프로토콜 규칙을 강제한다. 이 과정은 명료하고 반복적이다. 겉보기에 '허술해' 보일 수 있는 이 구조는 동기화되지 않은 네트워크에서 작동하며, 전 세계 노드들이 시간차를 두고 블록을 수신하고 전파한다. 일시적으로 체인이 갈라지기도 하지만, 비트코인은 언제나 하나의 '정본 역사'로 수렴한다. 이 단순함 속에서 비트코인의 견고함이 나온다.

이 허술함은 사토시 나카모토의 의도된 설계다. 비트코인은 완벽한 동시성이나 일관성을 강제하기보다, 불완전한 참여자들이 자생적으로 질서를 형성하도록 유도한다. 이는 중앙 관제나 동기화된 시계 없이도 정보 지연과 블록 포크 같은 충돌을 하나의 합의로 수렴시키는 구조를 갖는다. 이 '불완전함'에서 비롯된 강인함이 비트코인의 독특한 설계 철학이다.

단순함은 비트코인의 장기적 생존 가능성과 직결된다. 복잡한 시스템은 유지 조건이 많아 실패 위험이 크지만, 비트코인은 탈중앙성과 보안성을 우선시하며 블록체인 트릴레마에 균형 있게 대응한다. 블록체인 트릴레마에서 비트코인은 확장성을 포기한 것으로 되어 있다. 그러나 역설적으로 비트코인은 확장성이 무한한 프로젝트라고 할 수 있다. 이때 말하는 비트코인의 확장성은 블록체인 트릴레마의 확장성 문제와는 다른 개념이다. 엔지니어링의 기초적인 개념으로서의 확장성이다.

비트코인 네트워크는 마치 택지개발만 완료된 범용 프로젝트와 같다. 택지개발만 한 상태이기 때문에, 그 위에 어떤 도시를 세우고 어떤 건물을 지을지는 사실상 거의 제한이 없다. 반면, 이더리움을 비롯한 수많은 알트코인 프로젝트들은 범용성을 포기하고 사용성을 강조하며 설계되었다. 이는 택지개발보다는 실제로 장사를 할 수 있는 건물 설계에 집중한 셈이며, 심지어 극장이나 볼링장같이 제한된 목적만을 염두에 둔 건물을 설계한 사례도 많다.

이러한 사용성 위주의 설계는 운이 좋아 시장의 수요와 맞으면 큰 성공을 거두지만, 시장 환경이 변하면 그 생존을 보장할 수 없다. 이런 맥락에서의 확장성은 범용성이 높을수록 커지고, 특정한 사용 목적에 치우칠수록 제한되는 개념이다. 비트코인은 단순함을 통해 이러한 범용성을 확보했다. 이것이 바로 비트코인이 화폐로서의 본질인 최종 결제 수단과 가치 저장 기능에 집중하며 오랜 시간 살아남을 수 있었던 이유다.

이 단순한 구조 덕분에 비트코인은 2014년 이후 수많은 알트코인과 블록체인 실험 속에서도 안정적인 리듬을 유지했다. 복잡성을 배제한 보수적 설계는 예측 가능성을 높이고, 희소성과 보상 구조는 시장에 안정된 신호를 제공한다. 이는 기술적 안정성뿐 아니라 경제적 신뢰와 규칙 기반 질서를 형성한다.

비트코인의 견고함은 보안성이나 분산성만으로 설명되지 않는다. 불완전한 네트워크 위에서 단순한 규칙이 반복되며 집단적 합의를 이루는 과정이 핵심이다. 비트코인은 화려한 기능 대신 명료한 구조와 보수적 전략으로 신뢰를 축적했다. 이 '허술함 속의 견고함'이야말로 블록체인 질서의 본질을 가장 투명하게 보여준다.

이 철학은 이더리움 창시자 비탈릭 부테린에게도 영향을 미쳤다. 그는 2025년 5월 SNS에 "단순함은 단기적 비용을 감수할 만큼 장기적으로 가치 있다"라는 글을 남겼다. 이 발언은 복잡성이 곧 취약성으로 이어질 수 있다는 엔지니어링의 원칙이 블록체인에도 그대로 적용됨을 일깨워주었다. 동시에 비트코인의 단순함이 지닌 미학과 그 지속적 가치를 재확인시켜 주었다.

참고문헌

1 "오리너구리." *위키백과, 우리 모두의 백과사전*, ko.wikipedia.org/wiki/오리너구리. Accessed 29 July 2025.

2 French, Douglas E. "The Dutch Monetary Environment During Tulipmania." *Quarterly Journal of Austrian Economics*, vol. 9, no. 1, 2006, pp. 3-14.

3 Buchan, James. *John Law: A Scottish Adventurer of the Eighteenth Century*. MacLehose Press, 2018.

4 어기선. "[역사속 경제리뷰] 미시시피 거품 사건." *파이낸셜리뷰*, 5 Sept. 2022, www.financialreview.co.kr/news/articleView.html?idxno=22752. Accessed 29 July 2025.

5 Hayek, Friedrich A. *Law, Legislation, and Liberty. Vol. 1: Rules and Order*. University of Chicago Press, 1973.

6 "Mormon Population by State 2025." *World Population Review*, 2025, worldpopulationreview.com/state-rankings/mormon-population-by-state. Accessed 29 July 2025.

7 Loo, Jaden. "Marriage Rate in the U.S.: Geographic Variation, 2022." *Family Profiles*, FP-23-23, 2023. *National Center for Family & Marriage Research*, doi:10.25035/ncfmr/fp-23-23. Accessed 29 July 2025.

8 "Utah's Marriage Age Trends and Their Impact from a Private Investigator." *Salt Lake Investigations*, 5 Mar. 2024, saltlakeinvestigations.com/articles/utah-marriage-trends-salt-lake-pi. Accessed 29 July 2025.

9 Olito, Frank. "Utah has the highest number of children in their families. Here's the average number of kids per family in every state." *INSIDER*, 23 Feb. 2019, www.businessinsider.com/the-average-number-of-kids-per-family-in-every-state-2019-2. Accessed 29 July 2025.

10 "Teen Birth Rate by State." *Centers for Disease Control and Prevention*, 25 Feb. 2022, www.cdc.gov/nchs/pressroom/sosmap/teen-births/teenbirths.htm. Accessed 29 July 2025.

11 Garber, Peter M. "Famous First Bubbles." *The Journal of Economic Perspectives*, vol. 4, no. 2, Spring 1990, pp. 35-54. JSTOR, www.jstor.org/stable/1942889.

12 Rogoff, Kenneth. *Our Dollar, Your Problem: An Insider's View of Seven Turbulent Decades of Global Finance, and the Road Ahead*. The Henry L. Stimson Lectures Series. Yale University Press, 2025.

13 "Global - Gold in Official Reserve Assets of Major Countries." *MacroMicro*, en.macromicro.me/collections/23654/dedollarization/120131/global-gold-in-official-reserve-assets-of-major-countries. Accessed 29 July 2025.

14 "Lyndon B. Johnson." *Britannica*, 21 July 2025, www.britannica.com/biography/Lyndon-B-Johnson. Accessed 29 July 2025.

15 Bernanke, Ben S. *Twenty-First Century Monetary Policy: The Federal Reserve from the Great Inflation to COVID-19*. W. W. Norton & Company, 2022.

16 "Consumer Price Index, 1800-: Historic Data including Estimates before the Modern U.S. Consumer Price Index (CPI)." *Federal Reserve Bank of Minneapolis*, www.minneapolisfed.org/about-us/monetary-policy/inflation-calculator/consumer-price-index-1800-. Accessed 29 July 2025.

17 Sablik, Tim. "Recession of 1981-82: July 1981-November 1982." *Federal Reserve History*, 22 Nov. 2013, www.federalreservehistory.org/essays/recession-of-1981-82. Accessed 29 July 2025.

18 Howell, Craig, et al. "Inflation Remained Low in 1983 in Face of Strong Recovery." *United States, Bureau of Labor Statistics*, 1983.

19 Auxier, Richard C. "Reagan's Recession." *Pew Research Center*, 14 Dec. 2010, www.pewresearch.org/2010/12/14/reagans-recession. Accessed 29 July 2025.

20 Peinhardt, Clint. "1.12: Finance- 1982 Debt Crisis." *Open International Political Economy (Peinhardt)*, Pressbooks, 15 Nov. 2024. *Social Sci LibreTexts*, socialsci.libretexts.org/Bookshelves/Economics/Open_International_Political_Economy_(Peinhardt)/01%3A_Chapters/1.12%3A_Finance-_1982_Debt_Crisis. Accessed 29 July 2025.

21. Stuber, Walter Douglas. "The Brazilian Debt-Equity Swap Program." *UC Law SF International Law Review*, vol. 12, no. 3, Spring 1989, pp. 613-33, repository.uclawsf.edu/hastings_international_comparative_law_review/vol12/iss3/5.

22. Cooney, Paul. "Argentina's Quarter Century Experiment with Neoliberalism: From Dictatorship to Depression." *R. Econ. contemp.*, vol. 11, no. 1, Jan.-Apr. 2005, pp. 5-35.

23. Obstfeld, Maurice. "The U.S. Trade Deficit: Myths and Realities." *Brookings Papers on Economic Activity*, Conference Draft, The Brookings Institution, Spring 2025.

24. "Plaza Accord." *Titan FX Research Hub*, 2023, research.titanfx.com/glossary/what-is-plaza-accord. Accessed 29 July 2025.

25. Hideo, Tsuchiya. "Japan Forfeits 30 Years to the Gyrations of the Yen." *Nippon.com*, 14 Apr. 2016, https://www.nippon.com/en/column/g00350. Accessed 29 July 2025.

26. "The Basic Discount Rate and Basic Loan Rate (Previously Indicated as "Official Discount Rates")." *Bank of Japan*, 2024, www.boj.or.jp/en/statistics/boj/other/discount/discount.htm. Accessed 29 July 2025.

27. "Consumer Price Index, 1913-." *Federal Reserve Bank of Minneapolis*, 2025, www.minneapolisfed.org/about-us/monetary-policy/inflation-calculator/consumer-price-index-1913-. Accessed 29 July 2025.

28. Bush, George W. "Remarks at the White House Conference on Minority Homeownership." *The American Presidency Project*, compiled by Gerhard Peters and John T. Woolley, 15 Oct. 2002, www.presidency.ucsb.edu/node/215807. Accessed 29 July 2025.

29. Kenton, Will. "Lehman Brothers: History, Collapse, Role in the Great Recession." *Investopedia*, 31 Dec. 2022, www.investopedia.com/terms/l/lehman-brothers.asp. Accessed 29 July 2025.

30. 이규철. "연준(Fed)의 스왑라인(swap lines)과 국제통화체제의 재구성." *국제정치연구*, 26.3 pp.51-80 (2023):51.

31 Perry, Alexander R. "The Federal Reserve's Questionable Legal Basis for Foreign Central Bank Liquidity Swaps." *Columbia Law Review*, vol. 120, 2020, pp. 729-768, columbialawreview.org/content/the-federal-reserves-questionable-legal-basis-for-foreign-central-bank-liquidity-swaps/. Accessed 29 July 2025.

32 Xue, Wenjun, et al. "The Impact of China's Fiscal and Monetary Policy Responses to the Great Recession: An Analysis of Firm-Level Chinese Data." *Journal of International Money and Finance*, vol. 101, 2020, doi:10.1016/j.jimonfin.2019.102113.

33 Kolstad, Ivar. "Too big to fault? Effects of the 2010 Nobel Peace Prize on Norwegian exports to China and Foreign Policy." *International Political Science Review*, vol. 41, no. 2, 2020, pp. 207-223, doi:10.1177/0192512118808610. www.cmi.no/publications/6354-too-big-to-fault. Accessed 29 July 2025.

34 Hillman, Jonathan E. "Game of Loans: How China Bought Hambantota." *Center for Strategic and International Studies*, 2 Apr. 2018, www.csis.org/analysis/game-loans-how-china-bought-hambantota. Accessed 29 July 2025.

35 손일선. "[World & Now] 중국 공산당도 두려워하는 지니계수." *매일경제*, 29 June 2021, www.mk.co.kr/news/columnists/9930511. Accessed 29 July 2025.

36 이경은. "중국몽 믿었는데… 본전 못 찾는 中 대졸자 600만명." *조선일보*, 19 Aug. 2024, www.chosun.com/economy/money/2024/08/19/M6BSMPN32ZGVHPHCO47Y32DJZM. Accessed 29 July 2025.

37 "China CBDC Tracker." *Human Rights Foundation*, 2024, cbdctracker.hrf.org/currency/china. Accessed 29 July 2025.

38 Bansal, Rajesh, and Somya Singh. "China's Digital Yuan: An Alternative to the Dollar-Dominated Financial System." *Carnegie Endowment for International Peace*, 31 Aug. 2021, carnegieendowment.org/research/2021/08/chinas-digital-yuan-an-alternative-to-the-dollar-dominated-financial-system?lang=en. Accessed 29 July 2025.

39 Li, Selena. "HSBC joins China's payment system in boost to yuan usage." *Reuters*, 25 Oct. 2024, www.reuters.com/business/finance/hsbc-joins-chinas-

payment-system-boost-yuan-usage-2024-10-25. Accessed 29 July 2025.

40　Zhen, Summer, and Jason Xue. "Hong Kong gives initial approval to first bitcoin, ether spot ETFs, say funds." *Reuters*, 15 Apr. 2024, www.reuters.com/markets/currencies/hong-kong-gives-initial-approval-first-bitcoin-ether-spot-etfs-say-funds-2024-04-15. Accessed 29 July 2025.

41　Zhen, Summer. "Hong Kong passes stablecoin bill, one step closer to issuance." *Reuters*, 21 May. 2025, www.reuters.com/world/asia-pacific/hong-kong-passes-stablecoin-bill-one-step-closer-issuance-2025-05-21. Accessed 29 July 2025.

42　Feng, Coco, and Masha Borak. "Beijing starts inquiry into data centre firms' involvement in power-sapping cryptocurrency mining operations." *South China Morning Post*, 29 Apr. 2021. www.scmp.com/tech/policy/article/3131647/beijing-starts-inquiry-data-centre-firms-involvement-power-sapping. Accessed 29 July 2025.

43　김대호. "중국 가상화폐 금지 전면 재검토… 비트코인 준비금 비축." 글로벌이코노믹, 30 Apr. 2025. www.g-enews.com/article/Global-Biz/2025/04/202504281847367205906806b77b_1. Accessed 29 July 2025.

44　Zapotoczny, Walter S., Jr. "The Financial Crisis that Contributed to the French Revolution." *wzaponline.com*, 2009.

45　*Basle Capital Accord: International Convergence of Capital Measurement and Capital Standards*. July 1988. Basel Committee on Banking Supervision, Apr. 1998.

46　Schwarcz, Steven L., and Ori Sharon. *The Bankruptcy-Law Safe Harbor for Derivatives: A Path-Dependence Analysis*. 12 Nov. 2013 Draft. Prepared for presentation at the Federal Reserve Bank of Chicago-International Monetary Fund conference on "Shadow Banking Within and Across National Borders," 7-8 Nov. 2013.

47　"리보(LIBOR) 스캔들로 돌아보는 금융기관의 윤리경영." *기업윤리 브리프스*, Oct. 2017, 국민권익위원회. www.acrc.go.kr/briefs/201710/sub3.html. Accessed 29 July 2025.

48 Long, Victoria. "International: Cessation of USD Libor." *Baker McKenzie*, 23 Sept. 2024, https://insightplus.bakermckenzie.com/bm/banking-finance_1/international-cessation-of-usd-libor. Accessed 29 July 2025.

49 Anbil, Sriya, et al. "What Happened in Money Markets in September 2019?" *FEDS Notes*, Board of Governors of the Federal Reserve System, 27 Feb. 2020, doi.org/10.17016/2380-7172.2527.

50 Ennis, Huberto M., and Jeff Huther. "The Fed's Evolving Involvement in the Repo Markets." *Economic Brief*, No. 21-31, Federal Reserve Bank of Richmond, Sept. 2021. www.richmondfed.org/publications/research/economic_brief/2021/eb_21-31. Accessed 29 July 2025.

51 Gorton, Gary B., and Andrew Metrick. "Securitized Banking and the Run on Repo." *NBER Working Paper Series*, no. 15223, National Bureau of Economic Research, Aug. 2009.

52 "iShares 20+ Year Treasury Bond ETF (TLT) - Price History." Digrin, www.digrin.com/stocks/detail/TLT/price. Accessed 29 July 2025.

53 "TLT Plunges Despite Fed Rate Cut Expectations: What's Driving Bond Market Volatility?" *YCharts Blog*, YCharts, 8 Apr. 2025, get.ycharts.com/resources/blog/tlt-plunges-despite-fed-rate-cut-expectations-whats-driving-bond-market-volatility. Accessed 29 July 2025.

54 Seth, Shobhit. "Why China Buys U.S. Debt With Treasury Bonds." *Investopedia*, reviewed by Julius Mansa, fact checked by Yarilet Perez, Dotdash Meredith, 25 Feb. 2025, www.investopedia.com/articles/investing/040115/reasons-why-china-buys-us-treasury-bonds.asp. Accessed 29 July 2025.

55 *Foreign Portfolio Holdings of U.S. Securities as of June 30, 2020.* Department of the Treasury / Federal Reserve Bank of New York / Board of Governors of the Federal Reserve System, Apr. 2021.

56 Lawant, David, and Matt Hougan. *The Case for Crypto in an Institutional Portfolio.* Bitwise Asset Management, May 2020, www.bitwiseinvestments.com.

57 *Fact Sheet: President Donald J. Trump Establishes the Strategic Bitcoin Reserve*

and U.S. Digital Asset Stockpile. White House, 6 Mar. 2025. www.whitehouse. gov/fact-sheets/2025/03/fact-sheet-president-donald-j-trump-establishes-the-strategic-bitcoin-reserve-and-u-s-digital-asset-stockpile. Accessed 29 July 2025.

58 Pines, Matthew. "A 'Global Economic Reordering': US-China Competition and Bitcoin as Tool of US Statecraft." *Bitcoin Policy Institute*, Nov. 2024, www.btcpolicy.org.

59 "Bitcoin price today, BTC to USD live price, marketcap and chart." *CoinMarketCap*, 7 June 2024, coinmarketcap.com/currencies/bitcoin. Accessed 10 July 2025.

60 Austin, D. Andrew. *Federal Debt and the Debt Limit in 2025*. Congressional Research Service, 24 June 2025, www.congress.gov/crs-product/IN12045.

61 "A U.S. Strategic Bitcoin Reserve Could Help Offset National Debt." *VanEck*, www.vaneck.com/us/en/us-bitcoin-strategic-reserve-calculator/. Accessed 10 July 2025.

62 "The President Signed into Law S. 1582." *The White House*, 18 July 2025, www.whitehouse.gov/briefings-statements/2025/07/the-president-signed-into-law-s-1582. Accessed 29 July 2025.

63 "Hearing Entitled: Dollar Dominance: Preserving the U.S. Dollar's Status as the Global Reserve Currency." *U.S. House Committee on Financial Services*, 7 June 2023, financialservices.house.gov/calendar/eventsingle. aspx?EventID=408831. Accessed 30 July 2025.

64 박정한. "사우디, 50년 역사의 '페트로달러' 협정 종료." 글로벌이코노믹, 14 June 2024, www.g-enews.com/article/Global-Biz/2024/06/202406140807051280fbbec65dfb_1. Accessed 30 July 2025.

65 "OTC Foreign Exchange Turnover in April 2022." *Bank for International Settlements*, 27 Oct. 2022, www.bis.org/statistics/rpfx22_fx.htm. Accessed 30 July 2025.

66 Moiseienko, Anton, et al. *Frozen Russian Assets and the Reconstruction of Ukraine: Legal Options*. World Refugee & Migration Council, July 2022,

www.wrmcouncil.org.

67 "Is SWIFT Still Relevant?" *Cobase*, 28 Jan. 2025, www.cobase.com/insight-hub/is-swift-still-relevant. Accessed 30 July 2025.

68 "Terrorist Finance Tracking Program (TFTP)." *U.S. Department of the Treasury*, home.treasury.gov/policy-issues/terrorism-and-illicit-finance/terrorist-finance-tracking-program-tftp. Accessed 30 July 2025.

69 "Swift Instructed to Disconnect Sanctioned Iranian Banks Following EU Council Decision." *Swift*, 15 March 2012, www.swift.com/insights/press-releases/swift-instructed-to-disconnect-sanctioned-iranian-banks-following-eu-council-decision. Accessed 30 July 2025.

70 "SWIFT and the Ukraine Conflict: Latest Developments." *DLA Piper*, 3 May 2022, www.dlapiper.com/en-us/insights/publications/global-sanctions-alert/2022/explaining-swift-and-recent-actions. Accessed 30 July 2025.

71 Sabatini, Christopher. "The Trump Administration's Sanctions Policy Could Matter More Than Its Use of Tariffs." *Chatham House*, 28 Jan. 2025, www.chathamhouse.org/2025/01/trump-administrations-sanctions-policy-could-matter-more-its-use-tariffs. Accessed 30 July 2025.

72 "Where Is OFAC's Country List? What Countries Do I Need to Worry About in Terms of U.S. Sanctions?" *Office of Foreign Assets Control*, U.S. Department of the Treasury, ofac.treasury.gov/sanctions-programs-and-country-information/where-is-ofacs-country-list-what-countries-do-i-need-to-worry-about-in-terms-of-us-sanctions. Accessed 30 July 2025.

73 Panel of Experts established pursuant to resolution 1874 (2009). Final Report on Its Work. *Note by the President of the Security Council*, S/2024/215, United Nations, 7 March 2024, undocs.org/S/2024/215.

74 Davis, Jessica. *Illicit Financing in Afghanistan: Methods, Mechanisms, and Threat-Agnostic Disruption Opportunities*. RUSI, May 2022.

75 Boocher, Sam and David Wessel. "The Changing Role of the US Dollar." *Brookings*, 23 August 2023, www.brookings.edu/articles/the-changing-role-of-the-us-dollar. Accessed 30 July 2025.

76. "Gold Demand: The Role of the Official Sector and Geopolitics." *European Central Bank*, June 2025, www.ecb.europa.eu/press/other-publications/ire/focus/html/ecb.irebox202506_01~f93400a4aa.pt.html. Accessed 30 July 2025.

77. Amure, Tobi Opeyemi. "Are Stablecoins a Threat to the US Dollar Dominance? What It Means for Your Wallet." *Investopedia*, 15 July 2025, www.investopedia.com/stablecoins-and-us-dollar-dominance-11772153. Accessed 30 July 2025.

78. "The Decade of Digital Dollars. Unlocking economic efficiency with stablecoins." *BVNK*, n.d., www.bvnk.com/report/decade-of-digital-dollars. Accessed 30 July 2025.

79. *Remittance Prices Worldwide - Issue 47, September 2023*. The World Bank Group, 2023, remittanceprices.worldbank.org.

80. "Introducing USDC on Shopify: Simple, Borderless Payments for Merchants." *Shopify*, 12 June 2025, www.shopify.com/news/stablecoins-on-shopify. Accessed 30 July 2025.

81. Gainsley, Justin. "Powering the Future of Ecommerce: Introducing Coinbase Payments." *Coinbase*, 18 June 2025, www.coinbase.com/blog/powering-the-future-of-ecommerce-introducing-coinbase-payments. Accessed 30 July 2025.

82. "비트코인 횡보 속 질주 보이는 스테이블코인?" *SBS Biz*, 23 June 2025, biz.sbs.co.kr/article/20000242125. Accessed 30 July 2025.

83. Alexander, Victor. "Lebanese Buy Groceries with USDT and Mine Crypto, as Their Country's Financial System Has Collapsed." *InsideBitcoins*, 5 Nov. 2022, insidebitcoins.com/news/lebanese-buy-groceries-with-usdt-and-mine-crypto-as-their-countrys-financial-system-has-collapsed. Accessed 30 July 2025.

84. Daniels, Joe and Ana Rodríguez Brazón. "Crypto goes mainstream in Venezuela." Financial Times, 27 Aug 2025, https://www.ft.com/content/dc68b9c5-e2f7-4403-8887-e2895265afb0. Accessed 08 Oct 2025.

85	"In $44B Argentine Debt Deal, IMF Shows Growing Willingness to Coerce Anti-Crypto Policies." *PYMNTS*, 18 Mar. 2022, www.pymnts.com/cryptocurrency/2022/in-44b-argentine-debt-deal-imf-shows-growing-willingness-to-coerce-anti-crypto-policies. Accessed 30 July 2025.

86	United States, Congress, Senate. *S. 394: A Bill To provide for the regulation of payment stablecoins, and for other purposes.* introduced by Bill Hagerty et al., 4 Feb. 2025. 119th Congress, 1st session, S. 394. PDF file.

87	Bose, Nandita, et al. "Crypto Leaders Meet at Trump's Summit with Strategic Reserve in Focus." *Reuters*, 8 Mar. 2025, www.reuters.com/technology/crypto-leaders-meet-trumps-summit-strategic-reserve-focus-2025-03-07. Accessed 30 July 2025.

88	Bender, Melissa C., et al. "David Sacks' Press Conference on Digital Assets; Newly Proposed Stablecoin Legislation; Reshuffle at the SEC." *Ropes & Gray*, 5 Feb. 2025, www.ropesgray.com/en/insights/alerts/2025/02/david-sacks-press-conference-on-digital-assets-newly-proposed-stablecoin-legislation. Accessed 30 July 2025.

89	"Tether's $120 Billion Treasury Stash Surpasses Germany, Ranks 19th Globally." *Mitrade*, 20 May 2025, www.mitrade.com/insights/news/live-news/article-3-830264-20250520. Accessed 30 July 2025.

90	Lyons, Richard K., and Ganesh Viswanath-Natraj. "What Keeps Stablecoins Stable?" *NBER Working Paper Series*, Working Paper 27136, National Bureau of Economic Research, May 2020, www.nber.org/papers/w27136.

91	"Tether Price Prediction: Can USDT keep its dollar peg?" *Capital.com*, 1 Dec. 2022, capital.com/en-int/analysis/tether-price-prediction-will-usdt-go-up. Accessed 30 July 2025.

92	Griffin, John M., and Amin Shams. "Is Bitcoin Really Untethered?" *The Journal of Finance*, vol. LXXV, no. 4, Aug. 2020, pp. 1913-64, doi:10.1111/jofi.12903.

93	"Attorney General James Announces Court Order Against 'Crypto' Currency Company Under Investigation for Fraud." *Office of the New York State*

Attorney General, 25 Apr. 2019, ag.ny.gov/press-release/2019/attorney-general-james-announces-court-order-against-crypto-currency-company. Accessed 30 July 2025.

94 "Attorney General James Ends Virtual Currency Trading Platform Bitfinex's Illegal Activities in New York." *Office of the New York State Attorney General*, 23 Feb. 2021, ag.ny.gov/press-release/2021/attorney-general-james-ends-virtual-currency-trading-platform-bitfinexs-illegal. Accessed 30 July 2025.

95 Ryan, Paul. "Crypto Could Stave Off a U.S. Debt Crisis." *The Wall Street Journal*, 13 June. 2024, www.wsj.com/opinion/stablecoins-could-stave-off-a-us-debt-crisis-china-digital-currency-c491d717. Accessed 30 July 2025.

96 Lindrea, Brayden. "Cantor Fitzgerald Acquires 5% Stake in Tether for Up to $600M: Report." *Cointelegraph*, 24 Nov. 2024, cointelegraph.com/news/cantor-fitzgerald-agreed-to-acquire-5-percent-stake-in-tether-report. Accessed 30 July 2025.

97 "Tether Hits $13 Billion Profits for 2024 and All-Time Highs in U.S. Treasury Holdings, USD₮ Circulation, and Reserve Buffer in Q4 2024 Attestation." *Tether*, 31 Jan. 2025, tether.io/news/tether-hits-13-billion-profits-for-2024-and-all-time-highs-in-u-s-treasury-holdings-usdt-circulation-and-reserve-buffer-in-q4-2024-attestation. Accessed 30 July 2025.

98 "Ring Signature." *Moneropedia*, Monero Project, www.getmonero.org/resources/moneropedia/ringsignatures.html. Accessed 30 July 2025.

99 "Zcash Leads the Way on Zero-Knowledge Proofs With zk-SNARKs." *Gemini*, 3 Oct. 2023, www.gemini.com/cryptopedia/zcash-zero-knowledge-proof-zk-snarks-mining. Accessed 30 July 2025.

100 "Assessing Compliance with BSA Regulatory Requirements. Funds Transfers Recordkeeping—Overview." *FFIEC BSA/AML Examination Manual*, Federal Financial Institutions Examination Council, bsaaml.ffiec.gov/manual/AssessingComplianceWithBSARegulatoryRequirements/09. Accessed 30 July 2025.

101 "Deputy Attorney General Lisa O. Monaco Announces National Cryptocurrency Enforcement Team." *United States Department of Justice*, 6

Oct. 2021, www.justice.gov/archives/opa/pr/deputy-attorney-general-lisa-o-monaco-announces-national-cryptocurrency-enforcement-team. Accessed 30 July 2025.

102 "Crypto Compliance Solution." *Chainalysis*, n.d., www.chainalysis.com/solution/crypto-compliance. Accessed 30 July 2025.

103 "Blockchain Forensics with Elliptic Investigator." *Elliptic*, n.d., www.elliptic.co/platform/investigator. Accessed 30 July 2025.

104 "Binance and CEO Plead Guilty to Federal Charges in $4B Resolution." *U. S. Department of Justice*, 21 Nov. 2023, www.justice.gov/archives/opa/pr/binance-and-ceo-plead-guilty-federal-charges-4b-resolution. Accessed 30 July 2025.

105 "U.S. Treasury Sanctions Notorious Virtual Currency Mixer Tornado Cash." *U.S. Department of the Treasury*, 8 Aug. 2022, home.treasury.gov/news/press-releases/jy0916. Accessed 30 July 2025.

106 Raymond, Nate. "Court Overturns US Sanctions Against Cryptocurrency Mixer Tornado Cash." *Reuters*, 28 Nov. 2024, www.reuters.com/legal/court-overturns-us-sanctions-against-cryptocurrency-mixer-tornado-cash-2024-11-27. Accessed 30 July 2025.

107 Shumba, Camomile. "Tornado Cash Developer Alexey Pertsev Found Guilty, Sentenced to 64 Months in Prison by Dutch Court." *CoinDesk*, 14 May 2024, www.coindesk.com/policy/2024/05/14/tornado-cash-developer-alexey-pertsev-found-guilty-of-money-laundering. Accessed 30 July 2025.

108 "U.S. Citizen Who Conspired to Assist North Korea in Evading Sanctions Sentenced to Over Five Years and Fined $100,000." *U. S. Department of Justice*, 12 Apr. 2022, www.justice.gov/archives/opa/pr/us-citizen-who-conspired-assist-north-korea-evading-sanctions-sentenced-over-five-years-and. Accessed 30 July 2025.

109 Belz, Sage, and David Wessel. "Quantitative Easing Lowered Interest Rates. Why Isn't Quantitative Tightening Lifting Them More?" *Brookings*, 3 Dec. 2018, www.brookings.edu/articles/quantitative-easing-lowered-interest-rates-

why-isnt-quantitative-tightening-lifting-them-more. Accessed 30 July 2025.

110 United States, Department of the Treasury, Treasury Borrowing Advisory Committee. *Digital Money*. Presentation, 30 Apr. 2025.

111 Kissinger, Henry A. *A World Restored: Metternich, Castlereagh and the Problems of Peace, 1812–22*. 1957. Friedland Books, 2017.

112 Hogan, Michael J. *The Marshall Plan: America, Britain and the Reconstruction of Western Europe, 1947-1952*. Cambridge University Press, 1987.

113 Kagan, Robert. *Of Paradise and Power: America and Europe in the New World Order*. 2002. 1st Vintage Books ed., Vintage Books, Jan. 2004. p.3

114 Corder, Mike, et al. "NATO leaders agree to hike military spending and restate 'ironclad commitment' to collective defense" *AP News*, 26 June 2025, apnews.com/article/nato-defense-spending-trump-spain-db0912cbfdaedc4c6b57809c9e11d6bd. Accessed 30 July 2025.

115 Cook, Lorne. "NATO Chief Urges Allies to Do More and Says Their Freedom and Prosperity Depend on It." *AP News*, 24 April. 2025, apnews.com/article/nato-us-rutte-spending-ukraine-d76ed75ebf682348c4ca170becad0de6. Accessed 30 July 2025.

116 Hunnicutt, Trevor, and David Brunnstrom. "Trump: If NATO Members Don't Pay, US Won't Defend Them." *Reuters*, 7 Mar. 2025, www.reuters.com/world/trump-if-nato-members-dont-pay-us-wont-defend-them-2025-03-07. Accessed 30 July 2025.

117 "Proceedings on the European Central Bank's expanded asset purchase programme are stayed - Referral to the Court of Justice of the European Union" *Bundesverfassungsgericht*, 15 Aug. 2017, www.bundesverfassungsgericht.de/SharedDocs/Pressemitteilungen/EN/2017/bvg17-070.html. Accessed 30 July 2025.

118 Hatgioannides, John, et al. "The legacy of a fractured Eurozone: The Greek Dra(ch)ma." *Geoforum*, vol. 93, 2018, pp. 11-21, doi:10.1016/j.geoforum.2018.04.019.

119 Draghi, Mario. "Verbatim of the Remarks Made by Mario Draghi." *European Central Bank*, 26 July 2012, www.ecb.europa.eu/press/key/date/2012/html/sp120726.en.html. Accessed 30 July 2025.

120 Boyer, Russell S. "Can the Policy Trilemma Be Exposited in the Mundell-Fleming Framework?" *CRIF Seminar series*, no. 9, 2006, fordham.bepress.com/crif_seminar_series/9.

121 "1967 Sterling Devaluation." *Wikipedia*, en.wikipedia.org/wiki/1967_sterling_devaluation. Accessed 30 July 2025.

122 Tumerkan, Adem. "Triffin's Dilemma: Why the U.S. Dollar's Global Role Is a Double-Edged Sword." *Dunham*, 8 Dec. 2023, www.dunham.com/FA/Blog/Posts/triffins-dilemma. Accessed 30 July 2025.

123 "Special Drawing Rights." *International Monetary Fund*, n.d., www.imf.org/en/Topics/special-drawing-right. Accessed 30 July 2025.

124 Williamson, John. *Understanding Special Drawing Rights (SDRs)*. Policy Brief 09-11, Peterson Institute for International Economics, June 2009.

125 "IMF to Make $250 Billion SDR Allocation on August 28." *International Monetary Fund*, 13 Aug. 2009, www.imf.org/external/np/exr/cs/news/2009/cso79.htm. Accessed 30 July 2025.

126 "IMF Governors Approve a Historic US$650 Billion SDR Allocation of Special Drawing Rights." *International Monetary Fund*, 2 Aug. 2021, www.imf.org/en/News/Articles/2021/07/30/pr21235-imf-governors-approve-a-historic-us-650-billion-sdr-allocation-of-special-drawing-rights. Accessed 30 July 2025.

127 Shaxson, Nicholas. *Treasure Islands: Tax Havens and the Men Who Stole The World*. Vintage, 2012.

128 Federal Reserve Bank of St. Louis. (2022, January). Bretton Woods and the growth of the Eurodollar market. https://www.stlouisfed.org/on-the-economy/2022/january/bretton-woods-growth-eurodollar-market

129 Schenk, Catherine R. "The Origins of the Eurodollar Market in London:

1955–1963." *Explorations in Economic History*, vol. 35, no. 2, 1998, pp. 225–226.

130 Braun, Benjamin, et al. "Financial Globalization as Positive Integration: Monetary Technocrats and the Eurodollar Market in the 1970s." *Review of International Political Economy*, vol. 28, no. 4, 2021, pp. 794-819, doi:10.1080/09692290.2020.1740291.

131 "Secret Swiss Bank Accounts Are No Longer Secret." *Tax Law Center Blog*, Patel Law Offices, 19 Oct. 2013, patellawoffices.com/blog/planning-for-tax-minimization/secret-swiss-bank-accounts-are-no-longer-secret. Accessed 30 July 2025.

132 Sobrado, Boaz. "Trump's $10 Trillion Crypto Bet: Stablecoins to Replace Eurodollars?" *Forbes*, 1 Feb. 2025, www.forbes.com/sites/boazsobrado/2025/02/01/trumps-10-trillion-opportunity-stablecoins-to-replace-eurodollars/. Accessed 30 July 2025.

133 Massad, Timothy G. "Stablecoins and National Security: Learning the Lessons of Eurodollars." *Brookings*, 17 Apr. 2024, www.brookings.edu/articles/stablecoins-and-national-security-learning-the-lessons-of-eurodollars/. Accessed 30 July 2025.

134 Ryan, Paul D. "Crypto Could Stave Off a U.S. Debt Crisis." *The Wall Street Journal*, 13 June. 2024, www.wsj.com/opinion/stablecoins-could-stave-off-a-us-debt-crisis-china-digital-currency-c491d717. Accessed 30 July 2025.

135 Lessig, Lawrence. *Code: And Other Laws of Cyberspace, Version 2.0*. Basic Books, 2006.

136 Szabo, Nick. *Smart Contracts: Building Blocks for Digital Markets*. 1996. PDF file. Partial rewrite of an article originally published in Extropy, no. 16.

137 "Aave, Compound and MakerDAO: DeFi Lending Protocols Compared." *Young Platform Academy*, 4 Nov. 2021, academy.youngplatform.com/en/blockchain/aave-compound-makerdao-defi-lending. Accessed 30 July 2025.

138 "What Was the DAO?" *Gemini*, 27 Feb. 2025, www.gemini.com/cryptopedia/the-dao-hack-makerdao. Accessed 30 July 2025.

139 "The Merge." *Ethereum*, 21 Feb. 2025, ethereum.org/en/roadmap/merge. Accessed 30 July 2025.

140 Buterin, Vitalik. "Simplifying the L1." *Vitalik Buterin's Blog*, 3 May 2025, vitalik.eth.limo/general/2025/05/03/simplel1.html. Accessed 30 July 2025.

141 Terekhova, Maria. "AXA Turns to Smart Contracts for Flight-Delay Insurance." *Business Insider*, 15 Sept. 2017, www.businessinsider.com/axa-turns-to-smart-contracts-for-flight-delay-insurance-2017-9. Accessed 30 July 2025.

142 "Builder Spotlight: The Lemonade Foundation and Insuring Smallholder Farmers with Avalanche." *Avalanche*, 12 July 2024, www.avax.network/about/blog/builder-spotlight-the-lemonade-foundation-and-insuring-smallholder-farmers-with-avalanche. Accessed 30 July 2025.

143 De Soto, Hernando. *The Mystery of Capital: Why Capitalism Triumphs in the West and Fails Everywhere Else*. 1st ed., Basic Civitas Books, 2000.

비트코인 없는 미래는 없다

1판 1쇄 발행 2025년 9월 19일
1판 9쇄 발행 2025년 12월 5일

ⓒ 우태민 · 손혜민 · 김유정, 2025

지은이	오태민 손혜민 김유정
펴낸곳	거인의 정원
출판등록	제2023-000080호(2023년 3월 3일)
주소	서울특별시 강남구 영동대로602, 6층 P257호
이메일	nam@giants-garden.com

* 이 책은 저작권법에 따라 보호받는 저작물이므로 무단전재와 무단복제를 금합니다.
  이 책의 전부 또는 일부를 이용하려면 반드시 사전에 저작권자와 거인의 정원 출판사의 서면 동의를 받아야 합니다.
* 잘못 만든 책은 구입한 서점에서 바꿔 드립니다.